普通高等教育汽车

汽车文化

第 2 版

主　编　肖生发　沈国助

副主编　王　中　郭一鸣

参　编　刘少康　王文山　李正桥

主　审　张国方

机 械 工 业 出 版 社

本书是2009年出版的《汽车文化》一书的修订本。

本书突显文化主线，偏重文化内涵，诠释汽车文化属性，归纳出了汽车文化的六大特性及八大表现形式。以此为基点，内容涵盖汽车发展史文化、汽车名人文化、名车文化、汽车美学与艺术、公众文化、传媒与教育文化、汽车社会和谐与汽车文明。

本书深入浅出，文字流畅，图文并茂，可读性强，对读者领略汽车发展沿革，崇尚汽车名人的创新与创业精神，感触名企名车丰厚的文化底蕴，审视汽车造型的美学与艺术，提升汽车文化欣赏品位，以及构想和谐汽车社会愿景、践行汽车文明有积极的作用。

本书为高校本科所有专业扩大知识面、学习汽车文化知识的教材，高职高专也可采用，还可以作为社会大众读者了解汽车文化的趣味读物。

本书采用双色印刷，同时，为增加本书的欣赏性，添加了二维码，可扫二维码看彩图、视频等。本书配有精美PPT课件。

图书在版编目（CIP）数据

汽车文化/肖生发，沈国助主编. —2版. —北京：机械工业出版社，2016.9（2023.8重印）

普通高等教育汽车类系列教材

ISBN 978-7-111-55062-4

Ⅰ.①汽… Ⅱ.①肖… ②沈… Ⅲ.①汽车-文化-高等学校-教材 Ⅳ.①U46-05

中国版本图书馆CIP数据核字（2016）第240057号

机械工业出版社（北京市百万庄大街22号 邮政编码100037）

策划编辑：宋学敏 责任编辑：宋学敏 杨 洋 王保家

责任校对：佟瑞鑫 封面设计：张 静

责任印制：常天培

固安县铭成印刷有限公司印刷

2023年8月第2版第8次印刷

184mm×260mm · 11.5印张 · 279千字

标准书号：ISBN 978-7-111-55062-4

定价：35.00元

电话服务	网络服务
客服电话：010-88361066	机 工 官 网：www.cmpbook.com
010-88379833	机 工 官 博：weibo.com/cmp1952
010-68326294	金 书 网：www.golden-book.com
封底无防伪标均为盗版	机工教育服务网：www.cmpedu.com

序
Preface

汽车被称为“改变世界的机器”。由于汽车工业具有很强的产业关联度，因而被视为一个国家经济发展水平的重要标志。自2009年以来，中国的汽车产销量居世界第一，汽车工业已成为我国国民经济的重要支柱产业。汽车工业的繁荣，使汽车及其相关产业的人才需求量大幅度增长。与此相应，汽车人才的高等教育也得到了长足发展。据不完全统计，至2016年，全国开办汽车类专业的高等院校已逾300所。

从未来发展趋势看，打造我国自主品牌、开发核心技术是我国汽车工业的必然选择。但当前我国汽车工业还处在以技术引进、加工制造为主的阶段，这就要求在人才培养方面既要具有前瞻性，又要与我国实际情况相结合。要在注重培养具有自主开发能力的研究型人才的同时，大力培养知识、能力、素质结构具有鲜明的“理论基础扎实，专业知识面广，实践能力强，综合素质高，有较强的科技运用、推广、转换能力”特点的应用型人才。这也意味着对我国高等教育的办学体制、机制、模式和人才培养理念等提出了全新的要求。

为了满足新形势下对汽车类高等工程技术人才培养的需求，在中国机械工业教育协会机械工程及自动化学科教学委员会车辆工程学科组的领导下，成立了教材编审委员会，组织制定了多个系列的普通高等教育规划教材。其中，为了解决高等教育应用型人才培养中教材短缺、滞后等问题，组织编写了“普通高等教育汽车类专业（方向）规划教材”。

本系列教材在学科体系上适应普通高等院校培养应用型人才的需求；在内容上注重介绍新技术和新工艺，强调实用性和工程概念，减少理论推导；在教学上强调加强实践环节。此外，本系列教材将力求做到：

1）全面性。目前本系列教材包括汽车设计与制造、汽车运用与维修、汽车服务工程、物流工程等专业方向，今后还将扩展其他专业领域，更全面地涵盖汽车类专业方向。

2）完整性。对于每一个专业方向的系列教材，今后还将继续根据行业变化对教学提出的要求填平补齐，使之更加完善。

3）优质性。在教材编审委员会的领导下，继续优化每一本教材的规划、编审、出版和修订过程，让教材的生产过程逐步实现优质和高效。

4）服务性。根据需要，为教材配备CAI课件和教学辅助教材，召开新教材讲习班，在相应网站开设研讨专栏等。

相信本系列教材的出版将对我国汽车类专业的高等教育产生积极的影响，为我国汽车行业应用型人才培养模式做出有益的探索。由于我国汽车工业已处于快速发展阶段，会对人才不断提出新的要求，这也就决定了高等教育汽车类专业的人才培养模式和教材建设也处于不断变革之中。我们衷心希望更多的高等院校加入本系列教材建设的队伍中来，使教材体系更加完善，更好地为高等教育培养汽车专业人才服务。

中国汽车工程学会　常务理事
中国机械工业教育协会车辆工程学科组　副主任
林　逸

第2版前言

Preface

本书是2009年出版的《汽车文化》一书的修订本。

《汽车文化》一书自2009年问世以来，受到广大读者的欢迎和关注，已多次重印来满足读者的需求。

由于中国汽车产业的飞速发展，中国的汽车产销量自2009年起跃居世界第一，并一直保持至今。截至2015年年底，中国的汽车保有量达1.72亿辆，也就是说，中国约8人拥有1辆汽车。汽车与社会各元素的联系越来越紧密，中国已全面进入“汽车社会”。汽车改变世界，无疑也改变着中国。社会发展的现实是汽车物质文明超前，精神文明相对滞后。因此，在汽车如此普及，如此影响社会和人们生活的今天，了解汽车文化、弘扬优秀汽车文化、在全社会范围内大力倡导“汽车文明”显得日益重要和紧迫。本书的再版就是要站在高起点，着力弘扬汽车文化，引导学生和读者建立强烈的社会责任感与使命感。

本书的编写力求突显文化主线，偏重文化内涵，诠释汽车文化属性，归纳出了汽车文化的六大特性及八大表现形式。以此为基点，内容涵盖汽车发展史文化、汽车名人文化、名车文化、汽车美学与艺术、公众文化、传媒与教育文化、汽车社会和谐与汽车文明等。本书在叙述上深入浅出，文字流畅，图文并茂，可读性强。本书添加了二维码，可扫码看彩图或视频等有关资料。

本书在保持第1版基本编写格局和内容的基础上，主要在以下方面做了修改。

1）增加并丰富了部分章节的内容，如“国人的骄傲——长城”“汽车车身广告艺术”“汽车与摄影艺术”“汽车与展示艺术”“中国大学生方程式汽车大赛”“汽车名城”“汽车博物馆”等内容，并改写了部分章节的内容。

2）更新了相关章节的数据，并修订了相关文字。

3）各章节末增加思考题，便于读者巩固学习。

本书由湖北汽车工业学院肖生发、沈国助任主编，王中、郭一鸣任副主编。参加编写的有：肖生发、沈国助、刘少康、王中、郭一鸣、李正桥、王文山。编写分工为：绪论（肖生发）、第一章（肖生发、刘少康）、第二章（肖生发）、第三章（沈国助）、第四章（王中）、第五章（郭一鸣、肖生发、李正桥）、第六章（王文山）、第七章（肖生发、刘少康）。全书由肖生发教授统稿，由武汉理工大学汽车学院张国方教授主审。

在编写本书的过程中，参阅了大量书籍和资料，为此特对原作者表示衷心的感谢。

由于编者水平所限，书中疏漏和不妥之处，请予以批评指正。

编　者

第1版前言

Preface

本书是根据普通高等教育汽车类专业（方向）教材编审委员会确定的教材规划编写的。

自汽车问世以来，除作为代步工具以外，已经全方位地影响着社会的各个方面，尤其是改变着人民大众的日常生活。汽车的作用超出了普通商品，已构成公众社会经济生活的一部分。汽车在创造巨大物质财富的同时，还不断创造出丰富多彩的精神财富，形成并演绎着灿烂夺目的汽车文化。

中国正在步入“汽车社会”，汽车文化正处于发展阶段，这就需要提高“汽车社会”参与者的社会责任意识，需要寻求人与人、人与车、车与车之间的和谐，创建健康的汽车文化，构建和谐的汽车社会，以促进社会文明进步。

编撰《汽车文化》的目的，就是要面向未来社会经济文化建设的生力军——在校大学生普及汽车文化知识，弘扬优秀文化，扩大社会视野，唤起对汽车文化的思考，丰富校园文化生活。

本书以不同的视角，从汽车技术、汽车品牌到汽车礼仪、汽车广告标语等表现形式，较全面地诠释了汽车文化；以探寻的方式，从汽车造型艺术、公众购车行为到绿色交通、和谐汽车社会，去挖掘现实中的汽车文化；以流畅、活泼的语言，描述汽车文化的各种表现，给人以轻松愉悦的享受，以体现汽车文化的魅力。全书结构自成体系，各章内容既具有独立性，又相互关联，图文并茂，易学易懂。

本书由湖北汽车工业学院肖生发、沈国助任主编，王中任副主编，由武汉理工大学汽车学院明平顺教授负责主审。参加编写的有：肖生发、沈国助、王中、刘少康、郭一鸣、李正桥、王文山。编写分工为：绪论（肖生发）、第一章（肖生发、刘少康）、第二章（肖生发）、第三章（沈国助）、第四章（王中）、第五章（沈国助）、第六章（郭一鸣、李正桥）、第七章（王文山）、第八章（肖生发、刘少康）。

在本书编写过程中，得到了湖北汽车工业学院教务处、科研处、汽车工程系等部门的大力支持；中国机械工业教育协会机械工程及自动化学科教学委员会车辆工程学科组副组长、清华大学夏群生教授审阅了本书部分章节，提出了一些建议；主审武汉理工大学明平顺教授提出了许多宝贵意见和建议，在此一并表示感谢。

在本书编写过程中，参阅了大量书籍和资料，特对原作者表示衷心的感谢。

由于编者水平所限，书中定有疏漏和不妥之处，诚请使用本书的师生和广大读者批评指正，以便再版时修订。

编　者

目　　录
Contents

绪 论 / Introduction

在人类社会历史发展过程中，汽车作为一个新生事物，从诞生到融入社会机体，不断地改变着人类生活的各个方面，同时又将社会业已形成的相关元素吸纳到汽车本体之中，凝聚并丰富着人类文化，推进着人类文明的进程。百余年来，汽车载着人类进入新的时代，在给人类社会带来巨大经济财富的同时，影响并改变着人们的生活方式，使之形成一种以汽车为载体的汽车文化。汽车作为文明社会的重要元素之一，已超出其本身代步工具的概念，而是以各种形态和方式渗透到社会的各个层面。

我们从“没有车”跨越到“完全离不开车”的时代，即逐步进入汽车社会的时代，更需要建立健康和谐的汽车文化，弘扬中国优秀的传统文化，形成“人与人和谐相处，车与车平等和睦，人与车协调合一”的汽车文明。

一、汽车文化的含义

1. 文化的概念

“文化”一词，其含义博大精深，具有宽广的范畴。不同的人对其含义的理解各有不同。一部分人把它看作是精神生活的价值；另一部分人只把艺术、文学归于此类；还有一些人则把它视为经济任务的意识形态。1965 年，在莫尔的著作《文化的社会进程》里出现了 250 种有关文化的定义。之后，俄罗斯学者克尔特曼在从事文化定义的研究时，发现文化的定义已逾 400 种。

对学术界产生影响并延续至今的是泰勒在《原始文化》一书中对“文化”的定义：“文化，或文明，就其广泛的民族学意义来说，是包括全部的知识、信仰、艺术、道德、法律、风俗以及作为社会成员的人所掌握和接受的任何其他的才能和习惯的复合体。”

“文化是社会和人在历史上一定的发展水平，它表现为人们进行生活和活动的种种类型和形式，以及人们所创造的物质和精神价值。”这是 1973 年出版的《苏联大百科全书》第 3 版对文化所做的界定。

1999 年版的《辞海》对“文化”的解释为：文化广义是指人类在社会实践过程中所获得的物质、精神的生产能力和创造的物质、精神财富的总和。狭义是指精神生产能力和精神产品，包括一切社会意识形式：自然科学、技术科学、社会意识形态。有时又专指教育、科学、文学、艺术、卫生、体育等方面的知识与设施。

概而言之，文化通常有广义和狭义之分。广义的文化几乎囊括人类的整个社会生活；狭义的文化是指意识形态，以及与之相适应的制度、组织、结构。

“文化现象”丰富多彩，千姿百态，无所不包，且因学科的不同而不同。每一门具体科学都把文化作为自己研究的对象，从而形成一定的文化观念。

与文化紧密相关的是文明。文明是作为与野蛮时期相对立的社会阶段提出的，在许多场合下与文化同义，但有时指的是文化发展的高级状态和积极成果。

2. 汽车——改变世界的机器

汽车的诞生，演绎了“给世界装上轮子”的神话，给人类增添了巨大的物质财富和丰富的精神财富。

这个零件数以万计、产量数以千万计、保有量数以亿计的移动机器——汽车，其所形成的产业在世界范围内无不成为发达国家的支柱产业。汽车是现代工业的龙头，汽车工业的发展，带动了相关产业的发展，形成了一个完整的产业链。除汽车主机厂外，其上游产业包括

钢铁、有色金属、橡胶、玻璃、机械、化工、电子、石油等，其下游产业包括销售、维修、公路建设、交通、物流、保险理赔、汽车美容、旅游等。汽车制造业对其他产业带动效应的直接相关度为1∶2.4～1∶2.7。以美国为例，汽车工业消费了美国25%的钢材、60%的橡胶、33%的锌、17%的铝和40%的石油；在商业领域，汽车经销商的收入占美国批发商业的17%和零售商业的24%。汽车制造业对劳动就业的带动效应显著，美国汽车主机厂的一个就业机会关联到上下游11个就业机会；而在中国，汽车主机厂的一个就业机会关联到上下游24个就业机会。当代世界，汽车及其相关产业体现了一个国家的综合实力。2015年世界汽车的销量逾8900万辆，有10亿辆汽车在地球上行驶。汽车现在已经是世界上数量最大、最有价值的商品之一。

汽车作为一种交通工具，其灵活性、快捷性和普遍性特征，在现代生活中没有任何其他工具可以与之相媲美。汽车的广泛应用，不仅扩大了人们的活动范围，改变了人们传统的时空观念，而且在汽车社会化的过程中，冲击和改变着人们的行为方式、居住方式、生活方式、休闲方式，对社会的经济、交通、科技、就业，对人类的资源、能源、环境、城市等众多方面产生了强烈而深远的影响，进而影响到社会就业、社会交往、社会节奏，以及人们的知识结构、文化习俗等精神文化世界。

汽车被称为改变世界的机器、推动社会进步的车轮。汽车进入家庭，正在改变城市乡村结构和经济社会结构，形成一整套新的经济、文化、生活体系，改善人们的生活质量，推进社会进步。在改变社会形态方面，正如一位历史学家所说，“福特使人们从地域的束缚中获得自由，创造了规模空前的社会流动。”作为社会习俗变革的动因，很少有被人们广泛接受和使用的机器能像汽车那样对社会产生如此深刻的影响。

3. 汽车文化的含义

汽车是人类文明的结晶，是物化的文化；汽车及其相关产业是物质财富和精神财富的集合，推动着人类文明的进程，丰富着文化的内涵。

汽车文化是以汽车及其产业为载体，人类在社会历史发展过程中所创造的与汽车相关的物质财富和精神财富的总和，包含形成影响人类社会一系列行为、习俗、法规、观念的文化形态。

二、汽车文化的主要特性与表现形式

1. 汽车文化的主要特性

汽车文化的特性主要表现在文化的继承性、时代性、民族性、创新性、统一性与多样性、互动性等方面。

（1）**继承性**　文化是人类世代相传的经验，继承性是文化的基础。在文化的历史发展进程中，每一个新的阶段在否定前一个阶段的同时，必须继承它的所有进步内容，以及人类在这之前发展的所有阶段所取得的成果。汽车文化是一个不断积累和丰富的过程，经过历史的检验，优秀的汽车文化必然有更长久的生命力，这种生命力使得文化的继承性能得以充分体现。倘若不然，每一个新生的一代都必须从头做起，那么汽车文化始终在最低层次不断重复，就不可能进步。

（2）**时代性**　在人类发展过程中，每一个时代都有自己的文化类型作为完整的历史阶段。汽车文化在不断发展变化过程中，自然也会打上那个时代的烙印。不同时期有其不同的特点。

(3) **民族性** 具有共同的语言、共同的地域、共同的经济生活和共同的文化特点而形成的共同的心理素质，是各民族在长期的历史发展过程中自己创造和发展起来的，从而形成了本民族的特色文化。汽车文化的民族性尤其鲜明。例如，美国车的豪迈与大气、德国车的精密与效能、法国车的浪漫与典雅、日本车的精致与务实、意大利车的精悍与唯美、中国车的中庸与和谐等，无不打上其民族文化的烙印，无不体现出各民族的气质与符号。

(4) **创新性** 随着人类社会的前进，文化是不断发展变化的，其外延在拓展和延伸。传统与创新是永恒的课题。创新是社会发展的重要特征。对汽车文化来说，创新是不竭的源泉，是实现汽车文化可持续发展的动力。汽车的发展史本身就是一部创新史。

(5) **统一性与多样性** 文化是全人类集体财富的总和，是人和人类的属性特征的体现，各个地域或民族的文化形式既具有共同的、同一的样式，又具有特色的成分，相互之间不可替代。汽车工业的集团化和国际化趋势越来越快，必然影响到汽车文化的属性。跨国公司这种跨国界、跨产品、跨文化的多品牌经营发展战略，使得汽车文化融入了鲜明的国家和民族特色。汽车文化在表现形式上也将日益多样化、多元化。

(6) **互动性** 各个地域或民族都有自身长期积累的优秀文化，成为本民族文化的典型特征。在历史发展进程中日趋频繁的文化交流，促进了各民族文化的互动与合作，吸收和借鉴其他的优秀文化，相互影响和促进，也是文化生命力的重要体现。汽车文化的发展也是一个相互借鉴与融合的过程，外来优秀文化的导入，丰富了本土文化的内容，同时本土优秀文化也在交流和交往中对外输出，同样可以产生影响他人的价值。文化的互动性，可以抑制陷入文化贫困化，使文化充满活力，促进社会的共同进步。

2. 汽车文化的表现形式

汽车文化的表现形式极其丰富，涵盖广泛，归纳起来主要有史学表现、名人与名牌表现、美学与艺术表现、拓展衍生表现、公共关系表现、公众心理与行为表现、信息与网络表现、教育与传承表现等。

(1) **史学表现** 汽车产生和发展的历史，本身就是一个文化过程，蕴含着丰富的精神和物质财富。从认识汽车，到汽车工业技术史、汽车交通史等，都有值得研究的价值，有利于汽车和汽车文化的普及。随着汽车工业产业链不断拉长，随之发展起来的包括汽车金融、保险、租赁、二手车交易等服务行业在不断繁荣，其发展有超过制造业之势。汽车文化也将更多地渗透到汽车服务业的各个领域里，并呈快速发展的趋势。

(2) **名人与名牌表现** 文化的根本功能是创造人。在汽车诞生的同时，就涌现出为发展汽车呕心沥血、执着进取的人们。这些人创造着一个又一个奇迹，他们是所有汽车人的杰出代表。讴歌和弘扬汽车名人的精神，就是汇聚精神财富。汽车品牌的建立，展现了一个文化塑造的过程。汽车文化是汽车品牌的灵魂，只有用先进的文化理念、温暖的人性关怀、友好的公益形象等一系列凝结在汽车产品里的精神内涵，才能铸就汽车品牌，满足人们更高的消费要求。

(3) **美学与艺术表现** 汽车不仅仅是一种工业产品，更是一种集高科技和文化于一体的艺术品。从汽车的外形、颜色，到汽车内饰及各种附属设施，都具有美学元素，充分地表现着企业文化、特征及其汽车的品质。汽车作为一种“移动的物件”，与道路的融合、与城市的融合、与人群的融合，体现着这一“钢铁之躯”的亲和力，使之成为广受大众欢迎的

人类“伙伴”。

(4) 拓展衍生表现　汽车除作为交通工具以外，还衍生出许多的文化表现形式。就汽车本体来说，有汽车彩绘、汽车车身广告、汽车车贴、车内电视等；从车展形式看，有布展艺术、汽车模特、汽车摄影、汽车与其他艺术形式的结合等；对收藏而言，有汽车模型、汽车玩具、老爷车、汽车各类纪念品等；进一步拓展引申，还衍生出汽车影院、汽车旅馆、汽车餐馆、汽车超市、汽车乐团、汽车赛事等。

(5) 公共关系表现　为营造和确保社会公平的氛围，建立社会可持续发展的运行机制，需要国家立法建制，在“汽车文化”的大框架下，约束、规范不协调的行为，倡导和鼓励社会的精神文明和物质文明，提升造车者、用车者、管车者的文化自觉性。在合理范围内，逐步解决人车路的矛盾，解决资源与环境、安全、社会监管、城市规划等问题，建立“资源节约型、环境友好型”的和谐汽车社会。

(6) 公众心理与行为表现　文化的重要内涵是人和人群的生活形态和行为方式。汽车文化的公众心理与行为表现主要是指公众在购车、用车等方面的汽车消费心理与行为，以及对汽车的接受认可程度。因不同民族文化、心理和习俗的不同，人们赋予“汽车”太多的象征意义，包括权力、个性、财富、身份、行业标志等，表现出林林总总的购车行为；汽车牌号也成为众人追捧的对象。公众的用车心理与行为则体现了用车人的人文素质与社会的文明程度。用车人的社会责任感是建立和谐社会的重要方面，包括遵章守法、汽车礼仪、文明行车、文明用语、人车关系、节约意识、对行人及“无车族”的态度等。汽车极大地改变了人们的生活方式，增添了时尚与趣味，凸显“移动文化”的吸引力，如自驾游、房车家居、车友俱乐部等。

(7) 信息与网络表现　在现代社会，信息与网络是社会的“最大交通系统”，汽车、信息与网络互为载体，形成新的文化沟通形式与平台：汽车本体的信息与网络化，如车内通信、影音系统、卫星定位、人车互寻、智能化等；信息与网络载体中的汽车元素，包括汽车报纸、汽车杂志、汽车网站、汽车网络游戏、汽车电子书籍等。

(8) 教育与传承表现　汽车教育包括各个层次的汽车专业院校、汽车相关公司与企业的培训、社会团体机构有关汽车的技能培训等，他们在传授汽车知识的同时，学员们也受到汽车文化的熏陶，这是汽车文化的一个重要组成部分。如同“播种机”的汽车教育在向社会源源不断地输送汽车专门人才的同时，也使汽车文化传承得以提炼和传播。

三、创建健康和谐的汽车文化

按照国际标准，每百户家庭拥有20辆汽车的城市，就可以认为进入了“汽车社会”。在中国的大、中城市，汽车已从奢侈品成为日用品，从权力、财富符号变为普通工具。从汽车产业到汽车社会，从汽车社会到汽车文化，直到汽车社会需要的汽车文明，必须寻求人与人、人与车、车与车之间的多种关系转化为矛盾冲突之后的和谐之路。创造健康和谐的汽车文化，将是所有“汽车社会”参与者共同的责任。为此，创建健康和谐的汽车文化尤为必要。

1. 培养社会责任感

汽车数量的增多，直接导致安全、环保、节能方面的问题，增加了社会公共体系中资源和环境的压力。“汽车社会”参与者，包括管理者、制造者、销售者、使用者，都对交通负有责任。明晰汽车是公众社会经济生活的一部分，着重“文化心理”层次上的建设。管理者通过立法建制，约束、规范、引导参与者的行为，使之形成良好的习惯；制造者坚持“以人为本”的理念，生产满足人们日益增长的符合时代要求的具备文化品位的“绿色产品”；销售者不只是推销产品，更多地要传播汽车文化；使用者则应努力践行汽车文明。

2. 构建人、车、路和谐的社会氛围

人、车、路是构成道路交通的三个要素，既密切相连又相互制约。做“安全人”，走“安全路”，开“安全车”，减少主观或人为的不安全因素，减少汽车对社会造成的危害。用车人的行为反映在人、车、路之间现实的矛盾上，也反映在文化的冲突上，需要建立文明高尚的汽车礼仪、和谐宽容的汽车文化。用车人只有增强守法遵纪意识，弘扬中国优秀的传统文化，才能形成“人与人和谐相处，车与车平等和睦，人与车协调合一”的汽车文明。

3. 推陈出新，提高公众的汽车文化传承意识

中华民族是具有创新精神的民族，因而必然能形成自己特色的汽车文化。文化是人类发展的积累，不是一朝一夕的事情，所以汽车文化特色的形成更需要中国人不断凝练和丰富。在大学生中普及汽车文化知识，是增强汽车文化生命力的需要。不仅如此，开展对社会大众的汽车文化熏陶也十分必要，尤其是对儿童的汽车文化教育，培养一代代明了汽车文明的后来人，使我们的社会充满幸福感。

悠悠五千年的中华文化，在历史的长河中浩气长存。因汽车这个“舶来品”而渐渐形成的中国汽车文化，像一条支流汇入中华文化这条不竭的长河，交相辉映，栩栩生辉。

思考题

1. “汽车文化”的含义是如何表述的？
2. 简要论述“汽车是改变世界的机器”。
3. 汽车文化有哪些主要特征？
4. 汽车文化的表现形式有哪些？
5. 在汽车社会里，为什么要培养社会责任感？
6. 结合实际，谈谈对构建“人、车、路”和谐社会的认识。
7. 你是如何认知汽车文化的？

第一章 / Chapter 1

存世百年的汽车

汽车作为人类近一百多年来最伟大的发明之一，是人类不懈追求的产物。人类对“自由运动”的追求从幻想开始，通过探索、创造去实现幻想并使之不断发展，创立并丰富着灿烂的物质文化。

第一节 走近汽车

一、从幻想开始，话汽车概念

幻想和神话传说，无论是东方中华文化，还是印度河文明、埃及和两河流域文明、古希腊文明，以及非洲、南美多种已湮没的古代文化，都自古有之，历史渊源悠长，其中都有一个共同的愿望与目标——人类的快速交通。

在所有幻想的交通方式中，自由飞行可以达到美妙而无约束的境界。《封神演义》是中国神怪小说之集大成者，书中普通而又理想的交通方式是腾云驾雾。阿拉伯世界神话中的飞毯更是一个精彩绝伦的幻想，铺一块地毯，坐上去，一念咒语就飞出门窗到任何想去的地方。这些古老神话的现代版就是当代的航空航天。

《封神演义》中土行孙具有触地逃遁的法力，只要脚挨地面便会遁入地下，再从别处钻出地面。实现这个幻想的是现代的地铁交通。潜水艇则是实现了人类自由入海遨游的愿望。

太阳神的车、风神的车、哪吒的“风火轮”等，是神话中关于自动行驶车的幻想，表现了人们对陆地快捷行走的渴求。这种渴求变为现实，就是存世百余年的汽车。毫无疑义，现代陆上交通车辆是古代车辆的自然发展和延伸。

漫漫 4000 多年古代车辆的历史，一直无法突破一道障碍，即离不开人力或畜力的推或拉才能运动（图 1-1）。聪明的先人在生产和生活中的一大创新便是认识了转动现象，逐步把自然的旋转和滚动变成由自己制造的和可以控制的有轴的转动（图 1-2）。由轮和轴形成的轮轴结构，恐怕也是人类最古老、价值无限的发明之一。

图 1-1 古代的运输方式

图 1-2 轮轴结构的运输方式

车的基本结构特征，一是有轮和轴；二是有车体和车厢（图 1-3）。车体上带厢以装运人或货物，下部可以固定车轴，轴上装轮。中间装轮为独轮车；两边装轮为双轮车；双轮双轴则构成四轮车（图 1-4）。车在人力和畜力推或拉的作用下在陆地上滚动，早期的陆地运输工具就这样形成了。因此，车是一种具有轮轴结构、带有车厢并用于运输人或物体的机械。

图 1-3　具有车体、车厢和轮轴的基本结构

图 1-4　四轮车

当人类寻找到用自然能源驱动的动力机作为车的驱动器取代人力和畜力之时，“机动车”就诞生了。

汉语中习惯用的“汽车”一词究竟源于何人、缘何所起，我们没有考证。也许，唐朝科学家一行和尚是说出“激铜轮自转之法，加以火蒸气运，名曰：‘汽车’”的第一人。带水旁的“汽”车又似乎与蒸汽机汽车相关。各种外语对“汽车”的叫法也差不多一致：自动行驶的车辆。所以，汽车的原始概念就是自动行驶的车辆。

具有现代意义的汽车是以内燃机为动力作为标志的。由动力驱动、具有四个或四个以上车轮、不用轨道来承载的车辆，主要用于载运人员和货物；或牵引载运人员和货物的车辆；或有特殊用途。这样的车辆便是我国对汽车的定义。

二、撩开面纱，看汽车本色

就一辆汽车的整体构造而言，它由四大部分组成，包括为汽车提供动力的发动机，能保证汽车正常行驶的底盘，乘坐驾驶人、旅客或装载货物的车身，以及为汽车供电、照明的电气设备（图 1-5）。

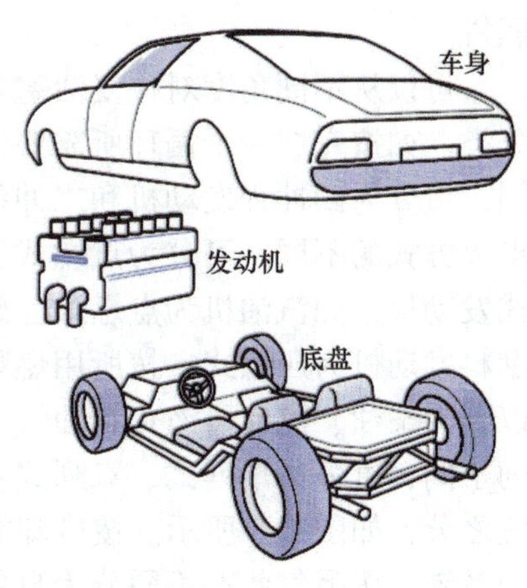

图 1-5　汽车的组成

1. 汽车的心脏——发动机

发动机如同汽车的“心脏”，它是汽车的动力源。发动机的种类较多，按目前汽车活塞式发动机所用燃料不同，发动机主要分为汽油机和柴油机两大类。

发动机是一部复杂的机器，但发动机产生动力的工作原理却比较简单。汽油机首先将燃料和空气混合并引入气缸，压缩点燃使之燃烧发出热量并膨胀，推动活塞和连杆使曲轴旋转，对外做功，最后把废气排出气缸，完成一个循环。按此循环，周而复始。活塞往复四个行程、曲轴转两圈完成一个循环的发动机称为四冲程发动机。

四冲程汽油机工作原理如图 1-6 所示。第一个行程是进气行程。进气行程时，进气门开启、排气门关闭，活塞从上止点向下止点移动的过程中，将汽油与空气所形成的可燃混合气吸入气缸。接着转入压缩行程。压缩行程时，进、排气门均关闭，活塞由下止点向上止点移动，气缸内的混合气被压缩，导致缸内温度和压力同时升高。随后进入做功行程。做功行程时，火花塞点燃混合气，缸内燃料燃烧放出的热能使气体膨胀，推动活塞从上止点向下止点运动，这就是产生动力的过程。燃烧过的气体变为废气。最后一个行程是排气行程。此行程时，排气门开启、进气门关闭，废气被排出气缸。

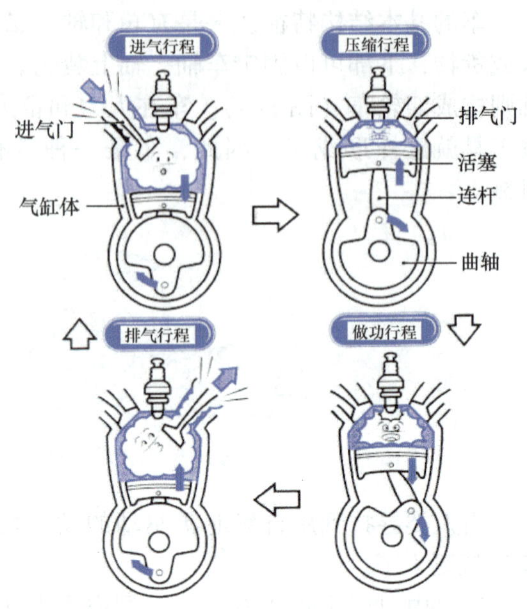

图 1-6　四冲程汽油机工作原理

四冲程柴油机和汽油机一样，每个循环活塞也经过四个行程。柴油机所用燃料是柴油，其特点是黏度比汽油大且不易蒸发，但柴油的自燃温度比汽油低。柴油机与汽油机工作不同，主要表现为两点：柴油机进气行程吸入的是纯空气；柴油要经喷油泵由低压变为高压，然后在压缩行程活塞接近上止点时，经喷油器以油雾形式直接喷入气缸，与高温空气混合形成可燃混合气并自燃。

发动机工作原理中只说明了将热能如何转化为机械能的过程。要完成这种能量转化的任务并对发动机的工作进行有效的控制，必须使发动机的结构更加完善。各种发动机总体构造尽管有可能不同，但它们的主要结构是大体相同的。一台完整的汽油机包括两大机构（曲柄连杆机构、配气机构）和五个系统（供给系统、润滑系统、冷却系统、点火系统、起动系统）。汽油机的总体构造如图 1-7 所示。

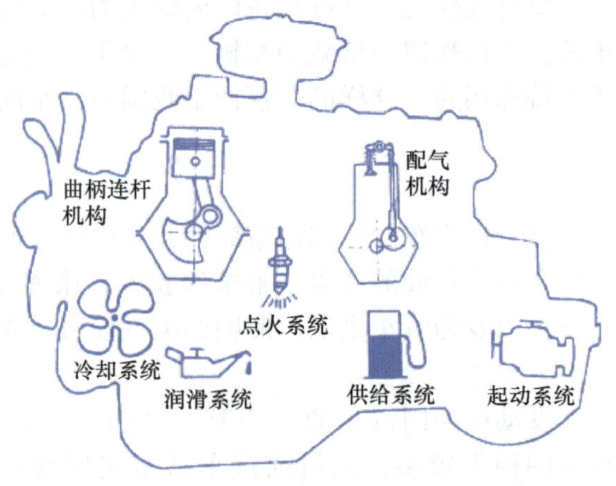

图 1-7　汽油机总体构造

汽车发动机主要采用的是往复活塞式内燃机。

可以从不同角度对往复活塞式内燃机进行分类。如按完成一个循环所需要的行程数的不同，可分为四冲程发动机和二冲程发动机。按点火方式的不同，可分为点燃式发动机和压燃式发动机，如汽油机为点燃式，柴油机和多种燃料发动机为压燃式。按所用燃料的不同，可以分为柴油、汽油、液化石油气、天然气、乙醇、煤气及多种燃料等发动机。按气缸体排列的不同，可分为单列式、双列式；单列式多为直立式和卧式两种，而双列式也有 V 型和对置之分，如图 1-8 所示。按冷却方式不同分为水冷和风冷两种，大部分车用发动机采用水冷却系统。按吸气状态不同分为自然吸气式和增压式两种。自然吸气式吸入气缸的空气直接来自大气；而增压发动机是把大气经过增加压力、提高密度后，再吸入气缸。车用柴油机常用废气涡轮增压方式。

2. 汽车的躯体——底盘

汽车底盘如同汽车的“躯体”，其作用是支承、安装发动机和各部件、总成，构成汽车

整体；将发动机传来的动力，经减速增矩后传给驱动车轮，驱动汽车前进。底盘上设置有转向控制、制动控制及减振缓冲等装置，以确保汽车正常行驶。

（1）汽车底盘的组成　传动系统、行驶系统、转向系统和制动系统四个部分构成汽车的底盘（图1-9）。

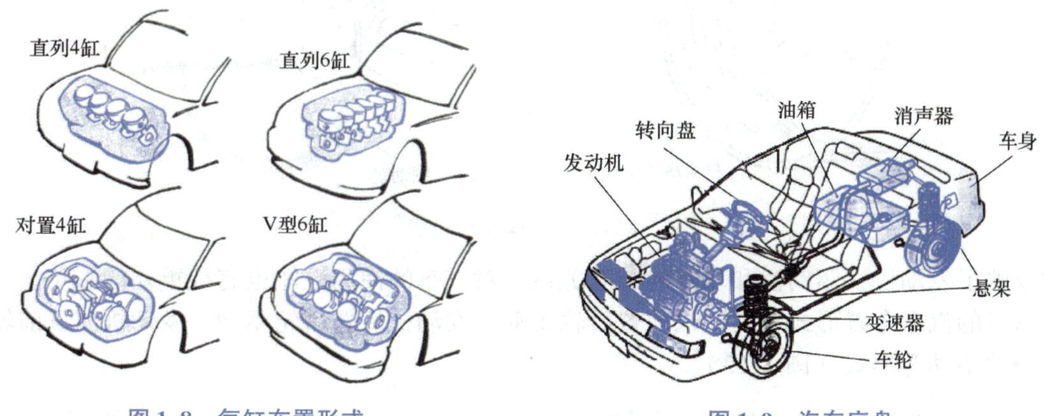

图1-8　气缸布置形式

图1-9　汽车底盘

汽车发动机与驱动轮之间的动力传递是靠汽车传动系统的各个装置来保证的。汽车传动系统能根据需要实现动力的平稳接合与传递，有时需迅速彻底地分离动力；必要时能满足左、右驱动车轮差速转动的要求；还能保证在各种行驶条件下提供必需的牵引力、车速，使汽车有良好的动力性和燃油经济性。传动系统包括离合器、变速器、万向传动装置、主减速器、差速器等部分。

汽车行驶系统（图1-10）的作用是尽可能缓和路面不平对车身造成的冲击和振动，保证汽车行驶的平顺性，并与汽车转向系统配合，保证汽车的操纵稳定性。行驶系统包括车架、车桥、车轮和悬架等部分。

汽车转向系统（图1-11）是用来保持或者改变汽车行驶方向的机构。汽车转向时，要保证各转向轮之间有协调的转角关系。驾驶人通过操纵转向系统，使汽车保持直线或转向的运动状态，或者使这两种运动状态互相转换。转向系统包括转向盘、转向轴、转向器、转向直拉杆、转向梯形、转向节等部分。

图1-10　汽车行驶系统

图1-11　汽车转向系统

汽车制动系统（图1-12）的功能是使行驶中的汽车减速或停车以及实现可靠驻车。制动系统包括前后制动器、控制装置、供能装置和传动装置。

（2）汽车的布置形式　汽车发动机的动力是经过传动系统传给驱动车轮的。汽车布置

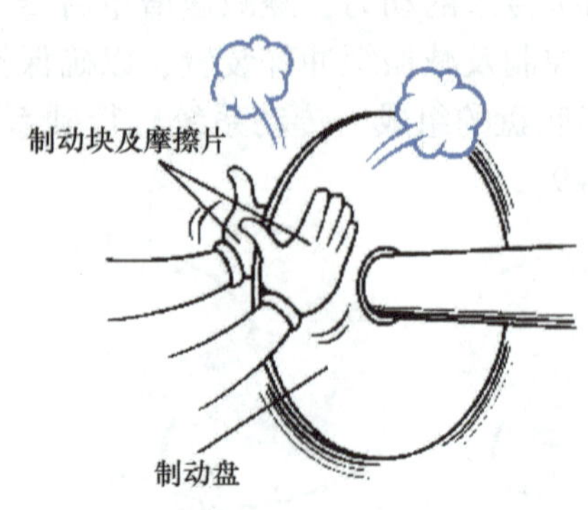

图 1-12　汽车制动系统

形式反映了发动机、驱动桥和车身的相互关系，对汽车的使用性能也有很重要的影响。

常见的汽车布置形式有发动机前置后轮驱动、发动机后置后轮驱动、发动机前置前轮驱动和全轮驱动等形式（图 1-13）。

图 1-13　汽车布置形式

1）发动机前置后轮驱动（FR 方式）。这是一种传统的布置形式，是将发动机、离合器、变速器等构成的整体置于汽车前部，驱动桥置于汽车后部。这种布置形式是前轮转向后轮驱动，前后轮各行其职，转向与驱动分开，负荷分布比较均匀。

2）发动机后置后轮驱动（RR 方式）。发动机后置，使前轴不易过载。对于跑车来说，可以降低汽车前部的高度；对于大型客车而言，能更充分地利用车厢面积，还可有效地降低车身地板的高度或充分利用汽车中部地板下的空间安置行李。

3）发动机前置前轮驱动（FF 方式）。这种布置形式是将发动机、离合器、变速器等构成的整体置于汽车前部，驱动桥也置于汽车前部。这种布置使发动机和动力传动系统布置紧凑，使地板低而平；由于前轴的负荷大，使整车的操纵稳定性好。

4）全轮驱动（nWR 方式）。越野汽车一般为发动机前置，在变速器后面装有分动器将动力传递到全部车轮上（图 1-14）。目前，轻型越野汽车普遍采用 4 ×4 驱动形式，中型越野汽车采用 4 ×4 或 6 ×6 驱动形式，重型越野汽车一般采用 6 ×6 或 8 ×8 驱动形式。

图 1-14　全轮驱动汽车

3. 汽车的外套——车身

汽车的车身好比汽车的“外套”，其形状各异的造型与色彩斑斓的颜色给人以美的享受。可以说，轿车车身是现代汽车工业最引以为自豪的创新之一，也是现代社会最吸引人们目光的事物之一。川流不息、五光十色的各种轿车构成了现代都市一景。轿车车身有单厢车、两厢车和三厢车之分（图 1-15）。三厢车的“三厢”是指发动机舱、乘员舱和行李箱，三个“厢”明显分开。两厢车是把后行李箱和乘员舱合为一体，使其减少为发动机舱和乘员舱两“厢”。发动机舱、乘员舱和行李箱融为一体，三个厢没有明显区分的，就是单厢车。

图 1-15 轿车车身分类

载货汽车的车身是由专门为驾驶人提供驾驶操作空间的驾驶室和用于装载货物的车厢组成，主要有长头汽车驾驶室和平头汽车驾驶室两种（图 1-16）。长头汽车的车头和驾驶室互相分开，平头汽车的车头和驾驶室融合为一体。长头汽车驾驶室在发动机后方，视野较差；但发动机维修较方便，安全性好，行驶振动小。平头汽车驾驶室位于发动机上方，视野良好，同样车长情况下平头汽车比长头汽车车厢载货面积要大。

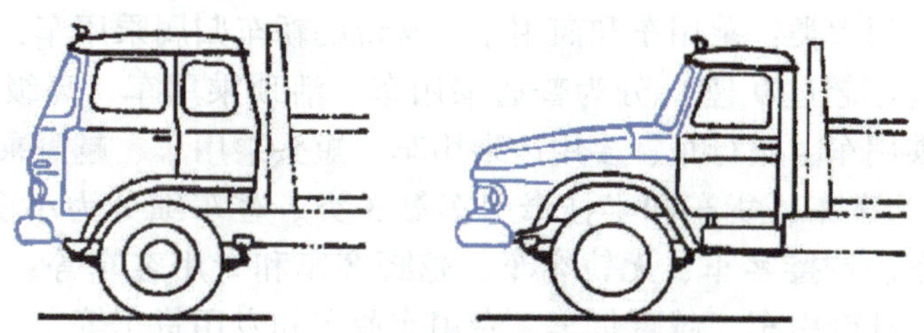

图 1-16 两种驾驶室形式

4. 汽车的神经——电气设备

汽车电气设备好比汽车的“神经”，主要由电源设备（蓄电池和发电机）和用电设备（起动机、点火装置、照明及灯光信号、仪表及报警装置、辅助电器等）组成。它分布于全车各个部位，综合起来有如下两个共同特点：

1）直流供电——蓄电池和发电机协调供电，直流电压为 12V 或 24V。

2）并联单线——汽车电气设备采用并联连接，以车架及与其相通的金属机件为各种电器的公共端（负极搭铁），另一端用导线连接成单线制。

汽车灯系一般分为装在车身外部及装在车身内部的照明和信号灯两组。装在车身外部的主要有：前照灯、后灯、转向信号灯、制动信号灯、雾灯和防空灯等。装在车身内部的主要有：驾驶室顶灯、车厢照明灯、发动机罩下灯、仪表板照明灯等。

为了使驾驶人及时了解汽车各系统的工作状况，避免事故的发生，保证汽车安全、可靠地运行，汽车上均装有各种检测仪表和报警信号装置，经线路连接后，集中安置在驾驶室的仪表板上（图1-17）。

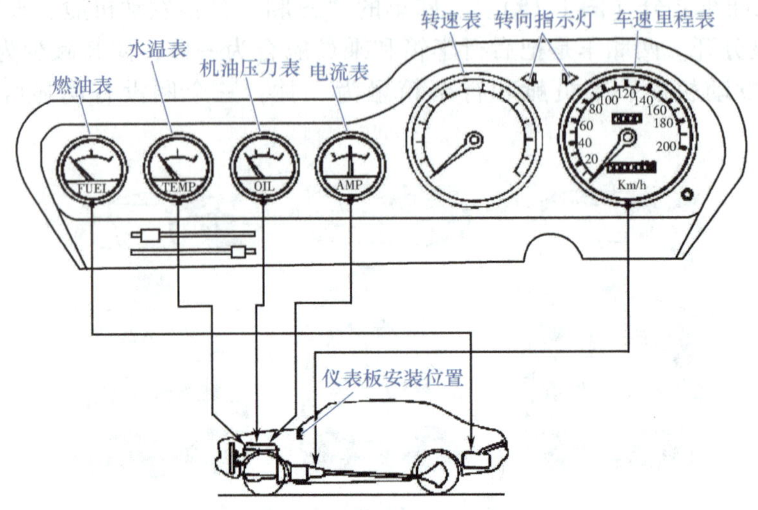

图1-17 仪表、报警指示灯连接示意图

三、汽车家族，枝繁叶茂

汽车家族十分庞大，汽车类型种类繁多。汽车的分类因世界各国的管理规则不同而不同。

我国汽车分类新标准（GB/T 3730.1—2001《汽车和挂车类型的术语和定义》）参照国际惯例，将汽车分为两大类：乘用车和商用车。常说的轿车归属乘用车，载货汽车、客车归属商用车。乘用车（不超过9座）分为普通乘用车、活顶乘用车、高级乘用车、小型乘用车、敞篷车、仓背乘用车、旅行车、多用途乘用车、短头乘用车、越野乘用车和专用乘用车等11类；商用车分为客车、货车和半挂牵引车等3类。客车细分为小型客车、城市客车、长途客车、旅游客车、铰接客车、无轨客车、越野客车和专用客车等；货车细分为普通货车、多用途货车、全挂牵引车、越野货车、专用作业车和专用货车等。

按汽车所用原动机类型可分为热力机和电动机汽车两类。热力机可再分为外燃机和内燃机。电动机可再按电源类型分为蓄电池式、燃料电池和太阳能电池汽车。

目前常用的汽车按燃料种类分为汽油机汽车、柴油机汽车和其他燃料（压缩天然气、液化石油气、醇类、氢气等）汽车。

1. 公路运输汽车

随着汽车用途日趋广泛，汽车结构性能不断得到改进，因而汽车种类也越来越多。为便于国产汽车和半挂车的生产、管理、销售及其产品统计，1988年6月发布的国标GB3730.1—1988规定了在公路城市道路和非公路上行驶的国产汽车和半挂车的分类标准（进口汽车也可参照执行），分为轿车、客车、货车、越野汽车、自卸汽车、专用汽车、牵引车和挂车（图1-18）。

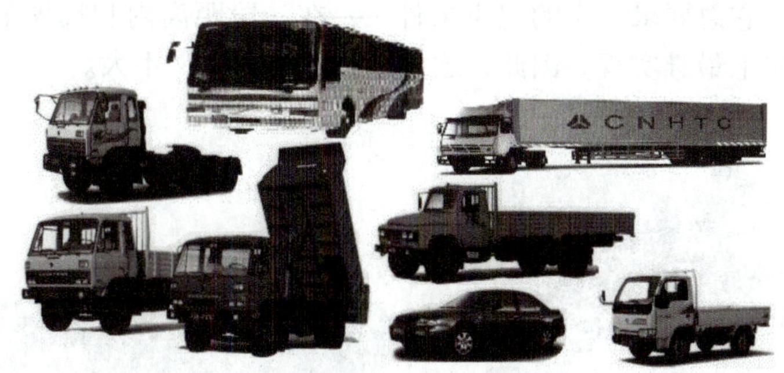

图 1-18 公路城市道路汽车

轿车和其他客车虽然都属人员运输车辆，但是追求不同，因此结构特征不同。轿车以乘坐少量乘员和满足快捷、舒适为主，故按发动机排量大小排级别，分成五级，即排量小于或者等于 1L 的为微型车；大于 1.0L 到等于 1.6L 的为普通级车；大于 1.6L 到等于 2.5L 的为中档车；大于 2.5L 到 4L 的为中高级车；4L 以上的归高级车。

客车为众多乘客所用，常常求多，故按照整车长度论大小：车长小于等于 3.5m、大于 3.5～7.0m、大于 7.0～10m 和大于 10m 分别为微型客车、轻型客车、中型客车和大型客车。特种客车包括两节铰接（通道式）和双层式等特殊车型。

货运车型按总质量（即自身质量加上额定装载质量）分级：小于等于 1.8t、大于 1.8～6.0t、大于 6.0～14.0t 和大于 14t 分别为微型、轻型、中型和重型车。

越野汽车具有高通过能力，用全轮驱动来实现越野功能。至于其为民用或军用，则完全是由用户的社会身份决定的。许多非军人有爱好全驱轿车和吉普车者；一些非军事单位也需要越野汽车及其改装车，如地质矿产等部门。当然，越野汽车最大的用户是军队。

自卸汽车是靠倾斜车厢使厢内货物自动卸落的汽车，具有省时、省力的优点，被广泛用于工程建筑等领域。

专用汽车是用来满足专门用途和特殊用途的汽车（图 1-19）。专用汽车的种类特别多，如救护车、消防车、油罐车、垃圾车、洒水车、冷藏车、罐式车、起重举升车和仓棚式汽车等。

图 1-19 专用汽车示意图

2. 汽车家族的横向繁衍

在汽车技术和结构成熟并被广泛应用于人类社会生活的各个方面之后，人们对交通方式和速度的要求越来越高。于是，人们发挥想象，发明创造了陆、水、空交通方式相结合的新产物。

（1）水陆两栖车 主要是因战争中频繁发生汽车被水面阻隔而不能越过水面行驶的情形，因而人们希望汽车也能在水上行驶，于是水陆两栖车应运而生（图 1-20）。水陆两栖车分为浮渡汽车和潜渡汽车两类。

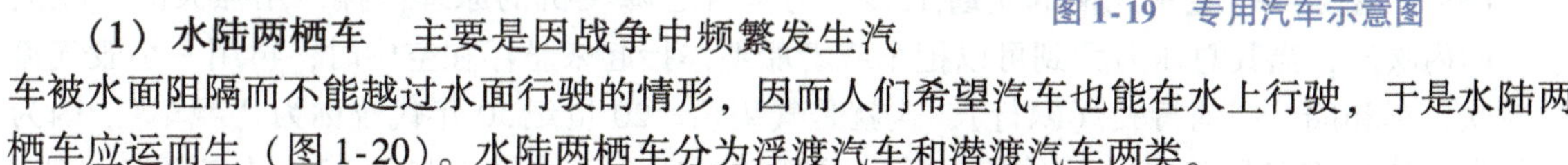

（2）陆空两栖车 遇到前方障碍或道路堵塞，汽车索性腾空而起，一飞而过岂不快哉？这就是人们梦寐以求的飞行汽车。图 1-21 所示为美国退休工程师肯尼思·韦尼克的创作。尽管有人称其起飞降落操作方便，但客观地说，这种可以临时“变性”的汽车，这时变成

了普通的有翼飞机，它总要求一定的起飞条件——在一段距离内和翼展范围内无任何障碍，而这偏偏在高速公路上最难实现。因此，这样的飞行汽车意义不大。

图 1-20　水陆两栖车

图 1-21　飞行汽车

图 1-22 所示的 PAL-V1 飞行汽车具有很强的性能，不仅可以飞到 1500m 高空，而且在陆地上也拥有不错的行驶性能，起步加速 0～100km/h 仅需 5s，安全极速也可以达到 200km/h 的境界。

图 1-23 所示为美国退休工程师保罗·莫勒研制的有垂直起降能力的 M200X 型“空中轿车”，它用八台独立风扇的强大气流实现垂直起降，其操作与普通汽车差不多。这种灵活的机器主要引起了军方的巨大兴趣。有报道说，M200X 成了美国海军的“看家狗”，它常常在舰船的前方飞行，以便发现或者寻找潜艇、水下炸弹。

图 1-22　PAL-V1 飞行汽车

图 1-23　保罗·莫勒研制的“空中轿车”

（3）气垫船——近乎三栖的交通工具　与垂直起降飞机的原理一样，用强大的气流向下、向内吹压，当其总压力大到可以把车或者船整体抬起来悬浮在空中时，再用一小股气流向后吹，车和船就向前行驶（飘行），这就是气垫船。20 世纪 50 年代曾称为“飘车”。因为它起先是从“汽车飘起来”开始的，后来发现它更适合于水陆交界地带，具有更多“船”的特点。图 1-24 所示为俄罗斯和美国联合开发的地效飞行器。

（4）汽车扩展新天地——从智能汽车到智能机器人　如果用轮轴结构和自备动力这两个基本条件作为车辆技术的根本特征，那么现在车辆技术的应用范围正在急剧扩大。一个重

图 1-24　俄罗斯和美国联合开发的地效飞行器

要的方向可以用月球车和火星车作为代表，它们是受地球人指挥的智能化车辆。这类科学探测设备将随人类太空探测事业的发展进一步完善。图 1-25 所示为美国“勇气”号火星探测车。

另一个方向是轮式机器人。相当一部分或大部分机器人需要做平面运动而不做空间运动时，大多采用类似汽车的结构，因为各种运动方式相比之下轮轴的滚动还是最有利、最方便的。现代科学技术和各行各业都走向电子化，机器人的使用范围不断扩大。图 1-26 所示为一些外形像汽车的机器人，从技术上看，它们应该是分米级的电动汽车。日本丰田公司在微型汽车模型的基础上成功制造了长度为 4.8mm、质量约为 30mg 的电动汽车。可以设想，厘米级和纳米级的电动汽车也会出现，只是迟早而已。已有人设想可在人体血管里行驶的“医疗车”了。

图 1-25　美国“勇气”号火星探测车

图 1-26　具有汽车特性的机器人

（5）不作为运输工具的汽车族　汽车比赛从 1895 年至今从未停止过，而且已经形成“汽车奥林匹克”。汽车比赛在汽车技术进步上有成果博览会的价值，起到当代汽车顶级技术的展示和评比的作用；在商业上是大广告；在运动方面是冒险与控制力的展示。因此，不论 F1 场地赛（图 1-27）还是拉力赛的车辆都很吸引人，有其特殊的地位。

图 1-27　F1 场地赛车

汽车收藏一方面是历史，另一方面是爱好。收藏对象一种是精巧的汽车模型，另一种是有价值的真车（图 1-28）。因为车模的数量大，制作精巧，故其商业价值也不可小觑。

玩具汽车（图1-29）每年产值以数十亿美元计，其对儿童甚至成人的吸引力都很大。玩具汽车从最简单的模型到十分繁杂的遥控电动车，都已成为重要的商品。有些不敢贸然在汽车上使用的技术，如无人驾驶，恰好可以在玩具车上试用。

图1-28　收藏的老爷车

图1-29　玩具汽车

第二节　车史溯源

一、追寻古代车的印迹

汽车的发明是人类文明进步的象征，是科技发展的标志。追根溯源，车的发明和使用已长达4000年以上。

1. 中国大型彩绘铜马车

西安秦始皇陵陪葬坑出土的两乘大型彩绘铜马车（图1-30）是追溯车起源的一个最佳牢固坐标，由它上溯可以追寻中华祖先的光辉创造，由它下行可以考察车辆技术在中国的发展。

图1-30　西安秦始皇陵陪葬坑出土的两乘大型彩绘铜马车

出土的这两套异常完整的马车，虽然是比实物缩小约一半的模型，但其尺寸仍旧相当大，因此一切结构与制作工艺几乎与真实的秦始皇时代仪仗车完全一样。二号车刻有“安息第一”字样，显然是供主人在旅行中乘坐舒适并便于休息的车辆。除了车辆结构完整之外，单独的封闭车厢，车厢内的豪华内饰以及考虑舒适性的弹性软垫，说它是两千年前的高级轿车实不为过。

各界专家对这两辆出土模型车进行了全面研究，对它们机械结构的设计、金属构件的冶炼熔铸和制作工艺都做出了极高评价，同时还对当时的生产管理，特别是标准化和大量生产的质量管理做出了合理推断，确实可以作为里程碑矗立在公元前210年的时间坐标上。

由秦向前推至殷商，已经在多处发掘的墓葬中发现了殷商时代的车马坑，发掘了许多车辆。从殷商再往前推，就只有传说，至今尚无实物出土为证。关于中国远古时代什么时候什么人发明了车，有两种说法。一些古籍的说法主张夏代的奚仲发明了车，古籍《当代春秋》《荀子》《山海经》等持此说。另一些古籍持第二种意见，如《古史考》《释名》和《绍物开智》等认为车是黄帝发明的。黄帝的名字就是历史给我们留下的一个谜底：黄帝又称轩辕黄帝。“车子前高后低叫轩”“车前驾牲畜的部分称为辕”，黄帝的名字用了两个都是表述车的特征的字，按照古代中国习惯，这是对发明者的崇拜。黄帝发明了车，人们视他如车，见车也想起他。还有一个辅助的理由，汉字的创造者仓颉就是轩辕黄帝手下的史官，以象形为特征的古老汉字出自他手，“轩辕”两字不但明喻车的“轩”和“辕”，而且利用汉字偏旁结构暗隐两处“车”，真是极尽歌颂之能，也十分明确地表达了人们对他发明车的崇敬。比黄帝时代更早一点的考古现场，如河姆渡文化和齐家文化中都尚未看到车轮的痕迹。按照这个推理，距今4400～4500年的黄帝时代中国人就会制造和使用车辆了，这个说法比较合理。

2. 世界各地车史溯源

（1）两河流域文明中的车　有明确文字记载的最古老的车，要算公元前3500年美索不达米亚的文书，据说文书中甚至有车的草图。

图1-31所示为考古发现的两河流域乌尔王朝的军旗图案，图案上有五辆车子，车前有好几匹马。战车上乘坐的是士兵，车前马下还有倒地的人，大概是被击毙的对手。这幅图显然是一幅战争景象，上面还有庆功仪式的场面。整个画面充分显示了车在战争中的重要作用和地位。乌尔第三王朝灭亡于公元前2006年，王朝延续200年，所以“公元前22世纪两河流域的车辆技术已经相当完善”这个结论是毋庸置疑的了。

图1-31　考古发现的两河流域乌尔王朝的军旗图案

（2）印度河文明中的古代车辆　可供参考资料不多。图1-32所示为引自世界通史的出土青铜牛车的照片，被确定为印度河文明（公元前2300—公元前1750年）成熟期的作品。看这幅图的样子显然不像战车，驾车人右手拿的像是赶车的鞭子而不是武器。车子总体结构简洁、稳定、灵巧，好像一辆比赛的车子。

（3）欧洲的发现　图1-33所示为现在看到的欧洲最古老的含有车样子的文物，它是从匈牙利出土的做成四轮车模型的杯子。把车子作为杯子的造型说明可能处于车子发明的早期，酒杯无疑在生活中的地位崇高，是宴饮席上的角色。车子的发明和使用大概给人们带来了新奇的感觉和巨大的惊喜，人们十分喜爱它，所以让它出现在酒杯上。

图1-32　青铜牛车

图1-33　匈牙利出土做成四轮车模型的杯子

对以上世界各地的文化加以比较可以看到，人类似乎在大体相仿的时代——距今4500～5500年前就发明和使用车子了，而且看来是各自独立地创造出来的。

二、汽车发明史

毫无疑义，现代陆上交通车辆是古已有之车辆的自然发展和延伸。不过，从人力、畜力推拉到车辆自行驱动，这是一个巨大的技术进步，人们为此花费了数千年的不懈努力。

1. 科学幻想与探索

简而言之，汽车是人类不懈追求的产物。人类的追求从幻想开始。一切史料都证明古代人类是十分聪慧、富于幻想、勇于探索和善于创造的。幻想必然带来思索、激发探求，而且幻想非常清晰地指明了探求的方向。进行现实思索和探求就是科学的幻想和探索。例如，关于自己行驶的车的幻想中，车是已经广泛使用的成熟的东西，缺少的是动力，所以幻想中很清楚地显示了寻找动力源的方向。在古代科学技术相对领先的中国，关于自动行驶车辆的科学幻想也是领先的，而且其描述相当精彩。唐朝科学名宿之一，僧人一行（俗名张遂，公元677—727）在天文学方面的贡献显著，对其他学科也有涉猎。在其一本著述中曾有过关于自动行驶车辆的描述："激铜轮自转之法，加以火蒸气运，名曰：'汽车'"。现在无法具体阐释他的设想，但这短短的17个汉字却全面涵盖了后世蒸汽机汽车的三大基本要素：作为能源的火；作为传运能量的工质是水蒸气；以带能量的汽推动轮的转动。"汽车"的名称在我国沿用，说不定与此有些渊源呢。可惜后来科学中心西移欧洲，我国在科学技术方面的步伐停滞了。

15世纪文艺复兴运动扫除了欧洲中世纪宗教统治的黑暗，民主化社会变革与科学技术发展成为两翼，欧洲文化发展日新月异。艺术巨匠利奥纳多·达·芬奇（1452—1519）实际上是一位集科学家、工程师与艺术家于一身的天才，是意大利文艺复兴运动的风云人物。他的贡献和创造发明非常丰富，除了作为天才画家传世，他还是解剖学的开路人；他有众多的军事技术设想：填满散弹的炸弹、手榴弹、化学武器、喷火器和坦克；他的理论研究触及质量与惯性等理论物理学核心问题；在机械学上，他绘制了飞机和汽车的草图。现在人们根据他笔记本中1478年绘制的储能弹簧驱动车草图制成了模型（图1-34），这种车的原理与后世广泛而廉价的儿童玩具汽车相同。现在看来，这个设计原理也是成立的，尽管是人力作为最初的能源，但它已被弹簧储存起来以驱动车子，车子也有操纵方向的机构。

图1-34　利奥纳多·达·芬奇储能弹簧驱动车模型

2. 勇敢而成功的第一步

16世纪欧洲沿海各国的航海技术已经十分成熟，在一个沙滩上，从航海技术奇妙地一跃，转变成陆地上的汽车。荷兰人西蒙·斯蒂芬不知何时突发奇想，并大胆地迈出了机械史上伟大的一步，成功地实现了人类“自己行驶的车”的理想。他将一艘双桅帆船进行车的改装，前后装上车轴和车轮，船上乘坐多达28位乘客，风帆拉起，风力驱动使其行驶自如，据说曾达到34km/h的惊人速度。西蒙的风帆车在汽车发展史上无疑是第一座成功的丰碑（图1-35）。

图1-35 汽车鼻祖——荷兰人西蒙·斯蒂芬的风帆车

风帆车不能发展为实用汽车，主要是因为能源——风的不可预知性和难以驾驭性。风的方向、风力的大小及来去时间都不是人类所能预知的，人们更无能力控制或改变风的大小、方向，因此无法正常利用。不过风能利用一直是一个重要的极其吸引人的课题，人们一直不停地探索利用风能的途径和方法，包括在现代汽车技术领域的研究。

3. 水蒸气利用和蒸汽机汽车

早在古埃及、古希腊和古罗马时代，人们就认识了水蒸气，并知道它可以作为工作介质供人利用。如前面所说，中国唐朝科学家也看到了这个事实，并且提出了利用蒸汽的方法。但是，人类科学技术和经济能力的综合毕竟到18世纪才为工业革命准备了足够的条件。1765年，詹姆士·瓦特对英国人托马斯·纽科等人创造出的原型蒸汽机做出了重大的关键性改进，提高了蒸汽机的性能和效率。人们看到，蒸汽机让人类摆脱了自身力气和牲畜体力的限制，从此可以做更多、更大、更重的工作，因此其使用价值受到普遍的肯定和欢迎，蒸汽机由此实现了大规模工业应用。历史上把1765年作为活塞式蒸汽机诞生的日子，并承认瓦特是开创者，原因在于此。效率更高的活塞式蒸汽机是其后通过不断改进而得到的。

蒸汽机作为唯一的自然能源驱动的通用动力被各行各业的人士争相利用，成为各行各业的新动力。1769年法国炮兵工程师尼古拉斯·库诺首先把活塞式蒸汽机装置装在车上，制成世界上第一辆有真正意义和实用价值的自行驱动汽车，如图1-36所示。

图1-36 尼古拉斯·库诺的蒸汽机汽车

这是一辆长7.32m、高2.2m的三轮汽车，前轮由蒸汽机驱动，同时又起转向作用，车子原本用于牵引大炮。它的特别显眼之处是车前悬挂着直径为1.34m的锅炉。这架车的蒸

汽机工作性能不佳，车速仅4km/h，每走15min就要停下15min，用以加水、烧沸，然后再走。这辆开创历史的汽车在初次试车时不幸撞墙而毁，当时报载“全巴黎大笑!”。

各国众多发明家立即紧随其后，陆续为改进活塞式蒸汽机驱动车做出巨大努力，把蒸汽机在交通运输车辆方面的应用大大扩展开去。一个异想天开、别出心裁的创造，是把蒸汽机车辆发展为在轨道上行驶的牵引机车，从而发展成为铁路交通系统，从此人类陆地交通有了两个极其辉煌的系统：一个是公路交通，另一个是铁路交通。许多发明家继续沿着无轨道限制的方向改进蒸汽机汽车并批量生产，逐渐开拓蒸汽机汽车交通运输市场，并为之做出了巨大努力。

4. 电动汽车发展简史

英国科学家法拉第在1831年发现电磁感应现象，为人类打开电磁世界之门。不久以后发电机和电动机就被创造了出来，人类有了蒸汽机之外的一种新的强大动力。

1859年法国物理学家加斯顿·普兰特发明了铅酸蓄电池，电能储存的难关被攻克，电动汽车诞生的条件成熟了。英国人R. 达比德在1873年制成了世界第一台电动汽车，它是一台4.8m长、1.8m宽的四轮载货车，使用硫酸铁、锌蓄电池。1880年有人解决了蓄电池的充电难题，制成可以反复充电放电的蓄电池，使电动汽车技术登上高一级层次。此后，欧洲各国发明家争相研制电动汽车，电动汽车迎来了第一轮辉煌。1890年前后，英国伦敦、法国巴黎等大城市街头来回行驶着电动大客车。同一时期，美国人也制造了使用蓄电池的电动汽车。1899年考门·捷纳制造的电动小汽车外形像炮弹（图1-37），铝合金车身，蓄电池功率44kW，双电动机后轮驱动，曾经创造106km/h的速度纪录。

图1-37　捷纳制造的外形像炮弹的电动小汽车

5. 内燃机的发明和内燃机汽车的诞生

与电磁现象的研究差不多同一时代，热学研究也正取得进展。许多热学、工程热力学和传热学研究为日后诞生现代内燃机做出了基础性贡献。

1646年德国马德堡市市长、物理学家鄂图·冯·盖律克制作了著名的马德堡半球。它的贡献在于揭示了大气压的巨大魔力，告诉人们大气压的存在，演示了“真空”的存在及真空的泵吸作用，活塞在气压（或真空）作用下的运动。这些正是200年后制造活塞式内燃机的必要基础。

1670年荷兰物理学家惠更斯发现火药燃烧后在容器内造成真空（空气受热膨胀），以及活塞在气压力作用下移动的做功现象，由此很快导致1678年枪炮的发明，即利用火药爆炸产生高压气体将子弹（作为活塞）推出枪膛并继续飞行的火器。

工业发明家一直构想具体的能实现的内燃机循环机构，取得不同程度成果的发明者不少。德国青年工程师尼古拉斯·鄂图受法国科学家包·德·罗杰斯理论循环的启发，于1866年成功制造出按等容燃烧循环的立式四冲程内燃机。但世界公认的第一台具有工业实用价值的内燃机，是他于1876年制造的具有曲柄连杆机构的往复活塞式、卧式单缸、功率为2.9kW的内燃机（图1-38）。该内燃机以煤气为燃料，用外源点火，具有2.5的压缩比，转速为250r/min，其最成功之处是达到12%～14%的热效率（这在当时是最高的效率）。

当时欧洲是科学中心，机械制造能力很强，很多人都在做把内燃机装上汽车的尝试。在

法国，爱德华·德马拉·德而特威尔在 1884 年制造出他的第一辆内燃机汽车，图 1-39 所示为后人复制的样品。1984 年法国人庆祝了他们的“汽车诞生 100 周年”。

图 1-38　世界公认的第一台内燃机

图 1-39　1884 年法国人爱德华·德马拉·德而特威尔的内燃机汽车复制品

德国人卡尔·本茨和另一位实业家戈特利布·戴姆勒几乎同时但独立地制造出他们各自的汽车。不过卡尔·本茨在 1886 年 1 月 29 日获得的德国皇家专利局第 37435 号专利（图 1-40）被世界公认为是第一辆内燃机汽车。

即便如此，内燃机装在汽车上并未立即获得市场声誉，相对蒸汽机汽车和电动汽车还没有明显的优点，相反显得幼稚、粗糙、噪声大、排烟浓，不受欢迎。因此，从 1886 年开始的 10 年左右仍是其前途未卜的危险期，直到 1895 年它以绝对优势赢得比赛，内燃机时代才真正开始辉煌。

图 1-40　1886 年卡尔·本茨的三轮式煤气机汽车

第三节　世界汽车业的历程

人们常常把从 1886 年卡尔·本茨获得专利的申请之日开始到今天的历史称为汽车史。确切地说，这段历史是内燃机汽车工业史，或者是狭义的现代汽车史。按照内燃机汽车的某些重要特征，内燃机汽车工业史可以划分为几个历史时期：1886—1895 年的内燃机汽车幼稚期，1895—1914 年的小批量手工生产期，1914—1980 年的汽车大生产时代，1980 年至今的精益生产时代与汽车生产全球化。

一、内燃机汽车幼稚期（1886—1895 年）

与任何新生事物一样，内燃机汽车诞生之初也是粗糙或者简陋的，主要是内燃机结构简单，各种性能都不理想，没有脱离原来马车的形状和结构。因此，从它诞生后的大约 10 年间，是它从幼稚走向成熟的重要时期，也是一定要走过的道路。这期间内燃机本身机构及其附件被不断改善和创新，转速和功率不断提高；发明了许多与内燃机特性配合的底盘各部分结构，内燃机汽车迅速成熟起来。特别是可以拆卸的充气橡胶轮胎的应用，使它如虎添翼。

1895 年 6 月 11 日是汽车历史上有分界意义的一天。这一天在法国巴黎举行了世界首届汽车公路大赛，竞赛路段是从巴黎到波尔多的往返里程。根据文献记载，参赛汽车共 22 辆，其中 1 辆是电动汽车，6 辆是蒸汽机汽车，其余全是内燃机汽车。比赛结果有 9 辆汽车跑完全程，其中 8 辆是内燃机汽车，另一辆无明确记载，这个令人叹服的结果宣告了内燃机汽车的全面胜利。一个全新的以内燃机占据霸主地位的汽车时代由此全面展开。

二、小批量手工生产期（1895—1914 年）

初期内燃机汽车并不成熟，但是它的良好性能和潜在的优势十分吸引人们的注意。因此少量制造和销售内燃机汽车从它诞生之后就开始了。例如，卡尔·本茨最初设计的汽车在制造初期就有订单，所以，也可以说小批生产期是从 1886 年开始的。在 1895 年内燃机汽车宣告全面超越蒸汽机汽车和电动汽车之后，订单纷至沓来，生产批量增加迅速。

1900 年前的生产量是很少的几百辆，采用单件、小批量生产方式（图 1-41），而且轿车数量的增加速度比货车高出一个数量级。这个情况说明，当时汽车设计和生产在沿着贵族化道路发展。因为轿车的买主是富裕人群，是当时欧洲的王公贵族，最时髦、最刺激的汽车无疑是他们猎奇和享受的新对象。迎合这个顾客群的需要，轿车豪华化、贵族化是必然的。不断飚升的汽车价格说明了这一点。例如，卡尔·本茨制造的几个型号的汽车价格，1886 年开发的原型车标价 2750 金马克；1893 年 4 轮的“维克多利亚”车标价 3875 金马克；1902 年的“斯皮德”车带充气轮胎，车速达 60km/h，标价 8000 金马克；1903 年的本茨“帕尔西法”型车标价 15 000 金马克。

图 1-41　汽车单件生产方式

同一时期，欧洲各国名车辈出，趋势都是一样的。例如，著名的劳斯·莱斯汽车公司就是 1904 年组建的，专门制造最昂贵和最豪华的轿车。法国的标致、雪铁龙和意大利的菲亚特也不甘落后，纷纷开发制造自己的名牌汽车。

这一时期汽车技术的进步当然没有放慢，汽车工业生产也有一定批量的订单，但在生产管理上属于手工方式，生产效率低而且成本高。

三、汽车大生产时代（1914—1980 年）

1914 年是世界汽车工业发展史上又一个高耸的纪念碑。这一年，美国福特汽车公司的汽车装配流水线正式投产，揭开了汽车大生产时代的序幕。通用汽车公司的艾尔佛雷德·斯隆在汽车大生产的组织和管理方面发挥了天才的作用，形成了一个科学而且严密的汽车大生产管理体系，为汽车大生产时代的展开起到了决定性作用。这个划时代事件不发生在汽车诞生地的欧洲而是在美国，既有偶然性，也有必然性。

构成这个里程碑事件的第一要素或关键创新是提出汽车平民化思想，并付诸实施。这个

思想是亨利·福特受到偶然启发而萌生的。据说这位当时已经成功的汽车公司老板，在修理故障时听到旁观者一句平常的感慨话："要是我们工人也买得起汽车就好了"。这句随时都可能有人说、也可能被许多人听到过的话，其历史机遇落到了亨利的头上。他灵感一闪，立即萌发了制造廉价、平民化汽车的思想，并立即付诸实施。这个事件纯属偶然，但由他来实现又有其必然性。因为这时亨利·福特个人具备了承担这个历史变革的主观和客观条件。主观条件是他个人的秉性和制造汽车的经历，以及他在汽车业奋斗多年已经确立的地位和实力；客观条件是美国与欧洲不同的民主化社会氛围和已经高度发展的工业基础。日后的事实证明他兑现了自己的想法。1908 年投放市场的福特 T 型车销售价格为 850 美元；1914 年汽车生产流水线投产后，销售价格降低为 490 美元。生产量最大的 1924 年，销售价格降低到 290 美元。而且为了吸引中等消费者这个市场目标，福特在设计他的汽车时，对汽车的使用和维护提供了前所未有的方便。他假定买主是个农民，只有常用工具，但具备调整农业机械的技巧，所以 T 型车的使用手册只有 64 页，以问答的方式告诉车主如何用简单的工具解决 T 型车可能出现的 140 个问题。

使这个里程碑事件极大地丰满，使之对社会发展影响更大的还有另外两个因素：第一个因素是已经成熟的现代标准思想和方法；第二个因素是流水化生产方式。这两个具有无限魔力的科学创新被亨利·福特先生完全把握住，并且全面地融化在福特 T 型车的开发和生产过程中。1914 年，一条不同凡响的汽车生产流水线正式投产（图 1-42），世界因此发生了一次巨大变革。

图 1-42　福特 T 型车和第一条汽车生产流水线

福特 T 型车和汽车生产流水线给 20 世纪世界的政治、经济、军事和民众生活都带来巨大变化，直接的社会效果是福特 T 型车的大普及和大生产。

市场的热烈导致生产量猛烈上升，汽车生产流水线的生产效率也不断攀升。汽车流水线投产当年，福特汽车公司生产了 30 万辆汽车，相当于美国其他公司的汽车生产总和。生产效率高并且生产规模大，这是生产成本大幅度降低因而汽车销售价格连续下降的重要原因。随后几年汽车生产流水线的生产力连续翻番，1923 年福特汽车公司达到年产 210 万辆顶峰。紧随其后的克莱斯勒汽车公司和通用汽车公司也成为流水线生产汽车的厂家。特别是通用汽车公司，在追赶福特汽车公司的过程中，公司新领导人斯隆在研究了福特汽车公司生产和经营方面的优缺点后，提出了新的经营管理理念，迅速赶上福特汽车公司甚至后来居上，并且到今天仍旧稳居美国第一。因此，比较完善的大量生产方式是由福特首创，而由斯隆补充完善的。

汽车大生产使汽车从此深入到人们的生活中，直至今天有增无减。1924 年和 1925 年全美国汽车总保有量分别为 1509 万辆和 1774 万辆。按照当时人口计算，平均达到 7 人/辆和 6

人/辆，所以人称美国是装在轮子上的国度。此后，世界各地也开始大量使用汽车。

四、欧洲汽车工业的复兴

欧洲虽然以其先进的科学和深厚的技术基础开创了18～19世纪的工业文明，先是发明了蒸汽机和蒸汽机汽车，接着又发明了内燃机和内燃机汽车，但是20世纪初美国的迅速发展，使欧洲徒叹“无可奈何花落去”。汽车流水线大生产在美国全面展开时，尽管欧洲各汽车国领军人物都到美国朝圣，亨利·福特也并不保守地介绍了他的技术，但欧洲各国仍然不具备汽车大生产的时代条件。不久，又爆发了第一次世界大战，以及随后于20世纪20年代和30年代的经济混乱，使得欧洲的汽车生产处于发展缓慢的状态。

20世纪30年代德国尽管以“大众”的名义建设一个新的汽车大厂，准备大量生产平民化的“甲壳虫”汽车。但不久德国就发动了第二次世界大战，并且战败。因此只是到了第二次世界大战之后经过若干年的经济恢复，欧洲汽车工业在1955年后才获得再生，逐步恢复、扩大了汽车生产。德国恢复得更加晚几年。但是恢复生产后的德国大众汽车公司的甲壳虫轿车几乎重复了福特T型车的奇迹，同一个车型总产量创造了新的纪录，1981年在巴西的甲壳虫生产线上驶出第2000万辆汽车。法国的雷诺、意大利的菲亚特也先后建立了很大规模的汽车厂。

欧洲汽车大生产并非完全步美国后尘。在生产方式上虽然同属流水线大生产，但在汽车风格上独辟蹊径，创造了另一局面。欧洲社会背景毕竟与美国不同。与当年开发福特T型车的时代大不一样，20世纪40年代后的美国车已经是“花花公子”派头，而不再是当年廉价的福特T型车。美国新车型体型硕大，外形豪华，发动机排量很大，速度快，但是十分耗油，这种车型完全不适合欧洲各国的国情。

欧洲各国本来有深厚的技术基础，也有充满创造活力的开发力量，更有各公司的历史传统，因此欧洲汽车迅速呈现一派欧洲独有的丰富多彩的风格。有极尽豪华并坚持单件手工制作的劳斯·莱斯；有坚守传统风格、端庄大方的梅赛德斯-奔驰；有不断推陈出新饱含法国风情的雪铁龙、雷诺；有高级运动型的法拉利和保时捷，而且所有车型都注意到了燃油经济性。这些特征实质上是众多汽车开发技术的综合结晶，包括各种减轻自重技术，减小空气阻力的设计，以及各种新结构。它们是欧洲公司的传统特长，也构成了欧洲汽车工业再生后的独特道路。

1950年欧洲开始复兴，英国、法国、德国、意大利四国合计生产157万辆汽车，占当时世界产量的14.9%；1955年上升到23%；1965年上升到32.8%；1973年达到1164万辆（占当年总量的29.1%），欧洲终于成为日后“三足鼎立”的一足。

五、日本汽车企业家的创新和精益生产时代

日本汽车生产后来居上与“三足鼎立”局面的确立，是来自日本汽车企业家的创新。这种进步正如牛顿所说的那样：站在巨人肩膀上的进步。这个创新是在美国汽车大生产方式基础上，对其做吹毛求疵的彻底批判，然后提出全面而细致入微的改进。美国经济学家在仔细研究日本现象后给它起名曰：精益生产方式，并且认为由它揭开了精益生产时代的序幕。

日本的汽车工业始于1933年，当时一家是丰田公司，另一家是日产公司。丰田公司在19世纪末从事纺织机械生产，20世纪30年代在政府驱使下进入近代工业。日本很快进入战

争准备，1937 年发动侵华战争，随后又投入第二次世界大战，战争期间汽车生产都是为军队服务的。

二战后恢复期，日本的汽车工业困难很大，一是资金匮乏，二是资源紧张，三是世界上汽车大鳄林立，要在这样的国内和国际环境中独树一帜，并且想成为强手中的一员，难度可想而知。精明的日本人在日本政府的政策支持下，通过创造独具特色的日本式管理做到了这一点。

日本在 1955 年生产的汽车只有 68 932 辆，1956 年可以算日本经济奇迹的开端，这一年汽车产量为 11 万辆，随后飚升：1960 年、1965 年、1970 年和 1975 年，分别为 81 万辆、187 万辆、528 万辆和 694 万辆，1980 年日本以 1104 万辆的销售量一举超过美国当年的销售量 801 万辆，确立了世界汽车业美、日、欧“三足鼎立”之势。

除了日本公司的精益生产方式起到关键作用之外，日本车型良好的燃油经济性也是其成功的一大秘诀。日本是资源极端贫乏国，因此对资源十分敏感。1970 年，世界第一次石油危机虽然在美国引起过大的震动，但石油危机迅速缓解，美国公司几乎没有理睬石油资源过度消耗的警告，我行我素的大车身、大功率、高速度、高耗油的特点几乎没有改变。而日本对石油危机极其敏感，十分警觉，在全国范围启动节约能源机制，1979 年其国会批准出台《能源合理耗用法》。早在石油危机之始，日本汽车车型开发就全面启动节能战略，为日后在美国市场上大行其道做好了充分准备。

六、汽车生产全球化

从 1980 年开始，世界汽车生产出现全球化趋势。出现汽车生产全球化趋势是一种必然，主要有两方面原因。

第一，世界汽车列强公司为寻找和开拓新的市场。到 20 世纪 80 年代，汽车传统市场开始出现饱和，特别是在美国，1980 年美国已经达到 700 辆汽车/1000 人和 550 辆轿车/1000 人的程度。扣除 16 岁以下和其他不宜开车的人群，差不多需要汽车代步的人都有一辆汽车。这就是走向饱和的标志。

北美、欧洲和日本环境条件不同，饱和度尺度不一。不过，因为轿车已经不是奢侈品，而是普通商品，故饱和是必然的。而这些汽车大鳄的市场胃口绝对不会倒，相反，世界汽车生产能力不断上升，形成大量生产能力过剩。他们不断向外扩张，既包括向发达国家市场（所谓传统市场）的渗透，夺取其他公司的市场份额，也包括向新兴国家，特别是发展中国家（新的汽车消费市场，如印度、印度尼西亚、中国等）的进入，开拓新市场。1999 年德国戴姆勒-奔驰汽车公司兼并美国克莱斯勒公司，是第一类争夺最典型的事例。戴姆勒-奔驰汽车公司是借克莱斯勒公司原有网络开拓欧洲车型的美国市场，以及美式车型的欧洲市场。

第二，欠发达国家和地区逐渐兴起，要求进入汽车消费和汽车生产国行列。这样正好合乎世界汽车大鳄的胃口。起初，大多数汽车列强公司还不想出让技术，只想出售汽车产品。后来，鉴于西方工业国劳动力昂贵，于是向新兴国家和发展中国家进入的方式变得灵活多样，既有技术转让、合资建厂，也有独资公司。人们把这个时期称为汽车生产全球化。从资本的本性上说，垄断是其利益所在，大多数汽车列强公司不会放弃，他们只是在异地他乡生产和销售而已。发展中国家要想自立，发展自己的汽车工业，必须清醒地认识这一点，走自己的道路。近30年来的情况表明，有些国家比较成功，有些国家不太理想。韩国属于比较成功的一例，20世纪90年代成为新的汽车大国，尽管后来有些大的波动。

第四节 中国汽车业的足迹

中国的汽车工业相对于欧美国家起步晚，根据各个时间段比较明显的特点，其发展历史可以分为以下几个阶段。

一、1949年之前

从现有档案查证，中国土地上第一辆汽车是1903年输入的美国产奥斯莫比尔牌内燃机动力小汽车，领得第一号汽车行驶牌证，其所有者为上海某富商。同年，犹太富商哈同为他的雷诺牌汽车领得的牌照是第71号。由此推测，当时汽车总量在百辆之数。

现存于北京的最早的小客车是1908年袁世凯献给慈禧太后的。

1928年，沈阳北大营军工厂聘请美国技师指导，300多名汽车修理工成功地仿造了美国万国牌载货汽车，一年内装出10辆。

1936年，中国政府曾有计划与德国戴姆勒-奔驰汽车公司合作，成立官办“中国汽车制造公司”，拟先组装汽车，后制造汽车。翌年，抗日战争爆发，此议遂搁置下来。抗日战争期间，一些爱国企业家和知识分子也曾做过类似努力，甚至动手组装出几辆汽车，然而毕竟战争临近难以持续。直到1949年，中国只有汽车使用和修理业，没有汽车制造业。

二、1949—1958年

1949年新中国成立。经短暂的经济恢复期，1953年第一汽车制造厂在长春市奠基（图1-43）。1956年，从第一汽车制造厂流水装配线上开出了第一台解放牌汽车。这一时期，中国汽车技术和工业生产是在苏联的指导和帮助下发展起来的。

图1-43 第一汽车制造厂

第一汽车制造厂选址长春，大概基于接近东北的能源-钢铁中心。第一汽车制造厂的产品是单一的中型解放牌载货汽车，其技术指标处于20世纪50年代早期的水平，这对于当时十分薄弱的经济基础是合适的，也适合全国各地的需要。过低的载质量不适合运输需要，过

大的载重量使用范围很小，因为大多数地区的公路、桥梁承载不足。

1958 年，第一汽车制造厂自行开发了第一辆小轿车，取名“东风”，后来又开发了“红旗”牌小轿车，并且成立了第一汽车制造厂轿车分厂。由于开发小轿车的目标用户是国家领导人，因此“红旗”牌小轿车产量极少，主要追求高指标。

这一时期，我国初步积累了汽车生产的经验，更重要的是培养了大批各类技术人员和管理人员，为此后自力更生发展我国的汽车工业准备了一定条件。

三、1958—1978 年

1958 年，苏联撤走了全部在华的专家，撕毁了全部合作合同，中国汽车工业与其他经济部门基本上中断了与苏联的联系。加之早在 1950 年，因为朝鲜战争，美国封锁了我国的海岸线。因此，我国被迫全面进入了自力更生创业的时期。

1958 年掀起席卷全国的“大跃进”运动，我国各地纷纷仿造和试制了多款汽车，成立了数目众多的汽车制造厂。到 1959 年年底，大多数偃旗息鼓，但也有几个较有规模的汽车制造厂坚持了下来。除第一汽车制造厂外，较大规模的有南京汽车制造厂、济南汽车制造厂、武汉汽车制造厂和北京汽车制造厂等。

1960—1963 年，经过全国范围的调整，经济秩序从“大跃进”的破坏中恢复。根据对国际形势的判断，我国进入了全面备战的时期，提出并且实施“建设三线”的方针。在汽车工业方面，国家兴办了两大项目，一个是 1964 年选择四川的大足（离重庆不远的浅山区）建立重型汽车制造厂，产品是从法国引进的贝利蔼 5t 级越野汽车，主要用途是装备军队；另一个是 1964 年开始筹建第二汽车制造厂，其目标也是装备军队的 2.5 ~ 3.5t 级越野汽车。1967 年，从当时的政治、军事和经济建设观点出发，选择湖北省西北部山区（今十堰市）建厂。全国相关行业大协作，从 1967 年开始破土，1969 年动工大规模展开，其间经历“文化大革命”，1978 年开始批量投产。

由于对国际形势的判断发生了变化，这两个工厂的重点产品也发生了变化，从“以军带民”变化为以生产普通公路载货车为主。四川汽车制造厂生产重型“红岩”牌系列载货汽车。第二汽车制造厂生产单一品种的中型“东风”牌载货汽车，20 世纪 80 年代中后期达到年产中型载货汽车 10 万辆以上的规模。中央计划经济的影响使得第二汽车制造厂重复了第一汽车制造厂长达 30 多年单一的中型载货汽车生产的历史。20 世纪 90 年代后期，第二汽车制造厂改名为“东风汽车公司”，逐步开发生产了比较宽广的轻型和重型系列载货汽车。

四、1978 年至今

1978 年，中国社会发生了重大改变，逐渐实施改革开放的政策，与国际上汽车技术、汽车生产向全球扩散的进程恰好同步，中国的汽车生产开始走上与世界经济接轨的道路。开始阶段以引进西方汽车技术和生产装备为主，后来逐渐转变为中外合资，再后来是外方独资开办汽车工厂。

最早引进的汽车生产技术应该是天津的夏利牌小轿车。

第一家大型中外合资企业是 20 世纪 80 年代中期在上海兴建的上海大众汽车公司。最初，上海大众汽车公司的规划是年产 30 000 辆小客车，应该算小规模。主要产品是技术水平不高的大众公司旧车型。这是因为目标用户定位在国家机关和中级干部。后来随着市场形势变化，上海大众汽车公司规模扩大，品种也增加了。

20 世纪 90 年代，中国社会经济制度发生了从中央统一计划经济向社会主义市场经济的重大转变，并且开始融入国际经济大循环，最终加入了世界贸易组织（WTO），中国的汽车工业走上了逐渐融入国际化大循环的道路。基于开拓汽车市场的迫切需要，中国国内汽车市场受到来自国际汽车巨型企业的挑战和压力。

20 世纪 90 年代，中国社会经济制度另一个重大变化是对小轿车用户的观念的大转变——原先作为国家干部公务车的思维，1994 年转变为“轿车进入工薪族家庭”。这就为世界汽车大鳄大举进入我国从全国民众的思想上扫除了障碍，中外合资汽车企业规模不断扩大。第一汽车制造厂和第二汽车制造厂先后进行公司化改造，即从计划经济的生产车间改变为独立经营的企业，随后分别与不同国外厂家成立多种合资汽车公司。北京、天津、广州、四川等地也纷纷与国外公司合资开办汽车厂，形成 20 世纪末我国再一次“万国汽车博览会”的局面，市场上大量出售在我国生产的德国、美国、日本、法国和意大利许多品牌的汽车。

许多人士对此欢欣鼓舞，认为搭上了国际先进的便车，不必强调民族汽车工业。也有人士对这个时期的得失忧心忡忡，他们主要强调的问题是如何形成我国的自主开发能力。人们为自力更生阶段积累起来的自主开发技术力量，在大规模合资浪潮中被冲击、被打散而痛心。现在我国市场上汽车品牌很多，但是几乎没有自己有知识产权的品牌。许多企业满足于技术引进，短期内似乎没有独立开发自己品牌的打算。

不过，人们对一两个新的汽车企业刮目相看，其中一个是芜湖的奇瑞汽车公司，另一个是浙江的吉利汽车公司。他们极力主张并且实际开发自主知识产权品牌的汽车，而且近年来成果初现。或许开创中国汽车工业发展的新局面将由此开始。

思考题

1. 在古代，有哪些关于“人类快速交通”的幻想和神话传说？这些对交通的发展有哪些启示？

2. 现代汽车由哪几部分组成？

3. 简述发动机的工作原理。

4. 汽车底盘由哪几部分组成？

5. 汽车有哪几种布置形式？

6. 轿车车身分为几类？

7. 汽车家族如此庞大，你能说出哪些来？

8. 秦始皇陵的彩绘铜马车有怎样的历史价值和技术价值？

9. 汽车发明经历了怎样的历史阶段？

10. 世界上第一辆内燃机汽车是由谁发明的？

11. 简述世界汽车业的发展历程。

12. 简述中国汽车业的发展历程。

第二章 / Chapter 2

铸就名人的熔炉

文化的根本功能是创造人。从1886年到现在，汽车走过130年的历程。这一历程犹如熔炉，铸就了无数各领风骚的汽车名人。他们励精图治、不折不挠、勇于创新，甚至为汽车事业奉献一生。正是这些英雄们创造了一个神奇的汽车世界。

第一节　欧洲的汽车奇才

一、现代汽车之父——卡尔·本茨

卡尔·本茨（Karl Benz，1844—1929）（图2-1），德国人，被誉为“现代汽车之父”，是现代汽车工业的先驱者之一。他勇于向马车、蒸汽汽车挑战，采用内燃机实现车辆的自动化，使人类社会步入现代汽车时代。

图2-1　卡尔·本茨

在中学时代就对自然科学产生浓厚兴趣的本茨，在进入卡尔斯鲁厄综合科技学校后，系统地学习了机械构造、机械原理、发动机制造、经济核算等知识，打下了良好的基础。因其父发生事故早逝，本茨的家庭生活贫寒。他经历过学徒工、服兵役、娶妻生子等人生历程，但和普通人不同的是他有强烈的创业精神。1872年他组建了“奔驰铁器铸造公司和机械工厂”，专门生产建筑材料。由于建筑业不景气，工厂的经营十分困难。尽管如此，在工厂面临倒闭的危险时刻，本茨仍潜心钻研发动机制造技术，经过一年多的设计与试制，于1879年12月31日制造出第一台单缸煤气发动机（转速为200r/min，功率约为0.7kW）。本以为可以通过制造发动机获取高额利润来摆脱困境，但工厂依然面临着破产的困境，本茨的生活仍然十分艰苦。清贫的生活并没有动摇本茨投身发动机研究的决心，更没有消磨其创业的意志，他依旧埋头于自己的发明工作。经过多年努力，他终于研制成单缸汽油发动机。在蒸汽机是当年技术上已十分成熟的动力装置而被广泛采用的情况下，本茨却另开先河，将并不被人看好的内燃机作为动力安装在自己设计的三轮车架上，并取得了世界上第一个“汽车制造专利权”（1886年1月29日）。这就是日后被人们称为世界上第一辆具有现代意义的汽车。

因事业发展的需要，本茨成立了奔驰汽车公司。即便如此，本茨的脚步并没有停止，几年后又研制成功性能更先进的“维克托得亚”牌汽车。由于该车的价格高，很少有人购买，而成为奔驰公司的滞销品。这种在技术上为奔驰公司带来极高荣誉的汽车，在经济上并没有给奔驰公司带来多大的好处。本茨听从友人的建议，及时调整产品结构，开发生产便宜的“自行车”。这是世界上第一种批量生产的机动车——“自行车”，其很好的销路给奔驰公司带来了较高的利润。后来，本茨改进前期生产的“维克托得亚”牌汽车，将车厢座位设计成面对面的18个座，因此成为世界上第一辆公共汽车。

1901年，戴姆勒汽车公司梅塞德斯轿车的出现，对奔驰轿车来说是很大的挑战。1926年两家公司正式合并，组成戴姆勒-奔驰汽车公司，生产梅塞德斯-奔驰轿车。本茨开创了奔驰汽车公司和戴姆勒汽车公司联合的先河。

1925 年 7 月 21 日，在德国慕尼黑举行的第一次老爷车拉力赛上，81 岁高龄的卡尔·本茨驾驶着他发明的三轮奔驰汽车参加比赛，这一赛事被载入《世界最初事典·体育篇》。1929 年的春天，卡尔·本茨因病离开人间，享年 85 岁。

二、赛车之父——恩佐·法拉利

恩佐·法拉利（Enzo Ferrari，1898—1988）（图 2-2），世界著名的赛车手，意大利法拉利汽车公司的创始人，人称“赛车之父”“赛车狂”。因别致的法拉利赛车名闻世界。

法拉利从小就受“赛车迷”父亲的影响，经常随父亲泡在赛车场，观看惊心动魄的跑车大奖赛。耳濡目染，潜移默化，他对跑车运动的浓烈兴趣使其放弃了父亲培养他做歌唱家、记者的打算，下决心当一名超级赛车手。13 岁那年，他千方百计地说服父亲，允许他单独驾驶汽车，从此与汽车结下了不解之缘。几年后，其父因病去世，随后其兄战死沙场，他又经历服役、退役、做工。面对悲惨的人生遭遇，法拉利并未心灰意冷，凭借着对赛车的狂热，一边在阿尔法·罗米欧汽车厂工作，一边自费参加赛车运动，并在 22 岁那年夺得大奖赛亚军，得到工厂老板的赏识，成为一名“拿生命开玩笑”的试车员。

图 2-2 恩佐·法拉利

法拉利 32 岁就担当起阿尔法·罗米欧汽车公司赛车队队长的重任，直到他 39 岁统率以自己名字命名的“法拉利赛车队”，先后在各种大赛中出尽风头，为阿尔法·罗米欧汽车制造公司荣登世界跑车行业头把交椅立下汗马功劳。

法拉利为全力实现自己造车的心愿，48 岁时创办了法拉利汽车公司，生产出第一辆以跃马图为商标的红色法拉利赛车。从此，他积极参加各种汽车大赛，借以检验、宣传自己的赛车。法拉利赛车没有辜负他的期望，先后夺得过多项桂冠。一连串的胜利，奠定了法拉利赛车在世界车坛至高无上的地位。法拉利为世界赛车史写下无数辉煌的篇章。

多年以来，汽车界的人们已经形成这样的共识：只要提到法拉利，大家就会想到那超级的法拉利赛车和跑车；只要提到汽车科技的先进水平，大家就会想到红色的法拉利。法拉利车集技术性、艺术性于一体，采用类似于劳斯莱斯、保时捷等世界名车那样的半机械、半手工化的加工工艺精心制作，质量一丝不苟，堪称稀世珍品。

1969 年，法拉利汽车公司被菲亚特汽车公司收购，但法拉利以他无可比拟的威望保持着对法拉利汽车公司的绝对控制。虽然岁月流逝，法拉利日益衰老，可他对赛车的热情和对法拉利汽车公司的影响不减当年。直至 20 世纪 80 年代末期，近 90 高龄的法拉利还到公司上班，并扮演决策者的角色。1995 年，英国著名的《Autocar》杂志在评选“世纪汽车英才”时，恩佐·法拉利以绝对优势当选。

三、挑战极限的发明家——安德烈·雪铁龙

安德烈·雪铁龙（A. Citroen，1878—1935）（图 2-3），法国雪铁龙汽车公司创始人，被誉为“法国汽车之父”，并有“热衷于挑战极限的发明家”的称号。他一生都在为创新与发明进行着不懈的奋斗并乐此不疲。他那独到、敏锐的眼光和勇于冒险的性格，为雪铁龙汽车

带来无与伦比的激情与活力！

图 2-3 安德烈 · 雪铁龙

儿时家庭生活富裕的雪铁龙，从小酷爱科学。父母因生意上的变故先后离开人世，使他落入家破人亡的境地。生活艰难的雪铁龙凭着掌握一门可靠的技术，将来当一名工程师的志向，考取了著名学府——巴黎高等综合工科学院。由于对科技充满崇拜和信任，他认定科技进步一定会给人类带来幸福。

发明“人”字形齿轮的灵感，来自雪铁龙大学毕业去波兰外婆家探亲度假途中，偶然注意到一个装置上安装有拼成“人”字形的齿轮。雪铁龙因此获得人字形齿轮传动系统的专利。他建立了专门生产自己专利产品的小公司，继而兼并其他公司，扩大规模，使整个欧洲成为“人”字形齿轮的市场。

参观福特汽车公司时留给雪铁龙极大的震动，他明白了在生产齿轮之后，还可以生产汽车。他将自己十分欣赏的福特大批量流水线生产方式第一个引入法国，用于自己的工厂；用“人”字形齿轮作为雪铁龙公司产品的商标，并开始在欧洲率先批量生产 A 型车，汽车日产量逐年提高，成为欧洲成功的汽车厂家之一。雪铁龙汽车公司于 1924 年 7 月 28 日正式挂牌成立。因雪铁龙组织横穿非洲大陆和横越亚洲大陆的两次旅行，使雪铁龙汽车名声大振。法国人生性开朗、爱赶时髦、喜欢新颖和漂亮，作为标准的法国车型，雪铁龙汽车代表着一个国家的文化，它在骨子里体现着那种典型的法国浪漫、优雅、精致和新潮。“两个‘人’字重叠在一起”的雪铁龙商标更体现一种真正的人本精神。

不仅美国的流水线被带到法国，美国式的营销方法和售后服务措施也被雪铁龙运用于自己的公司。创立一年保证期制度，建立分销网，罗列出零件目录及维修费用一览表，使所有销售点维修点的费用得以统一，加之 1922 年起大力推广分期付款售车方式，成立分期付款机构，在国外创办汽车出租公司，都是雪铁龙的“活学活用”与创意。雪铁龙一直坚持认为：汽车厂卖的不只是汽车，还有无微不至的服务。

深谙服务与营销对品牌影响的雪铁龙，煞费苦心，极力为之，可谓创意天才。为强化人们对其标志的印象，他在法国各地十字路口竖立起雪铁龙标牌；用从高山上翻滚而下的汽车来证明车身的坚固耐用；雇用飞机以五彩的烟火在空中画出“雪-铁-龙”字样；巴黎埃菲尔铁塔上闪烁的霓虹灯，使方圆 30km 内都可看到雪铁龙广告；穿越撒哈拉沙漠的大型车赛与贯穿全非洲的“黑色之旅”赛车活动由雪铁龙发起；因驾机穿越北大西洋成功的美国人林白，被邀请接受工人们的祝贺，“林白访问雪铁龙”的报载文章跃然纸上；百家权威报纸和杂志每月末刊载雪铁龙大幅广告；开办在巴黎的汽车商场（长 400m），经销汽车与放映电影和开办音乐会并存……这些创意策划大大加深了雪铁龙车的品牌效应。

技术上的不断进步是雪铁龙的执着追求，他声称“只要主意好，代价不重要”。殊不知，求新求变所需经费是高昂的，代价也是非常巨大的。为此，负债累累、经营步履维艰的雪铁龙不得不让雪铁龙汽车公司最终易主他人。因忧郁住进医院的雪铁龙，不久便离开人世。为表彰他对法国的贡献，法国政府给雪铁龙颁发一枚二级荣誉勋章。

时至今日，雪铁龙的前轮驱动设计方案仍然是现代轿车的主流，雪铁龙汽车公司仍然名震全球。

四、杰出的汽车设计大师——费迪南·波尔舍

费迪南·波尔舍（Ferdinard Porsche，又译为费迪南·保时捷，1875—1951）（图2-4），保时捷汽车公司创始人，著名的德国汽车工程师，被誉为“最为杰出的汽车设计大师”，也有人称其为“世界最奢华的高端汽车之父”。为大众制造汽车和设计制造划时代的赛车是他一生实现的两大理想。促进汽车大众化的“甲壳虫”汽车设计正是出自波尔舍之手，该车累计产销2100多万辆，成为世界上产量最多的汽车型号；他所设计的保时捷356型赛车体现出高超的汽车设计水平，又被誉为“赛车大王”。

图2-4　费迪南·波尔舍

波尔舍年轻时便显示出对机械和电工的天分和兴趣。18岁时获荐进入维也纳的一家电机公司（现在瑞士ABB公司的前身）工作，工余时到大学旁听工程课，这是他所接受过的唯一正统的工程训练。五年后，波尔舍进入汽车工业，设计出可装在汽车车轴上的电动机，直接驱动车轮。这种直接驱动的电动汽车，每充电一次可行驶80km，起名为“洛纳-保时捷”，1900年在巴黎展览会上展出时获大奖，出尽风头，从此波尔舍开始名扬天下。

辗转过许多公司的波尔舍，因过于自信，对任何看不惯的事情都不妥协，经常与上司的意见相悖，更换工作变得很平常。担任戴姆勒发动机公司技术经理之职，试制成功两种新型发动机的波尔舍，在当时各种汽车比赛中为戴姆勒发动机公司赢得荣誉，斯图加特技术科学院则为波尔舍冠以名誉博士头衔。因其许多意见与老板相左而辞职，后来转到奥地利的休塔阿汽车公司，但最终又因破产而只好离开。1930年，他创建的保时捷汽车公司却在此后的两年中在困境中挣扎。

1933年希特勒上台后，他希望像美国一样，让每个德国人都有一辆汽车能坐车出游，这个雄心勃勃的汽车迷提出要生产“大众”汽车。在希特勒的支持下，一直渴望生产平民车的费迪南·波尔舍主动承担了设计任务，着手设计“人民之车”——大众汽车。1936年做出的两辆样车，就是后来成为累计生产最多的“甲壳虫”车雏形。大众汽车公司正是靠着“甲壳虫”车在战后迅速成为汽车世界巨人的。

第二次世界大战期间波尔舍曾参与过德军坦克的研制工作，战后他被盟军指控为战犯关进法国监狱。其家人在奥地利建成制造战前产品的一条生产线，挣钱赎回波尔舍。获释后的波尔舍重操旧业，1948年在所组建的保时捷设计有限公司精心设计，制作出保时捷356型跑车。波尔舍认定的纯种跑车，每一款车，每一个零配件，即使是一枚螺钉，都是以赛车的标准来设计、制造的。该车在一次重大比赛中出人意料地战胜许多欧美名车，一夜之间波尔舍成为妇孺皆知的英雄，其地位由此得以确定。

第二节　美国的汽车精英

一、汽车大王——亨利·福特

亨利·福特（1863—1947）（图2-5），美国人，享有“汽车大王”之美誉，可谓前无

古人，后无来者。正是他将人类社会带入汽车时代。

图 2-5 亨利·福特

出生于农夫家庭的亨利·福特，因热爱机械运动而想成为一名机械工程师。对汽车的着迷，对赛车的狂热，促使他经常驾驶由自己设计、改装的赛车去参加各种汽车赛事，并获得过很多奖项。

尽管从未接受过正规教育，福特却热衷于汽车的钻研和创新。1893 年圣诞节汽油机试验成功给福特带来极大鼓舞，并决心再接再厉研制自己的“不用马拉的马车”。福特的第一辆汽车于 1896 年春天试验成功，令他感到无比高兴。1899 年福特又成功地制作出三辆汽车，被当地公认为这一领域的杰出人物。

为达到“要大量生产汽车，让普通大众家庭使用”的目标，福特曾先后三次与人合作成立汽车公司，为此他毕生追求并付出全部精力。自 1908 年成功地设计出世界第一辆家庭用福特 T 型汽车并投入市场后，T 型汽车很快就以其形式新颖、质地优良、价格低廉的特点，迅速地占领世界汽车市场。

T 型汽车在设计思路、生产制造、零售定价、销售组织、售后服务等许多方面都采用与众不同的方法。T 型汽车的各种零件被首次设计成统一规格，实现总成互换；在大型总装车间，流水线装配法发展成为由机械传送带运送零件和工具，工作效率极大地提高；低定价的销售策略，使大多数人都能购买得起；充足的零部件供应和及时的售后服务保障，用户的后顾之忧得到消除；大幅度提高工人工资（实行“八小时五美元工作日”，相当于原工资的 200% 以上），以求提高工作效率、降低生产成本（早于 1914 年直接为福特汽车公司服务的人数就高达美国全部劳动力的 1/6，这还不包括间接为福特汽车公司服务的人数。1914 年，福特汽车公司以不足 13 000 人生产 730 000 辆汽车，获利 3000 万美元）。由于该车价格低廉、使用方便、维护容易，销售异常火爆。累计 1500 多万辆的产量更是创造空前的纪录，对世界汽车制造业的发展产生了深刻的影响。T 型汽车既使福特获得巨大的成功，也成为普通民众的交通工具，改变了人们的生活方式、思维方式和娱乐方式，将人类带入汽车时代。

晚年时期，福特先生有些刚愎自用，在经营和生产中顽固地坚持个人观点，听不进反对意见，使福特公司一度陷入困境。

1947 年，福特先生离开他为车奋斗并追求大半生的世界。为纪念其对人类所做出的巨大贡献，美国各大报纸和刊物纷纷发表讣告和文章，表示对他的深切悼念。其中美国《纽约时报》在悼念亨利·福特先生时写道：“……当他来到人世时，这个世界还是马车的时代。当他离开人世时，这个世界已经成了汽车世界。”

二、传奇人物——威廉·杜兰特

威廉·杜兰特（1861—1947）（图 2-6），通用汽车公司的创始人，人称创造的“天才”，世界汽车发展史上一位传奇式的人物。

自小家境不好的杜兰特，在富裕的外婆家长大并受到外婆的精心教导。年轻时因对马车制造的浓厚兴趣，设法投资成立一家马车制造公司。由于产品质量优，会经营，很快成为美国马车时代的著名厂家之一。杜兰特并未止步不前，而是将眼光投向新兴的汽车行业。处于困难时期的别克汽车公司可谓正中下怀。当杜兰特认识到汽车的发展前景时，他坚信别克汽

车的前途一定会很好。于是他果断利用自己手中掌握的巨额资金，将别克汽车公司纳入旗下，坐上公司的头把交椅。别克汽车公司成为杜兰特在汽车制造业赖以成名的起点。

1905 年的纽约车展上，过于自信的杜兰特在未与任何合股人商量的前提下，包揽 1500 辆别克汽车的制造任务，最后只造出 20 辆。公司在经济和信誉两个方面蒙受损失，杜兰特被迫下台。

图 2-6　威廉 · 杜兰特

然而，杜兰特不甘寂寞，不甘心就此收手，仍在为公司四处活动。1908 年 9 月 16 日，通用汽车公司成立。同年 9 月 28 日，杜兰特列席通用汽车公司的内部会议，并表示愿意将别克汽车公司卖给通用，他本人愿意为通用汽车公司效力。3 天后，通用汽车公司以 375 万美元的价格收购别克汽车公司，杜兰特如愿以偿地进入通用汽车公司。经过四年的运作后，通用汽车公司成为美国最大的汽车制造公司，为后来击败福特汽车公司打下坚实的基础。1910 年，别克销量受到来自福特的强大冲击，通用汽车公司出现严重的资金危机，为了渡过难关，杜兰特向东部财团求救，然而对方开出让他必须离开职位的条件。

二度出局以后，杜兰特与路易斯 · 雪佛兰创立雪佛兰汽车公司。在这家新成立的公司里，他与合伙人一起励精图治，取得辉煌成就。1915 年至 1916 年间，杜兰特施展“调包记”，先成立股份制的新通用汽车公司，再用新通用汽车公司股票换老通用汽车公司股票，从而获取老通用汽车公司的全部股权。1917 年 8 月 1 日，新通用汽车公司完全取代老通用汽车公司，老通用汽车公司宣布解散。

也许是有些英豪注定只擅长打天下而不善于守天下的缘故，新通用汽车公司在杜兰特手中规模不断扩大，4 年间规模扩大了 8 倍，可其他方面却乏善可陈。他不去协调各经营部门相互之间的关系，导致分公司各自为政；他不去关心公司的整个产品战略规划，以致分公司之间的产品相互重复，无法形成“一致对外”的市场竞争格局……一系列的领导失误终于酿成通用汽车公司 1920—1921 年间的严重危机。由于产品质量下降，汽车销量急剧减少，而原先订购的原材料又源源不断地运到，致使库存日益加大，周转资金严重不足，公司几乎濒临倒闭。在公司上下一片声讨中，杜兰特被迫于 1920 年 11 月辞职，这一次他永远地离开了通用汽车公司。

历史证明杜兰特是个具备远见卓识的战略家，但不是一个优秀的经营者。他的继任者斯隆在其自传《我在通用汽车的岁月》中称，“杜兰特是有缺陷的伟人。他善于创造，却不善于管理，他能够因自己独到的见地而创建通用汽车，却未能带领通用汽车起飞”。

三、通用奇才——艾尔弗雷德 P. 斯隆

艾尔弗雷德 P. 斯隆（Alfred P. Sloan，1875—1966）（图 2-7），通用汽车公司第八任总裁，被誉为第一位成功的职业经理人，20 世纪最伟大的 CEO。

出生于美国康涅狄格州的斯隆，10 岁时随经营茶叶咖啡进口生意的父母搬迁到纽约，1895 年毕业于麻省理工学院，获电子工程学士学位。他后来资助该学院成立闻名世界的“斯隆管理学院”。他的一生几乎都是在汽车行业中度过的。他于 1918 年加盟杜兰特领导的

通用汽车公司。1923 年 5 月，继杜邦之后，成为通用汽车公司的总裁。之后，一直任通用汽车公司总裁、首席执行官、董事会主席至 20 世纪 50 年代。

图 2-7　艾尔弗雷德 P. 斯隆

在斯隆加入通用汽车公司时，公司正处于严重的危机之中，风雨飘摇，人们看不到公司的未来。在他领导通用汽车公司的几十年中，通用汽车公司不但超越福特汽车公司成为世界上最大的汽车制造商，世界上最大的产业集团之一，而且成为美国经济的重要标志。他在汽车行业 50 多年的管理经验，不但使自己成为 20 世纪最伟大的企业家之一，成为职业经理人的榜样，而且，对管理理论的发展也做出了伟大的贡献。他对企业的组织结构、计划和战略、持续成长、财务成长以及领导的职能和作用的研究，对职业经理人概念和职能的首次提出，都对现代管理理论的形成和发展产生了极大的影响。

斯隆的成就，并不在于让濒临破产的通用汽车公司在短短三年内反败为胜，而在于他建立的企业原则，虽历经半个多世纪的经营环境变动，其管理创新仍被公认是企业思考的典范。例如，斯隆成功改造通用汽车公司的 25 年后，亨利 · 福特的孙子，引用斯隆的企业原则，让福特汽车公司重振雄风，之后有更多企业引用斯隆的企业原则。他的企业原则已成为企业界的标准。

斯隆对社会最杰出的贡献，在于他成功地创造了一整套大型工业公司组织管理体系。人们把通用汽车公司在这方面所取得的成就视为“企业管理上的一次划时代革命”。他不仅在组织管理体系上创造丰功伟绩，而且在具体的生产管理、销售经营等领域均取得了辉煌的业绩。

通用汽车公司战胜福特汽车公司是美国管理史上富有寓意的重大事件之一。亨利 · 福特曾经写道：“在把大批人员组织起来从事劳动的过程中，必须竭尽全力反对的是过大的组织结构和由此产生的繁琐公事程序。我认为，最危险的思想就是有时被人称之为‘组织天才的东西’”。但是，正是这种组织天才，加上对市场的正确预测，使斯隆推翻了福特在汽车工业中的统治地位。和其他美国商人比起来，斯隆也许是企业精神和管理技术结合的最典型代表。

四、机械天才——瓦尔特 · 克莱斯勒

瓦尔特 · 克莱斯勒（W. Chrysler，1875—1940）（图 2-8），美国三大汽车公司之一的克莱斯勒汽车公司的创始人，被誉为“机械天才”。

青年时就立志当一名机械师的克莱斯勒，自制的微型蒸汽车能自如地在自家专门铺设的轨道上行驶。出于强烈的好奇心，他不断地寻找发展自己的机会，多次更换工作，年过 30 时才相对稳定地受聘担任芝加哥西部铁路的动力总负责人。

一次参观汽车展览会，再次燃起对新事业追求的激情，他决心投身汽车业，毅然决然地辞掉工作，受聘于年薪不高的通用汽车公司，担任一家工厂的技术经理。由于克莱斯勒精通机械、技术超群，备受公司青睐，并被委以重任，年薪扶摇直上。其不安于现状的秉性，使

之早有出走、另立门户的想法。因与威廉·杜兰特的合作不悦，终究离开了通用汽车公司。

后来，受聘于马克斯威尔公司的克莱斯勒，适时推出“克莱斯勒6号”新车型，很快打开销路。利用这一有利时机，他彻底改组这家公司，1925年正式成立克莱斯勒汽车公司。

图2-8　瓦尔特·克莱斯勒

从研发第一部车开始，克莱斯勒一直秉持着对造车工程的热情及不断创新的概念，成就了闻名于世的汽车品牌及独特的工程理念。他励精图治创名牌，生产名车无数，其大胆的创新和进取精神，一次次令世界车坛震惊。克莱斯勒旗下的一系列名车为世界车坛树立高标准。

1929年克莱斯勒汽车公司即跃升为美国三大汽车公司之一，后来还曾有过超过福特汽车公司位居第二位的辉煌。与通用、福特并称为美国汽车三大巨头的克莱斯勒汽车公司，作为世界上越野车的开山鼻祖，其Jeep系列的越野车和SUV已奔驰在100多个国家，超过900万辆；首创的厢式旅行车车型，已畅销全世界，超过1100万辆。

“一个美国工人的一生”，这是瓦尔特·克莱斯勒对自己的评价。就是这个铁路技工出身的美国工人，凭着对事物的好奇心和对技术永不满足的创新精神，缔造了今天美国三大汽车巨头之一的克莱斯勒集团。

在竞争激烈的市场环境里怎么做出自己的特色，瓦尔特·克莱斯勒和克莱斯勒集团一脉相承的品牌故事给我们带来更多的启迪。

第三节　日本的汽车人杰

一、日本“国产车之父”——丰田喜一郎

丰田喜一郎（1894—1952）（图2-9），丰田汽车的创始人，是发展日本汽车工业的功臣，日本人称他为“国产车之父”，他创造的后来风靡全球的“丰田生产方式”，美国人总结为“精益生产”。

孩提时丰田喜一郎体质虚弱，是在父亲工厂的地板上长大的。他勤奋好学、性格内向、不苟言笑。其父丰田佐吉既是日本有名的纺织大王，也是日本大名鼎鼎的“发明狂”，一生中取得84项专利并创造出35项最新实用方案。丰田佐吉为发展自己的工厂，将丰田喜一郎送到最有声望的东京帝国大学学习机械工程，毕业后又送他到自己的自动织布机械厂工作。喜一郎的脚步如其父亲一般粗犷、有力，而其头脑里的科技知识则更加丰富。

图2-9　丰田喜一郎

1929年年底，代表自动织布机械厂去英国签订合同的丰田

喜一郎，除完成父亲交办的事情外，还用了四个月的时间考察了英国的交通，并走访了英国、美国，尤其是美国的汽车生产企业，弄清了欧、美国家的汽车生产情况。此行留给他极为深刻的印象，发展汽车事业的决心更加坚定。

当丰田喜一郎开始研制汽车时，美国的通用汽车公司和福特汽车公司早已成为举世闻名的大企业，两家公司在大量生产技术和市场运作方面的实力令世界上其他所有汽车生产厂家望尘莫及，并分别将各自的汽车组装厂打进日本。然而，没有把美国两大汽车巨头的动向过多地放在心上的丰田喜一郎，只是在考虑如何以大量生产为基础来确立国产汽车工业，他所面对的是要去开辟一条充满艰辛的道路。

1933 年 9 月，随着汽车发动机的试制，汽车生产的序幕被拉开。第一辆丰田牌 GI 汽车于 1935 年 8 月制造成功。1937 年 8 月 28 日，丰田喜一郎创建丰田汽车公司后，按照“贫穷的日本需要便宜的汽车，生产廉价的汽车是公司的责任”的指导思想，把“用低成本、大批量生产方式生产高质量的汽车，进而加入世界第一流汽车工业”确立为公司的方针。

注重从基础工业入手，着眼于整体素质的提高，使材料工业、机械制造业、汽车零部件和汽车工业同步发展，为汽车大批量生产创造条件，丰田喜一郎用战略家的眼光实践着这一切。日本人称丰田喜一郎为“日本大批量汽车生产之父”就在情理之中了。

对生产过程的科学管理是丰田喜一郎对汽车工业的另一项贡献。主张弹性生产方式，“工人每天只做到必要的工作量”即可，“准时制生产”，减少零部件库存，这就是“丰田生产方式”。

二、“日本的福特”——本田宗一郎

本田宗一郎（1906—1991）（图 2-10），日本本田汽车创始人，人称“日本的福特”。本田宗一郎虽然出身贫寒，却成为天才发明家，拥有 470 项发明和 150 多项专利。他创立的“HONDA（本田）”品牌，成为世界上最大的摩托车生产厂家，是日本战后经济奇迹的创造者之一。

图 2-10　本田宗一郎

本田宗一郎自幼偏好机械，小时候第一次看到汽车时，简直就入了迷。他在传记里记载了这件事：“我忘了一切地追着那部汽车，我深深地受到震动，虽然我只是个孩子，我想就在那个时候，有一天我要自己制造一部汽车的念头已经启动了……”16 岁时本田宗一郎就说服父亲，毅然去东京一家汽车修理厂当学徒。勤奋好学，使他修理技艺高超；不满足当雇工，使他开启创业生涯。用老板给的 200 日元作为启动资金，他在家乡挂起“技术商会滨松支店”的招牌。目光远大的他在修车店生意十分兴隆的时候关闭自己的修理厂，转而从事更富创造性的制造业。本田宗一郎创建的“东海精机公司”，制造出汽车的关键零配件活塞环，丰田汽车公司成为主要买主。

第二次世界大战后，战败国日本的经济受到毁灭性的打击，本田宗一郎的公司也不例外，处境艰难。因公司经营欠佳，加之不愿受制于人，于是他将自己拥有股份的“东海精机公司”全部转让给丰田汽车公司。不久，本田宗一郎又设立“本田技术研究所”，主要生产纺织机械。

满足实际需要的一项革新，成为本田宗一郎人生旅途中的一个重大转折点。战后日本农村交通不发达，崎岖不平的山路使骑自行车为生计奔波的人们苦不堪言，本田宗一郎将战争

期间陆军留下的无线电通信机的小汽油机安装到自行车上，制成一种新型的“机器脚踏车”。这种被称为“吧嗒吧嗒”的机动自行车博得好评，产品适销对路，马上成为抢手货。同时，仿制者接踵而至。为在摩托车领域站稳脚跟，本田宗一郎决定生产真正意义上的摩托车。之后，正式组建“本田技术研究工业总公司”并自任社长，从此揭开本田大发展的序幕。

作为一个技术员出身的实业家，本田宗一郎不仅有着极其旺盛的创造热情和能力，而且还有一种与众不同的超凡预见能力及冒险精神。明白只有使发动机有力、耐用、价廉，才能让所产摩托车销量增加，本田宗一郎亲自主持研制“D型”发动机，并以此为基础推出“本田-梦幻D型”摩托车。之后，又主持研制性能更好的四冲程“E型”发动机及“本田-梦幻E型”摩托车。销售这两种摩托获得的成功，为公司赢得利润。懂得在技术开发和经营管理两个方面相比自己更擅长于前者的本田宗一郎，主动联系到一个合股人——藤泽武夫（负责销售和公司管理），当对方以常务董事的身份加入本田后，就将公司的全部经营实权放心地交给藤泽武夫，自己则只埋头于技术开发，不断拿出技术先进而又适销对路的产品。两人几十年合作的结果发展壮大本田公司，使其成为名震全球的跨国集团。本田公司的成功，使仿效者纷纷学着他的样子搞起摩托车生产，全国一下子冒出100多家摩托车生产厂，市场竞争异常激烈。在这场激烈的竞争中，本田公司始终保持着优质畅销的赢家本色。

1962年，涉足汽车生产、走多元化产品道路是本田在激烈的市场竞争中永远立于不败之地的战略路线。利用在摩托车开发、经营中获得的丰富经验及大量资金，本田不顾一切地投入汽车开发，结果获得极大成功。因设计开发CVCC发动机及装此种发动机的汽车，其控制排污效果好而于1975年在世界汽车界引起极大轰动，为公司赢得丰厚利润及崇高商业声誉。

奔跑在世界各个角落的本田摩托和本田汽车，给人们带来便利的同时，也带来速度、激情和快乐。

第四节　中国的汽车名人

一、中国汽车业之父——饶斌

饶斌（1913—1987）（图2-11），新中国汽车工业的创始人，被誉为“中国汽车业之父”。完成中国第一汽车制造厂（简称“一汽”，现中国第一汽车集团）、中国第二汽车制造厂（简称“二汽”，现在的“东风汽车公司”）的创业，领导和支持南京汽车制造厂、上海汽车工业公司的发展，视汽车为生命的饶斌，表现出坚毅、执着和倔强。饶斌的后半生，几乎全部心血都注入到中国的汽车工业。

图2-11　饶斌

青少年时代，饶斌在民族的危难时刻，即投笔从戎，参加抗日战争，投身革命，在东北期间，曾担任过党和部队的领导人。新中国成立后，百废待兴。苏联要援建中国156个重大项目，建年产3万辆、生产中型载货汽车的第一汽车制造厂就是其中之一。筹建第一汽车制造厂的重任赋予饶斌，被毛泽东主席称为“白面书生”的饶斌就任厂长。毛泽东主席亲自题词的一汽建设奠基

石，是饶斌铲的第一锹黑土。

建厂初期，困难重重，壮志满腔的饶斌全身心投入轰轰烈烈的建设热潮之中，他不仅是汽车厂厂长，也是建筑公司经理，工作强度很大，以至于回到家常常饭菜没有端上桌，人已酣然入梦。虽是半路出家，但他领导一汽经过三年艰苦卓绝的努力，在长春市南郊一片荒野上建起了一座汽车城。第一辆国产“解放牌”载重汽车于 1956 年 7 月 13 日在总装线下线，标志着我国不能制造汽车历史的结束。

第一辆“东风”牌轿车于 1958 年 5 月在一汽试制成功，毛泽东主席乘坐该车后高兴地说：我终于坐上了自己造的小汽车了。然而，饶斌的脚步没有停止，决定致力于研制高级轿车。不分昼夜地攻关，1958 年 8 月“红旗”轿车试制成功。后来“红旗”轿车被国务院确定为“国车”，仅限于国家领导人和接待外国元首专用。“红旗”曾取代美国总统尼克松的专车，为美方 500 人组成的庞大代表团访华服务，让美方震惊。

1964 年，中国经济形势好转，根据经济发展和国防建设的需要，中央决定在南方再建一个汽车厂。毛泽东说：建设第二汽车厂是时候了。中央再次决定由饶斌负责二汽筹建工作，于是他再次参与新中国又一大汽车基地的建设。筹建二汽时，因起初仅他一人，他又夹着建国前用过的老皮包东奔西走，四处联络，因而人们戏称他为“皮包公司”。在那个特殊的年代，出于战备的考虑，厂址设在武当山北麓，湖北省郧县十堰镇一带（今为湖北省十堰市）。

1964 年到 1978 年，多是大动乱的“文革”岁月，为建设二汽整整奋斗 14 个年头的饶斌，在这特定的条件下，建设一个独立自主的大三线汽车厂，绝不是一件轻而易举的事情，付出的代价是可想而知的，这可能是他一生中最为艰难的一段岁月。

1967 年 4 月 1 日正式开工建设二汽，受“文革”干扰，动工仅 3 个月就停工了，在随后到来的“文革”狂潮中，饶斌艰难地主持创建二汽。整个“文革”期间，政治走向一直阻挠着二汽的建设，和建设一汽相比，饶斌不仅呕心沥血地领导二汽的基本建设和设备安装，还要用高度的政治智慧对应极左思潮的干扰。当时，建设二汽必须走中国自己的道路，饶斌经过缜密思考，以惊人的胆识和勇气，创造性地提出用“聚宝”的办法建设二汽，调用一汽以及全国的汽车和机械制造企业包建各个分厂，并以采用国产设备为主、适当引进部分国外先进设备的建设思路，形成系统的现代化汽车制造企业。他坚持相信群众、勇于进取，走自力更生、自主创新的道路，使我国独立设计和建造的汽车厂在艰难困苦中诞生，并为之后东风汽车公司的发展打下了坚实的基础。

到 1978 年年底，二汽的 2. 5t 越野车已形成批量生产能力，3. 5t 越野车正通过产品试验鉴定，5t 民用载重汽车也通过了 5 万 km 可靠性试验，发动机实现和英国里卡图公司的设计咨询，质量明显改进，当年生产汽车 3000 辆，实现盈利。饶斌“早出车、出好车”的愿望在湖北十堰的土地上实现，结束了我国载重汽车长期严重短缺的局面。

饶斌调离二汽后，国家采纳饶斌的建议，决定引进一条轿车装配线，这一决定无疑为上海汽车工业特别是轿车工业迎来一个发展机会。为推进中国汽车工业的发展，他仍然不辞辛劳，日夜奔忙、呕心沥血，直到他走完人生的最后一个时刻。

全部经历和反映中国汽车工业最初 30 多年发展历程的饶斌，为汽车人留下了非常宝贵的精神财富和物质财富。

二、中国汽车科技界的先驱——孟少农

孟少农（1915—1988）（图 2-12），中国科学院学部委员，毕生致力于汽车工业建设事业，是新中国汽车工业技术的主要奠基人和领航者，被誉为“中国汽车科技界的先驱”。成功地领导中国第一汽车制造厂、陕西汽车制造厂和第二汽车制造厂几代产品的研制和开发的孟少农，为我国汽车工业的发展做出了突出贡献。他主持建立了湖北汽车工业学院，并担任湖北汽车工业学院首任院长，为我国汽车工业培养了大批高级专门人才。

图 2-12 孟少农

孟少农的童年是在北京度过的，中学时随父母回湖南老家。高中毕业时，以全省会考第一名的成绩入清华大学机械工程系学习。此时正值日寇发动侵华战争，更坚定了孟少农“实业救国”的决心。抗日战争期间，孟少农有机会接触汽车，对汽车很感兴趣，与其形影不离。后来，他在西南联大完成学业。孟少农以优异的成绩考取留美公费生，进入著名的麻省理工学院机械系学习，并获得硕士学位。赴美学习期间，他先后在美国福特汽车公司等多家公司任技术员和工程师，工作极为严谨认真，成绩突出，这为他在汽车技术方面奠定了深厚的理论和实践基础。然而，孟少农赤诚的爱国心驱使他回国，回到母校清华大学任教，先后任机械系副教授和教授。“跟着共产党走”的强烈信念使他成为中国共产党党员，他离职后奔赴解放区参加革命工作，成为一名普通的革命战士。

自 1950 年起，重工业部成立汽车工业筹备组时，孟少农就着手筹备创建我国汽车工业。从调查研究旧中国有关汽车和汽车工业基本情况、集结和培养技术骨干，到驻莫斯科代表小组组长，在整整三年的建厂阶段，孟少农把全部精力、智慧倾注到一汽建设上。孟少农为一汽的筹备、建设、建成投产、老产品改进和新产品开发研制等勤奋苦战 15 个春秋，为一汽出汽车、出人才、出经验做出卓越贡献。在他离开一汽时，一汽已有三个系列品种和 30 多种变型专用车投产。

1971 年 5 月，被调到地域偏僻、交通不便的陕西汽车制造厂主管技术工作的孟少农，面对建厂初期生活条件极为艰苦、工作上又困难重重的局面，他没有退缩，冒着风险、排除障碍，专心致志地研制开发延安 250 型 5t 越野车（此车于 1978 年 8 月获全国科学大会科技成果奖）、改进 6130 型发动机（此发动机在 1978 年 8 月获全国机械工业科学大会科技奖）和开发 15t 重型民用车，给陕汽人留下前进动力的财富是孟少农艰苦奋斗的精神、突出的贡献及其深谋远虑、高瞻远瞩的指导思想。

晚年时期，孟少农在二汽艰苦奋斗整整 10 个春秋。为二汽闯过质量、滞销、缓建三大关，为二汽发展横向联合经营，引进消化吸收国外先进技术，设想及早开发轿车和轻型车，为二汽长远兴旺发展奠定基础并做出贡献。

在新中国成立后的几十年中，曾是饶斌的长期合作搭档和助手，孟少农坚持在我国汽车工业企业里，全心全意地做技术指导工作。他曾任中国汽车工业筹备组副主任，第一汽车制造厂、第二汽车制造厂（东风汽车公司）的副厂长兼总工程师，陕西汽车制造厂总工程师，中国汽车工业公司总师室负责人，为我国第一汽车制造厂、陕西汽车制造厂、第二汽车制造

厂的创建和发展做出巨大贡献。他受到党和国家领导人的重视，周恩来总理、陈毅副总理请他出席全国科学大会。他被推选为中国科学院技术科学部委员，连续两年获得“湖北省特等劳动模范”称号，并荣获全国第一批“五一”劳动奖章。

我国汽车工业从无到有，从弱到强；我国汽车产品从单一品种到多品种、系列化；我国汽车工业人才，从寥寥可数，到人才辈出，人才素质由低到高。这些巨大的变化和成就，无一不凝聚着孟少农的智慧和心血。他将毕生精力贡献给我国的汽车工业，功勋卓著，高风亮节，赢得了中国汽车界和学术界的衷心爱戴。

思考题

1. 汽车名人都有哪些共同的优良品质？
2. 本章列举了哪些汽车名人？试列举其他的汽车名人。
3. 安德烈·雪铁龙有哪些发明创造？
4. 简述亨利·福特在汽车发展史上的历史功绩。
5. 简述艾尔弗雷德 P. 斯隆的组织管理才能。
6. 为什么说丰田喜一郎是日本“国产车之父”？
7. 简述饶斌为中国汽车工业做出的重大贡献。
8. 孟少农为我们留下了怎样的精神财富？
9. 谈谈学习这些汽车名人的体会。

第三章 / Chapter 3
展示品牌的舞台

人，万物之精灵，重要的是品德。车，现代生活的标志，重要的是品质、品牌。汽车发展的历史可说是一部品牌发展史，世界上再也没有其他商品能够像汽车这样充分展示品牌的力量了，一个知名品牌可以价值连城。美国《商业周刊》早在2004年选出的全球100个最具价值的品牌，其中汽车品牌就占7个。丰田价值226.73亿美元（总排名第9位）、梅赛德斯-奔驰价值213.31亿美元（总排名第11位）、宝马价值158.86亿美元（总排名第17位）。全球最大的品牌管理咨询公司Interbrand公布了2015年的“全球最佳品牌榜”百强名单，其中汽车品牌达15个，丰田位居第6位（品牌价值490亿美元）……奔驰、宝马、大众、福特、通用、丰田、标致、现代、奥迪，之所以耳熟能详，就是其品牌的魅力之所在。

第一节 他山之石

一、从蓝天白云走来——宝马

在全世界的公司中，宝马因重视品牌而著称。宝马汽车以先进的技术、卓越的品质和优雅的风格而享誉全球。总部设在德国慕尼黑的宝马汽车公司起源于两个飞机公司：慕尼黑卡尔·拉普发动机制造有限公司和古斯塔夫·奥托发动机制造厂。1917年7月21日，普拉发动机公司更名为巴伐利亚发动机制造有限公司（Bayerische Motoren Werke GmbH，简称BMW），宝马是“BMW”的中文音译。1928年10月1日，宝马公司兼并了德国一家小汽车厂艾森纳赫（Eisenach）进军汽车行业，1929年1月第一辆带有象征蓝天白云中旋转着的螺旋桨车标的汽车——迪克西（Dixi）诞生了。

优良的品质是公司发展壮大的基础。1933年BMW303问世，它创立了宝马汽车公司两个独特之处：典型的双肾型散热器隔栅和BMW 6缸发动机，这在当时就是运转平稳与性能卓越的代名词。二战后，从BMW 501型到507型的大型轿车、双门跑车、有活动顶棚的轿车以及敞篷车相继问世。

20世纪50年代末，宝马汽车公司经历了一次严重危机，由于经济形势不稳定，1959年12月9日公司股东大会上做出决定，将宝马汽车公司卖给戴姆勒-奔驰汽车公司。因为资产平衡表上的一个错误，交易未能进行，宝马汽车公司幸存下来，这也许是历史跟宝马汽车公司开了一个玩笑。1962年，BMW1500轻型轿车问世，它以漂亮的外观、适用于中产阶级的两大特点成功地占领市场，使公司摆脱困境，此后宝马汽车公司走上了顺利发展的道路。

1994年宝马汽车公司收购英国罗孚（Rover）汽车公司，后因英镑价值猛涨50%，导致投资罗孚汽车公司费用增高，于是宝马汽车公司决定将罗孚和MG两家工厂以10英镑的象征性价格出售。越野陆虎牌2003年出售给了福特汽车公司，但保留了MIN品牌。1998年，宝马集团又收购英国劳斯莱斯（RollsRoyce）汽车品牌。现在宝马汽车公司旗下拥有宝马、迷你（Mini）、劳斯莱斯等品牌。

BMW集团的今天，以高档品牌高效增长著称，是全世界最成功和效益最好的企业之一，2015年成为世界500强的第56名。2002年，公司成功销售超过100万辆BMW和MINI品牌汽车，销售纪录首次突破100万辆；2015年，对于宝马集团来说意义重大，集团的总销量再创纪录，达到224万辆，连续第11年在高档车市场荣膺第一位。宝马集团100年来的成

功原因在于前瞻未来趋势，勇于创新，宝马通过调整和改变不断与时俱进。人类交通出行正在迎来一个全新时代，在这个阶段，交通出行的特征将是智能互联、自动驾驶和绿色交通。如今，宝马正热情“拥抱车联网时代”，宝马集团宏伟目标将是继续引领下一个100年。图3-1所示为2016年宝马的高度自动驾驶车。

图3-1　2016年宝马的高度自动驾驶车

二、王者风范——奔驰

在当今品牌化的商品竞争中，很难有一种产品品牌像奔驰汽车那样，在全球被诠释为身份和社会地位的象征，并经久不衰。奔驰汽车之所以屹立于汽车品牌之林，在于它卓越的发动机制造技术、舒适、安全和独树一帜的风格。

奔驰汽车公司并不是本茨先生一人创办的，其前身是戴姆勒汽车公司和奔驰汽车公司，创始人分别是卡尔·本茨和戈特利布·戴姆勒。1886年，本茨发明的以汽油发动机为动力的三轮汽车被授予专利，与此同时，戴姆勒也发明了第一辆四轮汽车。1926年，为了避免在日益增大的汽车工业中相互排挤，奔驰汽车公司和戴姆勒汽车公司合并为一家公司，叫戴姆勒-奔驰汽车公司（Daimler-Benz），总部在德国的斯图加特。

戴姆勒-奔驰汽车公司不仅以生产高质量、高性能的豪华轿车闻名于世，而且还是世界上著名的载货汽车的生产厂家，生产的载货汽车、专用汽车、大客车品种繁多，仅载货汽车就有110多种基本型。

1998年戴姆勒-奔驰汽车公司与克莱斯勒汽车公司结盟，成立戴姆勒-克莱斯勒（Daimler-Chrysler）汽车公司，简称戴-克汽车公司。

今天，奔驰汽车公司已成为德国的第一大汽车公司。在世界各大汽车公司中，奔驰汽车公司仅次于美国的通用、福特和日本的丰田而居第四，其实力和地位，来自于高品质的保证。自从本茨制造的第一辆世界公认的汽车后，100多年过去了，许多汽车公司显赫一时，但最终不过是昙花一现，而百年老店的奔驰汽车公司，靠其高品质，却仍然璀璨夺目。2015世界年度车型名单出炉，五个奖项中奔驰揽下三个，成为最大赢家，其中新一代奔驰C级更是获得最大的奖项——年度最佳汽车（World Car of the Year）（图3-2）。目前，奔驰汽车公司拥有12个系列，百余种车型，年产量达到近百万辆，轿车有梅赛德斯-奔驰（Mercedes-Benz）、迈巴赫（Maybach）和精灵（Smart）三个品牌。

图 3-2 2015 年度最佳汽车（World Car of the Year）：奔驰 C 级

三、普渡众生——大众

世界著名品牌的价值不在于自身产品或服务价值的高低，而是它们始终恪守着自己在既定价位上的承诺。如果说宝马、奔驰以其豪华、高贵的品质受到上流人士的喜爱，那么，大众则以生产物美价廉的甲壳虫汽车赢得广大民众的青睐，并一举成为世界著名品牌。

大众（Volkswagen）汽车公司是一个在世界许多国家都有生产厂的跨国汽车集团，其总部在德国沃尔夫斯堡（Wolfsbury）。

大众汽车公司的品牌当首推甲壳虫汽车，它的诞生与别的品牌最大的不同在于，它是汽车设计大师与政治首脑共同努力的结果。20 世纪 30 年代，由于纳粹疯狂扩军，使德国经济出现萧条。时任德国总理的希特勒提出造一种大众化的汽车，价格在 1000 马克以下，要使德国广大民众，包括普通工人都能开上汽车，以利德国经济的复苏。而世界著名的汽车设计大师费迪南·波尔舍也早就有制造普通民众使用便宜轿车的想法，却苦于缺乏资金。1937 年 5 月，希特勒拨 48 万马克全力支持波尔舍的计划。1938 年 10 月，德国大众汽车公司正式成立，1939 年 4 月开始生产，当年就生产出 210 辆甲壳虫汽车。

甲壳虫汽车有两大优良品质：一是不讲豪华，结实耐用，这在战争中得到了证明；二是价格低廉。正是由于这两大特点，第二次世界大战后，甲壳虫汽车很快风靡德国和欧洲，1955 年出口到 100 多个国家，到 1981 年甲壳虫汽车停产时，已累计生产 2000 多万辆，打破了福特 T 型汽车的世界纪录，并超出其数百万辆。

继甲壳虫汽车之后，大众公司在 1980 年实现四轮连续驱动小客车大批量生产，推出 20 世纪 80 年代最畅销的高尔夫汽车，从而成为欧洲最大的汽车商。2010 年，大众汽车公司再度推出甲壳虫汽车——新甲壳虫 New Beetel（图 3-3），引起了人们极大兴趣，其优点同样是结实耐用，不讲究豪华，且价格大众化。

目前，大众汽车公司旗下拥有大众（Volkswangen）、奥迪（Audi）、宾利（Bentley）（图 3-4）等品牌。

四、赛坛上独领风骚——保时捷

无论在世界的任何角落，保时捷总是速度和力量的象征。在跑车世界里，保时捷是众人追逐的偶像。1933 年《时代周刊》评选全球最有声望的品牌，保时捷在可口可乐、索尼之后居第三名，享有崇高的声誉。

图 3-3 大众新甲壳虫

图 3-4 2016 款宾利幕尚 BLUE TRAIN 极致版

保时捷（Porsche）是一家主要从事保时捷牌超级跑车、赛车的设计与生产的汽车公司，创立于 1931 年，创始人是费迪南·波尔舍（Ferdinand Porsche），总部设在德国斯图加特。

费迪南·波尔舍以及他的儿子费利·波尔舍（Ferry Porsche）孙子亚历山大·波尔舍（Alexander Porsche）都是举世闻名的汽车设计大师，这在汽车界绝无仅有，祖孙三代设计的跑车风靡全球。1948 年 6 月 8 日，第一辆注册“保时捷”品牌的跑车在奥地利的格蒙镇问世，这就是征服整个世界长达 20 年之久的保时捷 356（图 3-5）。随后保时捷 804、904 相继问世，都是名噪一时的运动车。

图 3-5 保时捷 356

1963 年 9 月，波尔舍的孙子亚历山大·波尔舍设计出保时捷 911，该款跑车造型小巧别致，加速极快，噪声小、功率大、车速高，是 20 世纪 60 年代设计最成功的跑车。在 1967 年一次赛事中，保时捷 911 打破 16 项世界纪录，从此保时捷名扬天下。后来，在该车的基础上衍生出多种车型，而每一种车型的问世，都引起轰动。例如 1974 保时捷 911Turbo 的诞生，改变了空气冷却式发动机装备，采用新式涡轮增压水冷式发动机，其动力性能得到大幅提升，因而迅速风靡全球。

由于保时捷跑车的优秀品质，在高水平的拉力赛中连连夺冠，1983 年在法国举行的勒芒汽车 24h 耐力赛中除第 9 名外，1 ~ 10 名全被保时捷包揽。从此，在赛坛上独领风骚的保时捷汽车被誉为“跑车之王”。

不断创新是品牌保持活力的源泉。1996 年，保时捷推出一款高品质、低价位的大众化的跑车——敞篷小跑车。该车一上市，立即在全球造成一片抢购热潮。1998 年，保时捷又乘胜追击，于日内瓦车展发表了全新的 911 敞篷车。2000 年，高性能保时捷 Garrera GT 跑车在巴黎卢浮宫首度面世，通过引入全面的新技术，新款 911 Carrera 再次确立其领先地位。采用直接汽油喷射技术的全新 Boxer 发动机和选装保时捷双离合器变速箱是设计中的两个特别亮点，标志着车辆开发的一个重大飞跃，成为跨世纪的产品。2009 年，新款轿跑 Panamera 全球首发，又引领新一代轿跑的技术革命。图 3-6 所示为 2016 款“性能之王者”保时捷 911 Turbo 超级跑车。

五、底特律的骄傲——福特

福特汽车公司是世界三大汽车公司之一，由亨利·福特于 1903 年 6 月 6 日创立，总部

设在美国的汽车城——底特律。

谈到福特汽车公司，人们自然联想到高雅、舒适、性能杰出并以美国第16任总统的名字命名的豪华型品牌轿车——林肯，而业内人士更不会忘记坚固耐用、价格低廉，属于普通百姓的福特T型车（图3-7）。

图3-6 2016款保时捷911 Turbo超级跑车

图3-7 福特T型车——一款改变了世界的车

1908年10月1日，福特汽车公司生产出世界第一辆属于普通百姓的以福特命名的T型车。它的诞生推动了一个新的汽车工业时代的到来。T型车的许多创新改变了汽车制造业。1913年，亨利·福特在其海兰公园工厂开发出被称为汽车技术的第二个里程碑——福特T型车装配流水线，这不仅为汽车制造业，乃至整个工业界带来伟大的变革。

T型车在全世界倍受青睐，它成为便宜和可靠的象征（最低时只卖295美元）。从第一辆T型车诞生，到1927年T型车累计生产1500万辆，20世纪20年代，全世界一半以上的注册汽车都是福特牌，亨利·福特因此被尊为“为世界装上轮子的人”。

福特汽车公司在北美拥有福特和林肯-水星两个部分，在国外还建立了许多分公司和合资公司。1987年和1994年，福特汽车公司分两次收购英国阿斯顿·马丁汽车公司100%股份；1989年以40.7亿美元购得英国美洲虎汽车公司；1992获得日本马自达汽车公司34%的股份；1999年出资64.5亿美元收购瑞典沃尔沃汽车公司的全球轿车业务。由于优良的品质，福特汽车在世界各国都很畅销，尤其在本土，福特汽车在美国汽车市场连续75年保持销售量第二名，仅次于通用汽车。

目前，福特汽车公司拥有福特（Ford）、林肯（Lincoln）、水星（Mercury）、阿斯顿·马丁（Aston Martin）、美洲虎（Jaguar）、马自达（Mazda）、沃尔沃（Volvo）等品牌。

六、豪门贵族的坐骑——凯迪拉克

“同类中最出色、最具声望的事物。”这是著名的《韦伯斯特大词典》对“凯迪拉克”的释义。如果这是在其诞生之初对它的肯定，那么在当今时代，它正作为一个让世人仰慕的品牌在全球不断丰富着它的生命，不变的依然是尊贵与声望的代名词。

凯迪拉克是通用汽车公司生产的著名品牌。通用汽车公司是美国第一大汽车公司，也是全球最大的汽车公司。它是由威廉·杜兰特于1908年9月在以别克汽车公司为核心而创建的，总部在美国汽车城——底特律，旗下拥有凯迪拉克、别克、雪佛兰、悍马等知名品牌。

通用汽车公司是美国最早实行股份制和专家集团管理的特大型企业之一，其分公司和合作伙伴遍及40个国家和地区。如果说通用汽车公司生产的汽车，典型地表现了美国汽车豪华、宽大、内部舒适、速度快、储备功率大等品质特征的话，那么凯迪拉克就是它的杰出代表。其卓越性能、独特设计、安全舒适的特征一直受到世界上最成功、最具权威人士的青睐。多年来，无论是总统、总理、国王还是企业巨子、影视明星、报业大王，他们都不约而同地选择凯迪拉克轿车作为他们身份和地位的象征。凯迪拉克的卓越使之成为政要显贵们的首选。在美国，威尔逊总统是第一位乘坐凯迪拉克进行官方活动的美国总统，艾森豪威尔总统站在凯迪拉克中做就职演说，肯尼迪总统也极其钟爱凯迪拉克轿车；1993年、2001年克林顿和乔治·布什先后就任美国总统时，也是乘坐凯迪拉克。2009年1月20日上午，奥巴马在国会上手按圣经完成美国第44任总统的就职宣誓后，他就成为第6代凯迪拉克“美国一号”（图3-8）的主人。

图3-8　第6代凯迪拉克“美国一号”

七、雄狮风范——标致

狮子——标致品牌的象征，是强劲和灵敏的化身，理智与激情的合一。标致，一个受到百年历史孕育的汽车品牌，在其不断创新中展现“生命活力”的理念下，创造出一款款品质卓越、外型美观、个性独特、活力四射的产品，每款车型无不见证着对美感的追求和对品质的执着，引领一轮又一轮的时尚潮流。

标致汽车公司（Societedes Automobiles Peugeot）是世界十大汽车公司之一，法国最大的汽车集团公司，创立于1890年，创始人是阿尔芒·标致，总部设在法国巴黎。

标致汽车公司的前身是标致兄弟公司，主要是生产自行车和三轮车。1889年，标致兄弟把一台蒸汽机放置在一辆双人座的三轮车上，向世人宣示进入汽车制造领域。1890年成功开发出法国第一部汽油机的四轮汽车。由于不断采用新技术，公司的汽车产量与日俱增。到第一次世界大战前，产量已达到12 000辆，超过了法国所有汽车生产厂家。第一次世界大战中，阿尔芒·标致及时调整经营战略，使标致汽车公司在战争中发展起来，1939年年产达4.8万辆。该公司的第二次大发展时期是第二次世界大战后的20世纪50、60年代，其产量在20年间猛增十几倍，一跃成为法国第二大汽车公司。

1976年，经济实力不断增强的标致汽车公司收购经营不善的雪铁龙汽车公司60%的股份，使其成为雪铁龙汽车公司的新主人。兼并雪铁龙汽车公司后，公司改称为标致-雪铁龙

集团（PSA Peu geot- Citroen），汽车总产量超过雷诺公司而居法国第一。

作为一家拥有 200 年工业历史的企业，标致雪铁龙集团已成为欧洲第二大汽车生产厂商，是世界级知名的汽车制造商，2015 年位列《财富》全球 500 强企业第 128 位，其业务遍及世界 150 个国家。标致雪铁龙集团旗下拥有标致（Peugeot）（图 3-9）和雪铁龙（Citroen）两个品牌。

图 3-9　标致 908RC

八、驰骋世界——丰田

“车到山前必有路，有路就有丰田车”，这是 1982 年被称为“世界绝唱”的丰田汽车的广告词。透过这条广告词，人们看到丰田汽车的自信与气魄，更品味出丰田汽车品牌的巨大魅力。创始于 20 世纪 30 年代末的丰田汽车公司，到 20 世纪 60 年代就将自己的车卖到美国本土；进入 20 世纪 70 年代，丰田车一举成为全球最畅销的汽车。丰田品牌的个性已经从一个日本车的概念逐步转化为全球车的概念，被誉为“世界之车”。

丰田汽车公司是世界十大汽车公司之一，是日本第一大汽车公司，创立于 1933 年，现已发展成为以汽车生产为主，业务涉及机械、电子、金融等行业的庞大工业集团，总部设在东京。

丰田公司早期是制造纺织机械的，创始人丰田喜一郎（Toyoda）于 1933 年在公司设立汽车部，从而涉足汽车制造，1937 年 8 月 28 日，丰田汽车公司正式成立。当时丰田喜一郎的指导思想是：贫穷的日本需要便宜的汽车，生产廉价的汽车是公司的责任。但 20 世纪 30、40 年代公司发展缓慢。第二次世界大战后，丰田汽车公司确立“用低成本、大批量的生产方式生产高质量的汽车，进而加入世界第一流汽车工业”的方针，加快了公司的发展。公司通过引进欧美技术，很快掌握先进的汽车生产和管理技术，并根据日本民族的特点，创造了风靡全球的“丰田生产方式”，从而大大提高了生产效率。20 世纪 60 年代末，其产品大量进入北美市场，到 20 世纪 80 年代，丰田汽车公司开始实施全面走向世界的国际战略，产量大幅上升。到 20 世纪 90 年代初，产量就超过美国的福特汽车公司，一举名列世界第二。

自 2008 年起，丰田汽车公司开始逐渐取代美国通用汽车公司而成为全球排名第一的汽车生产厂商。2015 年度丰田汽车集团以 1015 万辆的销量成绩连续第四年夺冠，超过大众汽车集团 993 万辆和通用汽车集团 984 万辆。其旗下拥有丰田、雷克萨斯（图 3-10）、皇冠、花冠、新贵等品牌。

图 3-10　2016 款雷克萨斯 ES 200 Midnight

九、永不过时——现代

现代汽车以其优美的造型、卓越的性能和良好的经济性在全球汽车中确立了自己的品牌地位。

现代汽车公司是韩国最大的汽车企业，成立于 1967 年，由韩国历史上最富传奇色彩的

商业巨子郑周永一手创办，公司总部设在韩国首尔。与全球其他领先的汽车公司相比，现代汽车历史虽短，却浓缩了汽车产业的发展史，它从建立工厂到能独立自主开发车型仅用了18年（1967—1985年）。2006年，现代汽车集团在全球汽车公司销售排名第六位。

现代汽车公司的发展可分为三个阶段：

第一阶段是1967—1970年的创业期。它与美国福特汽车公司合作，引进福特生产技术生产“哥蒂拉”牌小汽车，并在1970年建成2.6万辆生产能力的蔚山工厂。

第二阶段是1970—1975年的消化吸收期。这段时间，现代汽车公司花巨资在公司内进行消化吸收福特技术。1974年投资1亿美元建设年产5.6万辆的新厂，1975年该厂建成，汽车国产化率达到100%。

第三阶段是1975年以后开始走向世界。1976年，自己设计生产的福尼牌小轿车下线，现代汽车公司走向成熟。20世纪80年代，现代汽车公司垄断了韩国市场，和丰田公司分手，与三菱公司结盟，生产小马牌汽车。1983年小马牌汽车销往加拿大而大为走红，1985年就卖出7.9万辆。1986年，现代汽车公司的超小马汽车投入美国市场，当年即售出16万辆，创下汽车销售奇迹，从而奠定了现代汽车公司的国际地位。

1998年，现代汽车公司并购在亚洲金融风暴中濒临破产的韩国起亚（KIA）汽车公司，成为现代汽车集团。成立于2000年的现代起亚汽车集团（Hyundai Kia Automotive Group）目前是世界产量第五大的汽车生产商，2015年位列全球500强企业第99位。现代起亚汽车集团旗下拥有现代（图3-11）和起亚两个品牌。

图3-11　2014巴黎车展上的韩国现代新一代i20

第二节　本土之玉

一、神州大地的旗手——红旗

提起中国的汽车品牌，人们自然而然地会想到中华民族第一品牌车——红旗。红旗轿车在中国老百姓心目中的神圣地位，恐怕至今都没有哪个品牌能够望其项背。因为，在红旗车身上凝聚着中国人生产轿车的志气和勇气，体现出中国人的智慧和民族精神，更体现着当年国宾车的显赫身份和神圣感。庄重、典雅、大方、含蓄的车身曲线，无处不体现出东方民族特有的神韵。有人说，红旗完全可与西方的世界级车王——劳斯莱斯并驾齐驱。2005年，世界品牌实验室发布第二届《中国500最具价值品牌》，红旗以111.37亿元位居汽车行业前列，而作为中国汽车工业的“精神支柱”，红旗在人们心中的品牌价值早已超出了其实际价值，当之无愧地成为中国第一民族品牌轿车（图3-12）。

红旗诞生于第一汽车制造厂（简称“一汽”，现中国第一汽车集团公司）。1953年7月15日一汽破土动工，中国汽车工业从这里起步。60多年来，一汽肩负着中国汽车工业发展

重任，历经了建厂创业、产品换型和工厂改造、上轻型车和轿车三次大规模发展阶段，产品生产由单一载货汽车向轿车方面发展。1991 年，与德国大众汽车公司合资建立 15 万辆轿车基地；2002 年，与天津汽车（集团）有限公司联合重组，与日本丰田公司实现合作。目前，产品结构已形成以轿车为主的新格局。

中国一汽位于长春市的西南部，被称为我国汽车工业的摇篮，中国的“底特律”。这里创造了无数个第一。新中国的第一辆载货汽车、第一辆轿车都诞生在这里；一汽 1953 年破土动工建设，三年建成三万辆的大型汽车厂；1956 年 7 月 13 日从一汽总装线上开出有中国人自己制造的第一批解放牌载货汽车，结束了中国人不能自己制造汽车的历史；1958 年 5 月 5 日，中国第一辆自己制造的轿车——东风终于在一汽诞生（图 3-13），从而揭开了中国民族轿车工业的历史篇章。

图 3-12　2015 全新红旗 L5

图 3-13　中国第一辆轿车——东风

经过 60 多年的风风雨雨，一汽发生了巨大的变化，从生产单一的中型载货汽车发展成为重、中、轻、轿、客、微多品牌、宽系列、全方位的产品格局；产量从当初年产 3 万辆生产能力，发展成为百万辆级企业，正在向年产 200 万辆的目标前进；企业结构从工厂体制转变成集团公司，从单一国家所有制转变为多元化的资本结构，从面向单一的国内市场转变为面向国内、国外两个市场。一汽所属单位分布在全国各地，拥有直属专业厂 10 家，分公司 3 家，全资子公司 36 家，控股子公司 16 家，参股公司 29 家，已经成为名副其实的中国第一汽车集团公司，成为中国的一汽。

一汽集团旗下拥有红旗、解放、夏利等民族品牌及奥迪、捷达、花冠、马自达等合资品牌。

二、东风压倒西风——东风

东风汽车取名源于毛泽东“不是东风压倒西风，就是西风压倒东风”的观点。在中国，东风品牌家喻户晓。“东风”牌商标，在汽车行业中率先被国家工商局评定为中国驰名商标。

东风汽车公司的前身是第二汽车制造厂（简称“二汽”），始建于 1969 年 9 月。当时出于战备的考虑，厂址选在鄂西北山区——十堰市。2003 年 9 月 28 日，公司总部由十堰迁至武汉。经过 40 多年的建设，已陆续建成十堰（主要以中、重型商用车，零部件，汽车装备事业为主）、襄阳（以轻型商用车、乘用车为主）、武汉（以乘用车为主）、广州（以乘用

车为主）等主要生产基地，主营业务包括全系列（重、中、轻）商用车（图 3-14）、乘用车、汽车零部件和汽车装备。目前，整车业务产品结构基本形成商用车、乘用车各占一半的格局。

东风汽车公司从创建至今，其发展经历了艰苦创业、快速成长、改革发展三个阶段。

第一阶段：20 世纪 60 年代至 70 年代末是东风汽车公司的艰苦创业时期。这一时期，在全国各方大量采取“聚宝”的方式大力支援二汽建设的情况下，二汽广大职工克服客观条件十分艰苦等困难，建设新厂。20 世纪 70 年代末期，十堰汽车生产基地初具规模。1975 年，2.5t 越野车投产（图 3-15）；1978 年，5t 中型民用载货汽车投产。

图 3-14 东风天龙商用车

图 3-15 东风 2.5t 越野车

第二阶段：20 世纪 80 年代至 90 年代初期是二汽快速成长、成就辉煌的时期。这一时期，二汽抓住国家改革开放的先机，大胆探索，勇于创新和实践，使企业迅速发展壮大，汽车产量以每年 1 万辆的速度递增，经济效益连年增长，综合实力跃居行业之首，并连续多年排入全国工业企业十强的行列。20 世纪 80 年代初，二汽闯过停缓建难关，以自筹资金为主要手段，在 1983 年着手建设襄樊基地。1986 年，全厂形成年产 10 万辆民用载货汽车的能力。为适应市场经济的发展，1992 年二汽正式更名为东风汽车公司。1993 年，东风汽车公司的经营业绩创历史最高水平，汽车产、销量均超过 22 万辆，盈利 14 亿人民币。与此同时，公司分析国内外汽车市场的形势，决定上马轿车产品，并在 1992 年与法国雪铁龙汽车公司合资建立了神龙汽车有限公司，共同生产普通型轿车。

第三阶段：20 世纪 90 年代到 21 世纪初是东风汽车公司积极推进战略合作谋求更快发展阶段。这一阶段东风汽车公司先后推进与日产公司全面合资重组；扩大和提升与法国标致-雪铁龙集团（PSA）的合作；与美国康明斯公司、法国的雷诺公司、日本的本田公司拓展合作领域；整合重组了江苏的悦达-起亚公司等。全面合资重组后，东风汽车公司的体制和机制再次发生深刻的变革。按照现代企业制度和国际惯例，构建起较为规范的母子公司体制框架，东风汽车公司成为投资与经营管控型的国际化汽车集团。2015 年，东风汽车集团位居《财富》世界 500 强 第 109 位，中国制造企业 500 强第 4 位。目前，东风汽车公司正在朝着“建设一个永续发展的百年东风，一个面向世界的国际化东风，一个在开放中自主发展的东风”的目标迈进。

东风汽车公司旗下拥有“东风”自主汽车品牌及东风雪铁龙、东风标致、东风日产、

东风本田、东风悦达起亚等合资品牌。

三、“洋为中用”的典范——上海大众与上海通用

在美国加利福尼亚州，人们把“山谷中的旋风”称之为桑塔纳。用“山谷中的旋风”——桑塔纳作为车名，正寓意着桑塔纳轿车良好的动力性能和优秀品质。在我国，桑塔纳是中德合资企业——上海大众汽车有限公司生产的第一款轿车车型，它对中国轿车市场的影响深远，累计销量最大，至今已生产300多万辆，国产化率达到90%以上，曾在很长一段时间内占有中国轿车市场50%以上的份额。可以说，桑塔纳开辟了中国轿车业的新纪元。

上海大众汽车有限公司（简称上海大众）是中德合资的轿车生产企业。公司于1985年3月成立，9月正式投产，中德双方各占50%股份。公司设在上海西北郊安亭国际汽车城，公司注册资本从最初的1.6亿元人民币增加到115亿元人民币，拥有四个产品平台五大系列几十款车型，现已具备年产轿车200万辆的生产能力。

上海大众目前已形成五大生产区域和包括试制实验基地及试车场在内的一大技术中心的格局，是目前中国生产规模最大、产品保有量最大的现代化轿车生产基地。

上海大众旗下拥有桑塔纳、帕萨特、波罗、途安、朗逸、途观、斯柯达、晶锐等结合中国道路要求和国人审美观及使用需要而设计的多个品牌。

在上海，另一家汽车合资公司是上海通用汽车公司。它是上海汽车工业（集团）总公司和美国通用汽车公司各投资50%组建而成的，总投资15.2亿美元，位于上海浦东金桥出口加工区。

上海通用汽车公司成立于1997年6月，从打下第一根桩到1998年12月第一辆中国别克新车下线仅用19个月，创造了我国汽车工业建设史上的新速度。目前，公司拥有浦东金桥、烟台东岳、沈阳北盛和武汉分公司四大生产基地，共4个整车生产厂、2个动力总成厂，是我国汽车工业的重要领军企业之一。

上海通用汽车公司生产的汽车，是在通用汽车公司同步生产的最新车型的基础上，根据中国路况、法规要求和市场需要进行过多项改进的产品，目前有别克、赛欧、君威、凯越四大系列几十个车型，既有家用轿车，又有中高档商务用车。上海通用汽车公司所属的品牌有：别克、雪佛兰、凯迪拉克、赛欧及乐驰。

四、民族瑰宝——奇瑞

时下，在全国许多城市的大街小巷闪现着一种微型轿车，它以时尚的外形、充足的动力、精致的内饰，受到广大消费者尤其是年轻人的青睐，并引领中国微型轿车的新潮流，它就是由奇瑞汽车有限公司生产的中华民族的自主品牌车——奇瑞QQ（图3-16）。

图3-16　奇瑞新QQ

奇瑞汽车有限公司成立于1997年1月8日，是我国改革开放后通过自主创新成长起来的最具代表性的自主品牌汽车企业之一。其前身是安徽

汽车零部件公司，位于安徽省芜湖市经济技术开发区。

奇瑞的一期工程总投资17.52亿元人民币，具备年产30万台发动机和10万辆整车的生产能力。1999年12月18日，公司首辆奇瑞轿车成功下线。2001年3月，风云轿车成功推向市场，使奇瑞汽车有限公司迅速成长为国内主流轿车企业。同年12月，奇瑞二期工程启动，投资25亿元人民币。2003年3月1日，第10万辆奇瑞轿车下线，这是奇瑞汽车有限公司历史上一个具有里程碑意义上的伟大跨越。2003年6月，QQ轿车和东方之子轿车成功推向市场，同年8月，奇瑞汽车有限公司又推出了旗云轿车，成功完成了产品线布置，进入全面发展的新阶段。

2004年4月15日，奇瑞汽车有限公司第20万辆轿车下线，预示着这个汽车业的新锐成长为中国的自主品牌支柱企业，成为中国主流轿车企业之一。

2005年3月22日，奇瑞汽车有限公司第一辆瑞虎SUV上市，这标志着奇瑞公司由轿车向运动型多用途汽车拓展。2005年3月28日，奇瑞汽车有限公司举行发动机二厂生产线启动及首台发动机点火仪式，从而实现了中国轿车在主要零部件（发动机）自主研发上零的突破。

2007年8月22日，奇瑞汽车有限公司第100万辆汽车下线，竖起了中国汽车史上一座丰碑。从1997年1月8日奇瑞汽车有限公司成立，到100万辆汽车下线，奇瑞用十年的时间走过了许多汽车企业数十年才能走过的发展之路，这不能不说是一个奇迹，一个由奇瑞汽车有限公司创造的中国汽车自主品牌的奇迹！

从2010年起，在实现了第一阶段“通过自主创新，打造自主品牌”的挑战目标的基础上，奇瑞开始全面实施从追求速度和销量规模的发展模式到向追求“品质、品牌、效益”转变的深层次战略转型；2010年，奇瑞公司连续第5次被《财富》杂志评为“最受赞赏的中国公司”。截至2015年年底，公司累计销量已超过500万辆，其中累计出口超过110万辆，总销量和出口量均位居中国乘用车企业第一位。目前，奇瑞正朝着“自主创新，世界一流，造福人类”新的战略目标迈进。

奇瑞汽车公司拥有QQ、风云、瑞虎、艾瑞泽（图3-17）、东方之子等民族自主品牌。

图3-17　奇瑞艾瑞泽7

五、国人的骄傲——长城

我国古代的万里长城一直是国人的骄傲，如今又有一座值得国人骄傲的新“长城”——长城汽车。

长城汽车（Great Wall）是长城汽车股份有限公司的简称，是国内首家在香港H股上市并融资33亿港元的民营整车汽车企业，成立于1984年，其前身是长城工业公司，公司总部位于河北省保定市。

公司以稳健发展而著称，经济实力雄厚，是国内规模最大的皮卡、SUV专业厂。其下属控股子公司40余家，员工7万余人，目前拥有6个整车生产基地，产品涵盖SUV、轿车、皮卡三大品类，并具备发动机、变速器、前桥、后桥等核心零部件自主配套能力。

成立于1984年的长城工业公司，是一家集体所有制企业，主要从事改装汽车业务。

1991年，现任长城汽车股份有限公司董事长的魏建军承包长城工业公司的经营。当时的公司陷入困境，严重亏损。年仅26岁的魏建军带领长城人以“每天进步一点点”的精神，艰苦创业，以生产轻型客、货车为主，企业扭亏为盈、迅猛发展。

2001年，公司正式改制为“股份有限公司”。同时，再次注入巨资，高起点建成了国内同行业中规模最大、装备先进的现代化发动机生产基地。在国内首开先河，推出GW491QE智能化多点电喷发动机，并完成国家严格的标定试验，不仅实现了“身心一体”、自行配套，同时为国内几十家著名轻型车厂配套。现代化发动机生产基地的建成，标志着长城汽车步入高速发展的轨道。

2003年11月，“长城汽车”在香港主板上市，股票得到682倍的超额认购，成为国内首家在香港上市的民营汽车企业。在香港H股上市，给公司未来长足的发展奠定了雄厚的经济基础。

2005年7月1日，“长城汽车”年产20万辆的轿车生产基地在保定破土动工，结束了河北省没有规模生产轿车的历史。

作为中国汽车民族自主品牌阵营中一支重要的生力军，长城汽车在国内取得多项佳绩：长城皮卡在同行业中保持市场占有率、产品品种、出口数量、市场保有量居前列；国际市场，长城汽车在中国汽车企业出口金额和出口量方面领先；自主开发的哈弗CUV在中高档民族汽车品牌中市场表现最佳。

在SUV系列大家族中，已经搭成4个平台：赛弗SUV、赛骏SUV、赛影RUV、哈弗CUV，两驱、四驱多个品种。其中表现出色的就是哈佛H3、H5、H6以及新出产的哈弗H8。

长城汽车不仅在国内市场上连连夺冠，而且在国际市场上也保持领先优势。公司产品相继获得3C（国家强制性产品认证）、SASO（沙特认证）、GCC（海湾认证）、UKAS（英国皇家认证）、ISO9001（国际质量体系认证）等出口权威认证，四款主力车型通过欧盟整车型式认证（WVTA），这在中国自主品牌中是首家。产品已出口到全球121个国家和地区，其中批量出口的高达81个国家，出口产品涵盖迪尔、赛铃皮卡、赛弗SUV、赛影RUV以及哈弗CUV等20多个品种。长城迪尔皮卡还荣获“俄罗斯最受公众欢迎皮卡”的称号。

作为中国民族自主品牌的优秀代表，到“十二五”末，长城实现年产达到200万辆，利润过百亿。打造中国SUV、皮卡全国销量第一，轿车品质第一，全球经济型SUV、经济型皮卡第一，让长城汽车成为“民族的骄傲、世界的长城”。目前，长城汽车正朝着“国际型企业，全球性品牌”迈进。

长城汽车公司拥有的民族自主品牌有：迪尔皮卡、哈弗SUV、长城轿车等。

第三节 商标文化

汽车商标就是汽车的标志，是汽车身份的代表。人们在设计时，往往采用寓意精炼的图案、标准字体和标准颜色来突出汽车的形象。每一种汽车商标，无论它的历史长短，是否大名鼎鼎，都有其独特的意义，触发人们对其产品的美好印象和联想。古典与新潮，过去与现

在，传统与浪漫，都赋予在车标上。汽车商标装饰在汽车头部或其他明显的部位，光彩夺目、精彩绝伦地展示着百余年光辉灿烂的汽车文化。它宛如汽车文化乐章中精彩的音符，伴随着飞转的车轮，谱写一曲曲动人的旋律，将人们带入汽车知识的殿堂。

汽车商标“繁花似锦”，在此仅摘取某些耀眼的“玫瑰”，以飨读者。

一、美国名标展示

1. 凯迪拉克——花环首饰

凯迪拉克商标主要由冠和盾两部分组成（图3-18）。“冠”象征着凯迪拉克家族的纹章，冠上七颗珍珠寓示皇家的贵族血统，比喻凯迪拉克的高贵、豪华、气派。“盾”象征着凯迪拉克军队的英勇善战，代表着这个家族勇猛的传统，比喻凯迪拉克汽车巨大的竞争力。盾又分为四个等份：第一和第四等份是门斯家族的金底纹章，中间横穿而过的深褐色棒把三只相同的黑色的鸟分开，两只在上，一只在下。这三只鸟意味着圣父、圣子、圣灵三位一体的神圣，还意味着大胆和热情的基督教武士的智慧、富有、聪明的头脑和完美的品德。第二和第三等份为红色和银色块，对角排列，代表了凯迪拉克家族拥有广阔的土地。红色标志着行动的勇敢和赤胆忠心；银色表示纯洁、博爱、美德和富有。横穿的棒，表示在十字军战争中骑士们的勇猛。凯迪拉克商标象征了底特律城创始人的祖先的英勇和荣誉，也预示着凯迪拉克车所向无敌。

最近几年，凯迪拉克的设计中融入了更多的未来科技感，新形象开始显得与车标中的古老桂冠有些格格不入，于是凯迪拉克再次考虑换标。凯迪拉克车标向着简约化、符号化、时尚化的趋势演变。这种化繁为简的变化，迎合了被凯迪拉克称作是“艺术与科技”的新设计理念。图3-18所示为凯迪拉克新老车标（左图为1964—2000年车标，右图为2014年启用的新车标）。

2. 雪佛兰——图形化的蝴蝶领结

雪佛兰汽车商标是由图形和文字两部分组成（图3-19）。雪佛兰商标的设计，是雪佛兰创建者之一杜兰特看报纸时想到的，又从巴黎酒店的墙上得到灵感，受到了法国古老壁挂的启发，并对其进行了简化而成，于1914年首次使用。雪佛兰标志图形象征变形化了的蝴蝶领结。在西方，领结是人人喜爱的饰物，形似领结的标志不但体现着大众化，更标志着贵族气派与优质的服务精神。

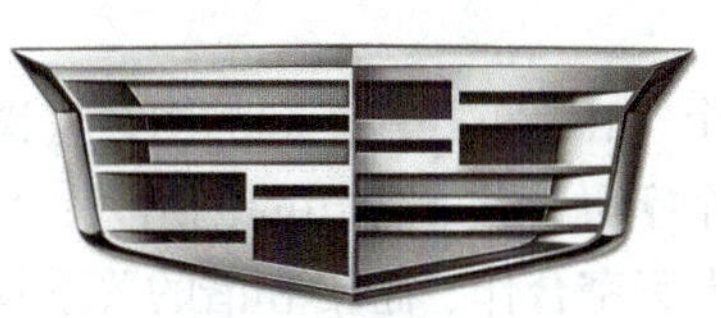

图3-18 凯迪拉克新老车标

图3-19 雪佛兰车标

优美的蝴蝶结，象征着雪佛兰汽车的大方、气派和风度。文字雪佛兰是取自原雪佛兰汽车公司创始人之一——路易斯·雪佛兰的姓氏。

3. 别克——三位一体

别克汽车的标志（图3-20）图案似三把不同颜色并依次排列不同高度的利剑，给人一种积极进取、不断攀登的感觉，表示别克汽车采用顶级技术、刃刃见锋；也表示别克汽车培

养出的人才，个个游刃有余，是无坚不摧、勇于攀登的勇士。文字别克是公司创建人大卫·别克的姓氏。

4. 福特——可爱的小白兔

如图3-21所示，福特汽车的商标采用的是蓝底白字的福特（Ford）英文字。标志的设计者将“Ford”画成活泼可爱、充满活力、美观大方的小白兔样子，在温馨的大自然中矫健潇洒地向前飞奔，象征着福特汽车飞奔世界各地，令人爱不释手。

5. 林肯——总统的名义

林肯车标是一个矩形中含有一颗闪闪发光的辰星组成，如图3-22所示。它表示林肯总统是美国联邦统一和废除奴隶制的启明星，也预示林肯轿车尊贵气派、前途无量，具有光辉灿烂的明天。

图3-20　别克车标

图3-21　福特车标

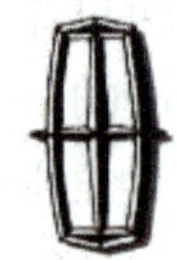
图3-22　林肯车标

6. 水星——三条道路

水星汽车标志（图3-23）是在水星背景下的三条向远方延伸的道路，表明水星汽车具有超时空的创造力，前途无限。在西方，人们是用希腊神话中的人物来给行星命名的。古希腊人因为看到水星的运行速度快，绕太阳的公转时间最少，所以把希腊神话中跑得最快的信使——墨丘利（Mercury）的名字作为水星的名字。

二、欧洲车标荟萃

1. 宝马——蓝天白云螺旋桨

宝马汽车公司的标志如图3-24所示。标志中间的蓝白相间图案，代表蓝天、白云和旋转不停的螺旋桨，寓示宝马公司渊源悠久的历史，象征该公司过去在航空发动机技术方面的领先地位，又象征公司的一贯宗旨和目标：在广阔的时空中，以先进的精湛技术、最新的观念，满足顾客的最大愿望，反映了公司蓬勃向上的气势和日新月异的新面貌。

2. 劳斯莱斯——“飞天女神”

劳斯莱斯汽车的标志之一是采用两个“R”重叠在一起的图案（图3-25）。商标中的RR，是创建人罗尔斯、罗伊斯二人姓氏的第一个字母，代表公司的创始人；“RR”重叠在一起，象征着你中有我、我中有你，体现了两位创始人紧密合作、融洽和谐的关系及团结奋进精神。

图3-23　水星车标

图3-24　宝马车标

图3-25　劳斯莱斯双R车标

劳斯莱斯汽车的标志除了双R之外，还有著名的飞人标志（图3-26）。这个标志的创意取自巴黎卢浮宫艺术品走廊的一尊有两千年历史的胜利女神雕像，她庄重高贵的身姿是艺术家们产生激情的源泉。当汽车艺术大师查尔斯·赛克斯应邀为劳斯莱斯汽车公司设计标志时，深深印在他脑海中的胜利女神像立刻使他产生创作灵感。于是一个两臂后伸，身带披纱的女神像飘然而至。她代表了静谧中的速度和强劲的动力，寓示劳斯莱斯轿车寂静而平稳地行驶而又栩栩如生，宛如雅丽无比的女神自由自在地飞翔。

图3-26　劳斯莱斯“飞人”车标

3. 梅赛德斯-奔驰——“三叉星”

梅赛德斯-奔驰车标，随着奔驰汽车公司百余年的开拓发展而几经变化。现在梅赛德斯-奔驰汽车的商标（图3-27）为圆环内一颗三叉星，形似汽车的转向盘，表示奔驰汽车在地球上任意驰骋。奔驰的三角星徽标，作为品质卓越、性能安全可靠的一种标志，早已家喻户晓，驰名世界。

4. 迈巴赫——两个M重合

迈巴赫轿车在德国人心中的地位最高，是豪华极致的代名词，是地位、身份和财富的象征。迈巴赫是世界上第一台四档机械式变速器和喷雾式化油器的发明人威尔海姆·迈巴赫的姓氏。具有传奇色彩的迈巴赫品牌标志（图3-28）由两个交叉的M绕在一个球面三角形里组成。新的轿车仍将采用这个经典的标志，与前不同的仅仅是，以前两个M是Maybach Motorenbau（迈巴赫汽车）的缩写，而现在两个M是Maybach Manufaktur（迈巴赫制造）的缩写。

5. 大众——圆圈中的三个V字

德国大众汽车公司的商标图案（图3-29）是将德文大众单词的首字母V和W叠合后，镶嵌在一个大圆圈内，图案似三个V字，像是用中指和食指做出的V形，寓示着大众公司及其产品“必胜—必胜—必胜”。商标反映了大众汽车公司从20世纪20年代起就致力于开发生产造价低廉、实用和先进的小汽车。其商标简捷、鲜明，引人入胜，过目不忘。

图3-27　奔驰车标

图3-28　迈巴赫车标

图3-29　大众车标

6. 奥迪——团结就是力量

奥迪汽车的标志如图3-30所示。车标为四个圆环紧紧相扣，四个圆环分别代表DKW、霍希、漫游者、奥迪四家公司，它们曾经是自行车、摩托车及小客车的生产厂家。在成立汽车联合公司时，公司就选择象征四家公司紧密联合的四环图案作为汽车的商标，象征兄弟四人手挽着手。半径相同的四个紧扣连环象征公司成员平等、互相协作的亲密关系和团结奋发向上的精神。

7. 保时捷——名马配名车

保时捷汽车的标志（图3-31）采用的是公司所在地斯图加特市的盾形市徽。中间的黑马表明这里早在16世纪就以盛产名马闻名，上面有STUTTGART（斯图加特）字样。图案左上方和右下方是鹿角图案，告诉了人们这里曾是狩猎场，金黄的底色则表示丰收在望的麦子，黑红相间的条纹分别代表肥沃的土地和人们的智慧，公司名称在上方最显眼的地方，勾画了一幅美好的田园景色，象征着保时捷辉煌的过去和美好的未来。

8. 宾利——展翅的雄鹰

宾利的车标为一展翅的雄鹰，鹰的腹部有公司名称的第一个字母“B”（图3-32）。最早的宾利汽车使用侧身的飞鹰翅膀商标。“鹰”标志令人肃然起敬，让人感到自豪，凌空翱翔的雄鹰象征着宾利公司在全球范围内飞跃发展的能力。

图3-30　奥迪车标

图3-31　保时捷车标

图3-32　宾利车标

9. 标致——竖起的雄师

法国标致汽车公司的商标是一只站着的雄狮（图3-33）。雄狮是标致家族的徽章，也是公司创建地蒙贝利亚尔省的省徽。标致的雄狮商标以简洁、明快、刚劲的线条，象征着今天更为完美、成熟的标致汽车。这一造型既突出力量又强调节奏，更富有当今时代的气息，寓示着标致汽车像雄狮一样威武、敏捷，永远保持旺盛的生命力。

10. 雪铁龙——荣耀的双人字齿轮

雪铁龙汽车以其创建人安东尼·雪铁龙的姓氏命名。由于雪铁龙汽车公司前身为雪铁龙齿轮公司，所以即以两对人字齿轮的齿形作为雪铁龙汽车公司的商标（图3-34），象征着雪铁龙人密切合作、同心协力，朝着更高的目标攀登。

11. 雷诺——四维空间

雷诺汽车公司和汽车的商标是四重菱形图案，如图3-35所示。它象征着雷诺三兄弟和汽车工业融为一体，又表征雷诺汽车的刚劲有力，加工尺寸精确，且与众不同，寓示雷诺汽车能在无限（四维）的空间里竞争、生存和发展。

图3-33　标致车标

图3-34　雪铁龙车标

图3-35　雷诺车标

12. 法拉利——“不用扬鞭自奋蹄”

法拉利汽车公司的商标是一匹跃起的马，如图3-36所示。车标上部的绿白红三色是意

大利的国旗色，下部是法拉利的英文名。那匹腾空跃起的黑马，彪悍而有几分野性，寓示着法拉利赛车向世界挑战及强大的生命力。

13. 菲亚特——遍行五大洲

菲亚特汽车股份有限公司是意大利最大的汽车公司，其前身是意大利都灵汽车厂（Fabbrecs Italiana Automobili di Torino）。创始人乔瓦尼·阿涅利将厂名中四个单词的首字母组成商标“F·I·A·T”。后来取消标点成为“FIAT”，它的读音为“菲亚特”，并统一成矩形字体由五条倾斜平行的图案组成，如图3-37所示。该公司还采用过五条斜杠的车标，就像飞机在天空中飞行时留下的轨迹，越飞越高，象征着该公司生产的汽车遍布世界五大洲。

14. 沃尔沃——滚动的车轮

沃尔沃集团名称“VOLVO”，来源于拉丁文，意思是滚动向前，它的商标就是一个滚动的车轮上镶嵌着“VOLVO”字母，如图3-38所示。它寓示沃尔沃集团像历史的车轮滚滚向前，永远向前。沃尔沃汽车的散热器罩上还有一根传统的斜线，“支撑”着矩形的散热器罩，似乎在告诉人们，它的安全毋庸置疑。

图3-36　法拉利车标

图3-37　菲亚特车标

图3-38　沃尔沃车标

三、亚洲车标精选

1. 丰田——不断占据地球空间

丰田汽车商标是由三个椭圆形的环组成的图案（图3-39）。图中每个椭圆都是以两点为圆心绘制成的曲线的组合，它象征着用户的心与汽车厂家的心是连在一起的，具有相互信赖感。一个纵向和一个横向椭圆交错，构成一个T字，即“丰田”英文Toyota的第一个字母，代表着丰田汽车公司。外边的一个椭圆表示地球，中间的T字最大限度地占据了椭圆的空间，充分反映了丰田公司要把自己的技术、产品推向全世界的强烈愿望；椭圆形与T形字精密配合，象征着丰田汽车公司对未来的信心和雄心；还象征着丰田汽车公司立足顾客，对顾客的保证；三个外形近似的椭圆巧妙组合在一起，使图案具有空间感，让人感觉到温雅、柔和、亲切，表示了丰田汽车的质量圆满、经营圆满、服务圆满。

2. 雷克萨斯——驰骋世界

20世纪90年代，丰田汽车公司推出凌志牌高级轿车，它像一匹黑马，以与众不同的风格跃入人们的眼帘，以不同凡响的商标L标新立异，如图3-40所示。2005年，“凌志”商标正式更名为“雷克萨斯”，因为雷克萨斯的英文名“Lexus”发音在英文中能使人联想到“豪华”之意。雷克萨斯商标由图形商标和文字两部分组成，它的图形商标不是采用常见的三个椭圆相互嵌套形式，而是在一个椭圆中镶嵌英文“Lexus”的第一个大写字母L，椭圆代表着地球，表示雷克萨斯轿车遍布全世界。该标志被镶在散热器的正中央，车尾标有文字商标“Lexus”，寓示该车驰骋在世界各地的道路上。

3. 本田——三弦音箱

“本田” 车名取自本田汽车公司创始人本田宗一郎的姓氏。本田汽车公司在 20 世纪 80 年代从来自世界各地的 2500 多件设计稿中，确定了现在的三弦音箱式商标，也就是带框的 H，如图 3-41 所示。图案中的 H 是“本田”拼音 HONDA 的第一个字母。这个标志体现出技术创新、职工完美和经营坚实的特点，同时还有紧张感和可以放松一下的轻松感。

图 3-39 丰田车标

图 3-40 雷克萨斯车标

图 3-41 本田车标

4. 皇冠——惟我独尊

日本丰田皇冠轿车商标是一顶象征王位的皇冠（图 3-42）。文字商标 CROWN 的英语意思是皇冠。该车商标简明、易读、易识，是日本国产车的王者。它寓示着皇冠轿车在日本及世界的地位，高贵而惟我独尊。

5. 日产——太阳上的汽车

日产汽车公司标志如图 3-43 所示。简洁明了的红色圆表示太阳，中间的蓝色长方形及其上白色的字是“日产”拼音的拼写形式，整个图案是将写有 Nissan 的蓝色横幅放在一个火红的太阳上。太阳又是日本国旗图样，红色图形象征着“东方的旭日与诚心”，蓝色贯穿红色的太阳象征着天空，红日和蓝天合起来象征着日产公司的事业蒸蒸日上。日产的日语读音近似“尼桑”，所以也被音译为“尼桑”。

6. 马自达——不吃草的“骏马”

马自达汽车公司标志采用的是椭圆中一个特殊的字母“M”，如图 3-44 所示。艺术的“M”像一双腾飞的翅膀，象征着马自达要展翅高飞，不断实现技术突破，以无穷的创意和真诚的服务，追求持续增长和进步的未来。“M”是马自达英文拼写 MAZAD 第一个字母，“马自达”的中文译名具有“马上自动到达”的快速之意。作为转子发动机的执着者，马自达汽车在世界赛道上奋勇前进，正是马不停蹄而殊荣自然达成。

图 3-42 皇冠车标

图 3-43 日产车标

图 3-44 马自达车标

7. 三菱——三颗菱形钻石

三菱汽车的标志是菱形钻石（图 3-45）。钻石是晶体结构中最完美的组合，而菱形是钻石切割技艺的巅峰挑战。日本三菱汽车以三枚菱形钻石为标志，正为突显其蕴含在雅致的单纯性中的深邃灿烂光华——菱钻式的造车艺术，精密而完美。以三颗菱钻作为商标还喻示三

菱的创业精神，即“承担对社会的共同责任，诚实与公平，以及通过贸易促进国际谅解与合作”，并让这种创业精神与理念，传诸久远，永续经营。

8. 五十铃——擎天玉柱

五十铃汽车商标采用双柱形图案，如图 3-46 所示。图案中的左边那根柱子象征“与广大用户紧密结合、奋发向上的五十铃公司”，右边那根柱子象征着“与世界各国合作发展的五十铃公司”，喻示五十铃汽车在广大用户和各国协作公司的支持下将成为世界汽车工业的擎天玉柱。

9. 现代——奔向全球

现代汽车公司的标志是在椭圆中有一个斜花体字母 H，是现代汽车公司英文名（Hyundai Motors Company）第一个单词的首字母，如图 3-47 所示。现代汽车公司的标志，首先体现了“2000 年在世界上腾飞的现代汽车公司”这一概念，其次还象征现代汽车公司在和谐与稳定中发展。标志中的椭圆既代表汽车的转向盘，又可以看成是地球，与其间的 H 结合在一起恰好表示了现代汽车遍布全世界的意思。

图 3-45　三菱车标

图 3-46　五十铃车标

图 3-47　现代车标

值得注意的是，现代汽车公司商标（斜花体字母“*H*”）不同于日本的本田汽车商标（正体“H”）。汽车商标安装在汽车散热器格栅上，表示车名的文字商标标注在车尾。

10. 解放——永争“第一”

解放牌汽车是中国一汽生产的品牌车，其商标图形是将阿拉伯数字“1”和汉字“汽”巧妙布置，构成一只雄鹰展翅的图案，如图 3-48 所示。该图形表示中国第一汽车集团是中华汽车工业腾飞的翅膀，喻示中华民族汽车业将屹立于世界强国之林。它既代表不断进取、展翅高飞的中国一汽精神，又表达出中国汽车工业冲出国门、走向世界的决心。

图 3-48　解放车标

11. 红旗——永远飘扬

“红旗”是中国轿车第一品牌。红旗轿车车标包括前车标、后车标和侧车标。前车标是一面红旗，红旗图形商标立在发动机盖的前端。“红旗”是对中华民族最古老的两个部落“龙-凤”图腾的简化。旗杆象征着“龙”；旗面象征着“凤”。龙凤结合，就是团结、统一伟大的中华民族。腾飞的龙凤代表着东方巨龙的觉醒和美好的未来，红旗充分体现出热情、直率、大度和充满活力的中华民族风格，表现了中华民族团结向上、不怕艰险、奋力拼搏的精神。后车标是“红旗”两个汉字，是借用的毛泽东主席为 1958 年 5 月创刊的《红旗》杂志的封面题字。侧车标是镶嵌在翼子板一侧的小红旗。

另一商标是在椭圆中有一带羽毛的“1”，表示“中国第一汽车集团”，该商标镶嵌在散热器的正中；文字“红旗”商标则标注在车尾（图 3-49）。这一商标以“第一”的“一”字型为依托，将代表全球的椭圆与“1”字型有机结合起来，构成简洁、流畅、活泼的造型，强调“第一”的品牌名称及其意义。

12. 东风——双燕环球

东风汽车公司（原第二汽车制造厂）品牌汽车商标（图3-50），以艺术变形手法，取燕子凌空飞翔时的剪形尾羽作为图案基础，采用了夸张、含蓄的表现手法，主要含意是双燕舞东风。它格调新颖，寓意深远，使人自然联想到东风送暖，春光明媚，神州大地生机盎然，给人以启迪，给人以力量。二汽的“二”字寓意于双燕之中，戏跃欢飞的春燕，外圆代表车轮，象征着东风牌汽车车轮不停地旋转奔驰在祖国大地，冲出亚洲，奔向世界。

13. 奇瑞——特别吉祥

“奇”，有特别的意思；“瑞”，有吉祥的意思，合起来就是特别吉祥。2013 年 4 月 16 日，奇瑞汽车有限公司正式启用代表全新奇瑞品牌形象的新车标，如图 3-51 所示。奇瑞新 LOGO 以一个循环椭圆为主题，由“C”“A”“C”三个字母组成的一种艺术化变形，是 Chery Automobile Company 的缩写。中间镶有钻石状立体三角形，代表奇瑞汽车对品质的苛求，并以打造钻石般的品质为企业坚持的目标；蓬勃向上的人字形支撑，则代表了奇瑞汽车执着创新、积极乐观、乐于分享的向上能量，支撑起品质、技术、国际化的奇瑞汽车不断前行，同时人字形代表字母 A，喻示奇瑞汽车追求卓越和领先的决心和激情。新车标升级成循环椭圆，喻示奇瑞汽车从初期的快速发展，到专注技术、注重品质、依靠科学体系和国际标准流程的战略转型，正在走上追求品牌、品质和效益的理性发展之路。主色调银色代表着质感、科技和未来。

图 3-49　红旗车标

图 3-50　东风车标

图 3-51　奇瑞新车标

14. 吉利——高飞的神鸟

吉利汽车的车标造型以椭圆形为基本图形构架，并在开口的椭圆中融入抽象的“G”字，像一只展翅欲飞的神鸟。椭圆作为几何图案中兼具固态与灵动变化的图案，既预示着吉利的事业稳如磐石，在风雨中屹立不倒，又意味着吉利汽车坚守宗旨的同时不断改革创新。

字母“G”，一方面代表吉利汽车 GEELY 的缩写；另一方面，G 更像一只具有神秘色彩的神鸟，以傲起之势雄视全球，寄托了吉利公司的美好愿景，翱翔天际的凌云心志。椭圆形状呈掎角之势，意喻吉利忠诚、顽强、勤奋和使命感。两种意喻浑然一体、相得益彰，表达和谐、奋斗、自主之精髓，传递美好灿烂之愿景，代表吉利有信心、有能力通过自己艰苦卓越的拼搏和市场竞争洗礼，一定会屹立在世界的东方，笑傲五洲（图 3-52）。

15. 长安——长治久安

长安汽车标志如图 3-53 所示。图形以天体运动轨迹——椭圆为基础，捕捉“长安”汉语拼音“CHANG AN”中“C”“A”两个关键发音字母作为其造型设计的基本元素，经过抽象、组合、变形而成一个永恒运行的天体、一个攀升的箭头、一个精致的转向盘，又如一

辆轻巧的汽车奔行于阡陌纵横的公路上；英文标准字“CHANA”是“长安”汉语拼音“CHANG AN ”的高度凝练，标志字体是在黑体字基础上经过修饰、设计和手工绘制而成的，其造型稳重、遒劲、优美，与标志图形一脉相承，最能和谐地表达出长安汽车的品牌特征。

图 3-52　吉利车标

图 3-53　长安车标

思考题

1. 试列举生活中的事例，谈谈品牌的重要意义。
2. 除本章列举的汽车品牌外，再列举 10 个汽车品牌。
3. 奔驰汽车公司是由谁创办的？公司的全称叫什么？
4. 甲壳虫汽车是由谁设计制造的，它有哪些品质特征？
5. 在汽车发展史上祖孙三代都是举世闻名的汽车设计大师，他们是谁？
6. 世界上第一辆属于普通老百姓的并以美国总统名字命名的车叫什么？
7. 美国有哪三大汽车公司？
8. 日本第一大汽车公司是哪个公司？其旗下拥有哪些品牌？
9. 目前中国有哪三大汽车集团？
10. 你所知道的目前我国民族自主品牌车有哪些？
11. 谈谈你对发展壮大我国民族自主品牌车的看法。
12. 什么是汽车商标？它装饰在什么地方？
13. 认识汽车商标有什么意义？举例说明你所喜爱的汽车商标的含义。

第四章 / Chapter 4

彰显魅力的艺术

汽车是典型的科学与艺术的结晶体，其外观和内饰的形态、图案、色彩、材质等方面无不体现出自身的艺术魅力。它不仅能满足人们物质使用的需求，还能满足人们精神审美的需求，彰显出汽车独特的风格和个性。形状各异、五光十色的汽车构成道道亮丽的流动风景线，美化和装饰着我们的环境，给人以美感，用无声的语言表达着汽车文化的内涵。

第一节　汽车外形的演变

早期的汽车只是满足"移动"的需要，汽车设计师们大多把主要精力用在汽车的机械工程学的发展和革新上。汽车的使用人群多为达官贵族，车辆装饰考究，但在外形上都较为简单，没有更多的造型艺术。到了20世纪前半期，汽车设计者们开始引入空气动力学、人体工程学以及产品造型美学等因素，着手从汽车外部造型上进行改进，力求让汽车能够从外形上满足当时的不同需求。后来，汽车外部造型从简陋到多元，日渐丰富起来。但每个时期汽车造型有其产生的历史原因和自己的特点，在汽车发展史上都占有一席之地。如今，汽车造型技术已是汽车的核心技术之一，汽车造型艺术则是塑造汽车品牌形象的关键因素。

一、"无马的马车"

最早出现的汽车，其车身造型基本上沿用马车的形式，因此称为"无马的马车"，英文名 Sedan 就是指欧洲贵族乘用的一种豪华马车。

从德国工程师卡尔·本茨的三轮车（参见图1-40），到戈特利布·戴姆勒的四轮车，以及法国的标致汽车（图4-1），马车型汽车的造型，多是敞篷或活动布蓬样式，没有车身，造型主要有辐式车轮和座椅组成，零件暴露，外形简陋，后期出现的轮罩和较为豪华的装饰，才有艺术特征。

二、"扛着"箱子的车

美国福特汽车公司在1915年生产出一种不同于马车型的汽车，其外形特点很像一只大箱子，并装有门和窗，人们称这类车为"箱型汽车"（图4-2），至1927年共生产了1500万辆。

图4-1　1892年的标致汽车

图4-2　福特汽车公司的"箱型汽车"

箱型汽车的造型，为追求舒适性，增加了箱形车身，车身已有车门和车窗，发动机前置并有一个外罩漂亮的发动机舱，零部件被遮盖，造型显得整体、简洁、美观。材质、色彩和

图案的运用已成为车身装饰的手段。1927 年，美国通用汽车公司建立“艺术与色彩”部，哈里·厄尔出任主管，成为最早的汽车造型设计部门，汽车造型设计正式成为汽车设计的组成部分。

三、酷似“甲壳虫”的车

20 世纪 20 年代，随着汽车速度日益提高和汽车空气动力学发展，方箱式汽车逐渐被淘汰。1934 年，美国克莱斯勒汽车公司推出著名的“气流型”轿车（图 4-3）。该车发动机罩前部圆滑倾斜，前后翼板与车身紧贴，前照灯、备胎等隐入车身内，前风窗玻璃分成向侧面倾斜的左右两块，这种圆滑的造型形式称为流线型，影响至今。

其中，由杰出的费迪南·波尔舍主持开发的、酷似甲壳虫的汽车——大众“甲壳虫”轿车驰名全球（图 4-4）。该车的造型极具魅力，总产量超过 2000 万辆。

图 4-3　1934 年的克莱斯勒“气流型”汽车

图 4-4　大众甲壳虫轿车

流线型汽车的造型，体面圆滑光顺、线条流畅，不仅空气阻力小，而且整体造型更加简洁、统一，这种仿有机体的造型，更具亲和力、运动感和艺术性。金属材质和色彩的运用，强化了艺术效果。流线型设计在 20 世纪 30～50 年代形成一种风格，影响了整个设计领域。

四、陆地上行驶的“船”

1949 年，美国设计大师雷蒙娄威推出的斯蒂贝克轿车的造型是一项划时代的创举。该车的客舱前移，位于发动机和行李箱的中间，形成明显三部分。因为这种汽车的车身造型颇像一只小船，故人们称它为“船型汽车”。它也是现代三箱式轿车的始祖（图 4-5）。船型汽车不论从外形上还是从性能上来看，都优于甲壳虫型汽车，并且还较好地解决了甲壳虫型汽车对横向风不稳定的问题。

图 4-5　1949 年的斯蒂贝克轿车——三厢式的首创者和 1956 年的凯迪拉克轿车

船型汽车的造型，其中部隆起、首尾低平，前后形态基本对称，体量均衡、比例匀称，给人以庄重、平稳的感觉。船型汽车从 20 世纪 50 年代至今已成为世界上数量最多的一种车型。

五、空气中游弋的“鱼”

为克服船型汽车的尾部过分向后伸出，在汽车高速行驶时会产生较强的空气涡流作用这一缺陷，人们又开发出像鱼的脊背的鱼型汽车。1952 年，美国通用汽车公司的别克牌轿车开创了鱼型汽车的时代，典型车型有 1961 年的阿斯顿·马丁 DB4 GT Zagato（图 4-6）等。

图 4-6　1961 年的阿斯顿·马丁 DB4 GT Zagato

如果仅仅从汽车背部形状来看，鱼型汽车和甲壳虫型汽车是很相似的。但如仔细观察，会发现鱼型汽车的背部和地面所成的角度比较小，尾部较长，围绕车身的气流也就较为平顺些，所以涡流阻力也相对较小。另一方面，鱼型汽车是由船型汽车演变而来的，所以基本上保留着船型汽车的长处，诸如车室宽大，视野开阔，车身侧面的形状阻力较小等，这些都远远地超过甲壳虫型汽车的性能。同时鱼型汽车也存在着一些致命的弱点：一是由于鱼型车的后窗玻璃倾斜得过于厉害，致使玻璃的表面积增大 1 ~2 倍，强度有所下降，产生一些结构上的缺陷；二是当汽车高速行驶时汽车的升力较大。为克服升力较大的缺点，人们在鱼型车的尾部安上一只翘翘的鸭尾以克服一部分升力，这便是“鱼型鸭尾式”车型。

鱼型汽车的形态较船型汽车简洁，表面更加光滑平整，线条更加流畅，造型更具有动感，室内空间增大，乘坐更为舒适。

六、如“斧”状的车

“鱼型鸭尾式”车型虽然部分地克服了汽车高速行驶时空气的升力，但却未从根本上解决鱼型汽车的升力问题。第二次世界大战后，美国、欧洲、日本都大力兴建高速公路，使得适于高速行驶的跑车的品种和产量迅速增加。研究表明，减少汽车头部侧视投影的面积同时增加尾部侧视投影的面积，不但空气阻力较小，还可以提高汽车的稳定性，这就是楔形造型。而其侧面的形状则如同“斧”状。

第一次按楔形设计的汽车是 1963 年的司蒂倍克·阿本提，这辆汽车在汽车外形设计专家中得到极高的评价。1968 年，通用汽车公司的奥兹莫比尔·托罗纳多改进和发展了楔形汽车，1968 年又为凯迪拉克高级轿车埃尔多所采用。楔形造型主要在赛车上得到广泛应用。因为赛车首先考虑空气动力学等问题对汽车的影响，车身可以完全按楔形制造，而把乘坐的舒适性作为次要问题考虑。如 20 世纪 80 年代的意大利法拉利跑车，就是典型的楔形造型（图 4-7）。

楔形汽车的造型，不仅气动性能好，而且形态简练、线条流畅，前低后高的楔形极具动感，符合现代人们对速度感和简洁形式的审美追求。

七、会转弯的“子弹头”

汽车外形发展到楔形以后，升力问题得到了很好的解决。但人们追求至善至美的心态是

永不满足的，人们又从改变轿车的基本概念上做起了文章。于是，一种新型的多用途轿车——MPV问世。由于这种车的造型酷似子弹头，因此我国俗称为“子弹头”形汽车（图4-8）。而在外国，消费者将其称为“蛋形造型”汽车。

图4-7　意大利法拉利512超级跑车

图4-8　道奇卡拉万子弹头形多用途轿车

进入20世纪80年代，克莱斯勒汽车公司道奇分部和顺风分部率先推出“商队”和“航海家”子弹头形轿车。随后，通用、福特、丰田、雷诺和戴姆勒-奔驰等汽车公司也先后推出自己的子弹头形轿车。子弹头形轿车其车身造型一改轿车传统的二厢式和三厢式结构概念，在小型客车车型概念的基础上进一步延伸发展，使之成为既有轿车的造型风格、操纵性能和乘坐感觉等特性，又具有小型客车的多乘客和大空间的优点，成为集商务、家用和旅游休闲等功能为一体的多用途车。

子弹头形汽车的造型，整体形态简练，外形圆滑，风阻系数小，线条流畅，动感性强，具有鲜明的时代气息和时尚风格，子弹头形轿车一问世就受到消费者的青睐。

纵观汽车造型的发展，可以看出其一直是在围绕着“高速、安全、舒适地行驶”这一主题进行的，其造型越来越注重艺术性和文化性。一部汽车造型的发展史，不仅是人类追求汽车性能不断提高的奋斗史，也是人类设计风格和时代文化精神的发展史。当今汽车造型的发展潮流是趋向于多样化和个性化，未来的汽车造型将是无穷无尽的。

第二节　造型元素的审美

一、汽车形态赏阅

汽车形态不仅体现出汽车的功能、用途，还体现出汽车的个性、时代特征、神态和品牌。

汽车形态与发动机技术及布置方式、汽车整体布置方式、内部构造、车身材料与工艺、空气动力学和人机工程学等有着密切关系，外形受到它们的影响与限制。同时外部形态还受到地域文化、品牌文化、时代审美、其他艺术形式和设计师个人的影响。

在汽车造型中，仿生设计自觉不自觉地被设计师所运用，有些是神态仿生，有些是形态仿生，有些则是神形兼备。如有似鹿的矫健，如熊猫的憨态；还有如雁的轻盈，似虎豹的威猛等（图4-9），这些源于动物的设计灵感给人以启迪和无限的遐想。

汽车的形态包括整车外形和局部的前脸、后脸、车身侧面、顶面、车窗面、风栅口、车灯、保险杠、后视镜、门把手等，还包括内室的仪表台、转向盘、座椅、门内护板、手柄、

图 4-9　汽车造型对动物的模仿

按钮等部件的形态。这些形态通过线条、块面、形体元素的组合展现出各自的形态、面貌与风格（图 4-10，图 4-11）。

图 4-10　外部各异的形态

图 4-11　内饰各异的形态

经过设计师塑造的汽车形态会在统一与变化、调和与对比、对称与均衡、稳定与轻巧、节奏与韵律、过渡与呼应、静感与动感等形式美方面体现自己的身段。

车身中的水平线表达平稳、安定、祥和之意；垂直线表现挺拔、庄重、坚毅之感；斜线透出倾向、速度、动态之美；曲线有轻松、灵动、柔美之情。水平面展现博大、稳定、辽阔之境；斜面传达滑动、升降、灵活之势；曲面有飘逸、灵动、优美之韵。趋方的形体庄重、

坚硬、挺拔、富有力度；趋圆的形体表现柔和、富有弹性与动感；仿生形态有更强的活力与更近自然的亲和力。

现代汽车造型发展了几十年，已经形成比较完整的体系，纵观世界知名汽车品牌，无不具有明显的民族性而形成的差异化特征：德国人严谨的作风和务实的理念使得德国轿车线条挺拔有力，造型传统严谨，科技含量较高，追求完美；意大利人运用艺术的灵感和对生活的激情创造出意大利轿车造型的奔放、洒脱、时尚；法国人革命性、艺术天分和自由平等的浪漫主义思想造就了法国轿车线条简练、极富动感，体现出浪漫情调，并引领着世界汽车造型的潮流；美国人的激进和对自由、宽松和舒适的追求，成就了美国轿车线条舒展流畅、强劲有力、宽敞舒适、设备齐全的豪华风格；英国人注重仪表、讲究礼节，习于保守，致使英国轿车造型优雅脱俗，充满了绅士贵族风度，表现为复古保守、精贵稀少；日本人和韩国人一向以工作认真和善于接受外来文化而见长，加上国土资源的限制，促使日韩的轿车兼具了欧美轿车的许多优点并越来越显示出自身的个性：轻巧、简洁、善变、紧凑、经济、细致。这些国度的汽车无不蕴含着深厚的民族精神和地域特色（图 4-12、图 4-13、图 4-14、图4-15、图4-16）。

图 4-12　德国轿车

图 4-13　意大利轿车和法国轿车

图 4-14　美国轿车

图 4-15　英国轿车和韩国轿车

图 4-16　日本轿车

二、色彩的“语言”

1. 汽车外部色彩

每辆车都有一个主色调。也就是说，它会突出某一种色彩，使之占绝对优势，而其他各部分的色彩围绕着这个主色调进行变化，以体现出“多样统一”的装饰效果。

轿车大多数是单色的，但级别不同，其色彩也有差别。高级轿车常采用较稳重的色彩，例如黑色、深蓝色、深灰色，中级及小排量轿车常采用较活泼的浅色，如淡蓝、淡绿、淡黄、灰白色等。当然，轿车色彩搭配也会运用对比的美学法则强化车身的色彩艺术效果。例如在浅色车身上采用面积较小的饱和色会产生活跃的效果，在深色车身上采用镀金或镀铬的装饰件往往会有华美的感觉……

现代重型货车的色彩也紧跟国际流行色的趋势，外观色彩艳丽、时尚。多样的色彩不仅可以满足不同用户的需求，而且还在公路上形成一道美丽的风景线。

中型货车和越野汽车因为用途较广，需能“耐脏”，故车身颜色一般不会太亮，在装饰上也力显简洁朴素，突出实用性。依据车身覆盖件的分块和不同材质，有些也是双色搭配。

客车由于大平面较多、体面转折比较简单，因此常划分为合适的形块，多采用双色，其中一色占主导地位。

军用汽车常常采用保护色（仿地表和植被的色彩）。特种车（工程车、维修车）多采用引人注目的鲜明对比色彩。

2. 汽车室内色彩

室内色彩也有主色调，通常色彩偏向不同倾向和明度的灰色，这是由于室内是驾驶人工作的场所和乘客休息的地方，色彩搭配需要达到安静、柔和、协调、舒适的目的。例如福特翼虎轿车的内饰以米黄色为主，配以少量的暗灰色，显得温馨、安静、明亮、整洁，给人以宽松、舒适的感觉；宝马新 X5 汽车内饰在以浅灰色色调为主和深灰色为辅搭配的同时，还

选配了少量的胡桃木饰面和镀铬件，在保持车内明亮、整洁、沉稳的同时，还体现出汽车的豪华与高档。

3. 汽车的“色”性

不同的车身色彩给人的视觉和心理感受是不同的。

银色最能展示出金属的质感，反映汽车材料的本质颜色，同时又不失优雅大方，是一款比较中性的颜色。在众多颜色中，银色是最耐脏的。美国杜邦公司的调查结果显示，银色汽车最具人气，银色也最具运动感。

白色给人以纯洁、清新、明快、平和的感觉，容易与外界环境色协调。白色是膨胀色，容易使小车显大。在日照时间较长、气候炎热的地区，白色也是不错的选择。

黑色给人以庄重、沉稳、高贵、典雅的感觉。黑色也是中间色，容易与外界环境色协调。黑色一直是公务车最受青睐的颜色，显得高档气派。但黑色车身却不耐脏，很薄的灰尘也比较明显。黑色也是吸热能力较强的颜色，在日照时间长、光线较强的地区不太适用。

红色给人以热烈、激情、跳跃、欢乐的感觉。红色是放大色，同样可以使小车显大。高速公路上的红色跑车，在阳光下感觉如同一团火焰掠过，敏捷而富有活力。女性车和跑车或运动型车适合用红色。

蓝色给人以冷静、理智、安详和富有想象力的感觉，如同星球的深邃和大海的包容，显得平和而安静。蓝色车会给人留下沉着、冷静、可靠的印象。但蓝色不耐脏。

黄色给人以欢快、温暖、活泼的感觉。黄色是扩大色，在环境中很显眼，跑车和小型车均适合选用黄色。工程车选用黄色，是便于人们容易发现它，也便于与其他汽车相区别。黄色车身较适合部分年轻人的需求。

绿色给人以自然、和谐和生机勃勃的感觉，是大自然中森林和草原的色彩，也是春天的色彩。绿色在刺激人的视觉中是最舒适的颜色。绿色更多地适用于年轻人使用的小型车。

当今的汽车色彩，因市场的细分和车主日益张扬的个性发展，汽车颜色可谓是五彩缤纷，“色”味十足。

4. 车身图案

车身图案实际上是一种视觉传达的语言要素，其作用如同人们服饰中的图案一样重要。图案与文字、标志、色彩综合构成车身装饰方案。车身图案一般会体现出动感，并与车身形态要素协调，它们有抽象的也有具象的，有传统的也有现代的，有摄影效果的也有漫画形式的，总之以表达出特定的意图和展示出特有的视觉效果为目的。外观图案色彩一般较艳丽，内饰图案色彩一般较淡雅。

如图 4-17 所示，无图案的单色，给人以简洁、纯净、大气高档的感觉；跑车正中间两条纵向的并行宽线，增添了速度与活力、强化节奏与韵律的形式美感，展现出现代与时尚；出租车上下按比例分块的图案有利于强化汽车的平稳和速度感，配以标准颜色，共同展示出出租车特有的外观形象；现行警车通过专用徽记（以盾牌、“警察”、长城、橄榄枝、五角星等图案组成）、变化的线条和文字信息构成具有动感和时代感的外观图案，展示出威严、庄重、美观、大方、亲切的效果。轿车内饰图案通常以暗纹和淡雅为主，富有个性和讲究的用户常通过选择不同图案的座套来装点自己的爱车，满足审美的喜好。有的喜欢朴素，有的喜欢华丽，有的喜欢卡通的童趣与可爱，有的喜欢抽象形式的简约与时尚等（图 4-18）。

客车外观图案，主要在车身两侧，多以抽象的线与面分割侧面，图案整体呈前低后高之

图 4-17　轿车外观图案

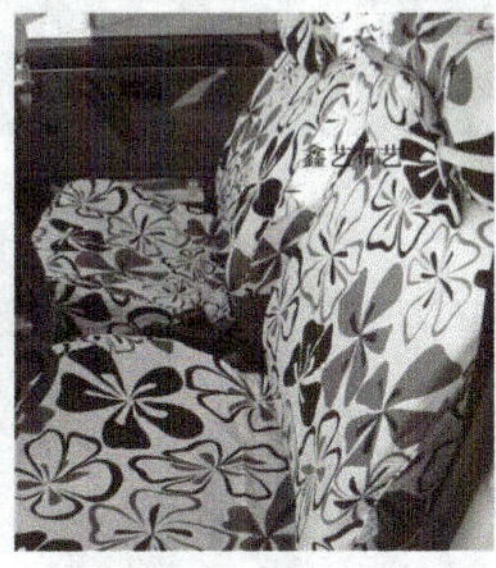

图 4-18　轿车内饰（含座套）图案

势，线条流畅，动感十足，配以亮丽的色彩，呈现出漂亮的外观（图 4-19）。客车内饰图案有的饰以繁杂的花纹，以体现高档和豪华，有的饰以简洁的条纹，折射出内饰的高雅与现代（图 4-20）。

图 4-19　客车外观图案

图 4-20　公路客车内饰图案

载货汽车的外观图案大多比较简单，有的是无图案的单色，有的是依车身结构分成上下两色的抽象图案，少数呈三色或更多色的复杂图案。主流图案多呈现抽象、简洁、大方、亮丽的风格（图 4-21）。军车外观的迷彩图案，亲近自然，便于伪装（图 4-22）。

5. 车身彩绘艺术

彩绘不是纸上艺术的专利，浓墨重彩也可以在汽车上描绘出美丽的图案。通过画面构思和各种艺术元素的结合，汽车彩绘上的美好图案诠释着人们对美好生活的追求和热爱。车主们不仅可以装饰自己的爱车，还可以当起汽车服装设计师，过一把艺术家的瘾。花花绿绿、

图 4-21 载货汽车外观图案

图 4-22 军用车图案

匠心独具的汽车彩绘作品，让人们大开眼界。车身彩绘不仅是绘画活动，而且还是很好的汽车宣传、促销活动，是当代汽车文化的组成部分。

端详而多彩的花卉，体现出自然、静谧、祥和美好的生活；超大的英文，强对比的色调，折射出个性的张扬和生活的时尚（图 4-23）；国画写意的花卉表现，展示出对中国文化的钟情和对中国画意境美的追求，坐在花丛中，身处画镜里，也反映出车主对纯洁和傲霜的品格追求（图 4-24）；绚丽、多样、各具特色的彩绘，不仅满足了人们多样的喜好，而且大大强化了视觉效果，起到宣传和促销的作用，丰富着汽车文化和人们的生活（图 4-25）；美国重型载货汽车司机因为长途驾驶的寂寞和对艺术与自由的追求，常常在重型载货汽车车身上浓墨重彩地绘制出自己喜欢的图案，常绘以美女、动物、风景与自己相伴（图 4-26）。

6. 材质

车身用材料极其广泛。金属材料有钢、铝、铜、锌等；非金属材料有塑料、橡胶、织物、玻璃、纸制品、石棉、人造革、沥青、木制品、密封粘接材料 10 大类。

图 4-23　甲壳虫轿车的彩绘

图 4-24　雪铁龙轿车的彩绘

图 4-25　跑车和轿车的彩绘

图 4-26　重型载货汽车的彩绘

不同的材料除了物理性能不同外，其不同材质的视觉效果和触觉效果还会给驾乘者带来不同的心理感受。例如，金属的冰冷感，皮革的舒适感，织物的亲切、柔和感，木料的自然、典雅感和不同材质的硬软感、轻重感、冷暖感以及粗糙光滑感等。车身中运用的不同质地和肌理的材料，能使相应部件具有良好的视觉美感和触摸感，使驾驶人拥有舒适的操作、舒畅的心情。

第三节　车标与吉祥物艺术

汽车标志是艺术性和象征性的统一，是质量、信誉、原则和精神展示于世的图腾，是沟通人与汽车、汽车与企业集团、企业集团与社会的最直观的中介之一。汽车标志作为一种文化介入社会，使其特有的信息成为一种世界性语言和文明的象征。

汽车标志也是一种传播符号，它以各种精练形象表达企业文化，传达汽车各个厂家所要表达的特定信息。一个成功的汽车标志会在视觉上给人留下美好的印象和启示，能使人过目不忘。

一、汽车标志

1. 汽车标志形式分类

汽车标志按其表现形式可分为具象型、抽象型、文字型和综合型。具象型标志是对自然景物、动植物及人物的具体形象进行简化而成的标志形象。抽象型标志是从具体事物中抽取出来的相对独立的以各种几何图形组成的标志形象。文字型标志是以中文、外文及数字加以装饰或变体而形成的标志形象。综合型标志是综合运用上述三种手法的标志，其鲜明、生动的标志形象，更具有可识性和艺术性。车标按其整体造型不同有方形、圆形、椭圆形、盾牌形、三角形、菱形及其他形，其色彩则有单色、双色和多色，以单色居多。

据报道，中国吉利汽车公司于2007年1月9日启动全球征集新车标活动，得到社会各界的广泛关注和热情参与，至当年8月7日截稿日，该组委会共收到海内外有效稿件12 205份，来自全球100多个国家，创下了企业征标的世界纪录。最终，来自安徽大学艺术学院的岳贤德设计的车标脱颖而出，赢得金奖，成为代表吉利新形象的新车标（图4-27）。

图4-27　吉利新车标

2. 著名汽车标志图选

（1）具象型（图4-28）　多以凶猛和善于奔跑的动物为题材，以全身或头像方式体现，采用归纳、简化的手法处理，注重动势、气势和神态的表达。

标致

道奇

法拉利

美洲狮

图4-28　具象型汽车标志

（2）**抽象型**（图 4-29）　多以圆形、三角形为主形，体现出稳定、向上、进取、转动的意象内涵和对称、节奏与韵律、运动与稳定的形式美感。

图 4-29　抽象型汽车标志

（3）**文字型**（图 4-30）　通过对文字（英文字母和汉字）的变形组合，在保证文字易视的情况下，强化它的形式美感，蕴含它的美好含义。如大众的商标形似中指和食指做出的三个“V”字，有很强的节奏与韵律美感，表示大众公司及其产品“必胜—必胜—必胜”信念；福特的白兔形象，极具动感、活泼可爱。

图 4-30　文字型汽车标志

（4）**综合型**（图 4-31）　将图形与文字组合，使标志内的点线面组合更加和谐、理想与美观，有较全面的语义和丰富的形式变化。

图 4-31　综合型汽车标志

二、汽车立标与吉祥物

汽车立标是一种体现速度、魅力和优雅的标志，被选用的肖像大部分是轻盈的女性和长着双翼的动物，它们使人们联想到一个美丽、快速、恬静的世界，也被视为汽车的吉祥物。第一批汽车立标是装饰性的象征，豪华汽车的主人们把它们装在自己的车上，以此来个性化和驯化经常不听他们使唤的汽车。随着仿效和普及，制造商们努力将吉祥物作为一种附加值与车辆一起出售。这种吉祥标志由雕塑艺术家精心创作而成，每件都堪称是精美的艺术品。

劳斯莱斯的“极乐精神”小人像表现的是一位风雅的女性，她伸长胳膊，衣服迎风飘扬（图 4-32a）。西班牙汽车制造商希斯巴诺 · 苏莎在第一次世界大战后使用鹤作为汽车吉祥物，这个吉祥物作为公司在第二次世界大战中的角色象征将希斯巴诺 · 苏莎汽车与先进和现代联系在了一起（图 4-32b）。英国汽车制造商捷豹的“跳跃者”是在 1937 年由公司老板

威廉·里昂斯委托雕塑家 F. 戈登·克罗斯比设计的，这只“跃起的豹”模仿了汽车自身的动态形象，成为捷豹品牌的代名词（图 4-32c）。

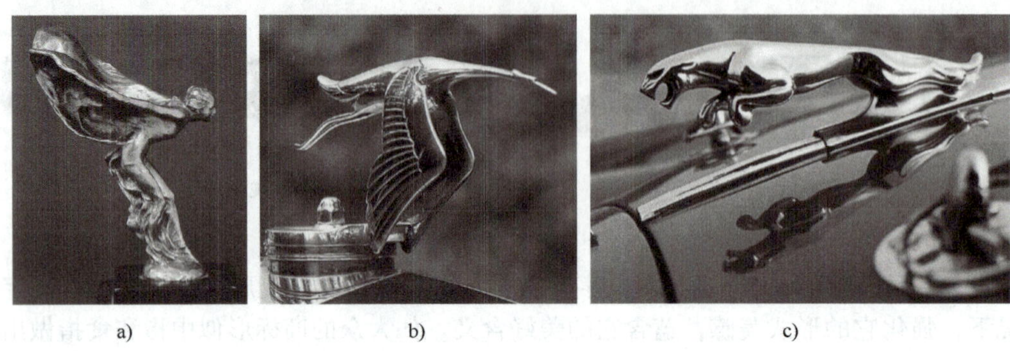

a)　　b)　　c)

图 4-32　汽车立标（一）

a）劳斯莱斯的“极乐精神”人像　b）希斯巴诺·苏莎汽车公司的鹤　c）捷豹汽车的“跃起的豹”

法国汽车制造商布加蒂采用站立着的大象作为 Type 41 Royale 的立标，以示对埃托拉布加蒂之子雕刻师伦勃朗特·布加蒂的缅怀之情，显示出这个家庭的骨肉亲情（图 4-33a）；奔驰汽车公司采用三叉星作为汽车的立标（图 4-33b）；克莱斯勒汽车公司则采用小羚羊作为汽车的立标（图 4-33c）等；还有一些其他的汽车立标（图 4-33d、图 4-33e、图 4-33f）。

欧洲其他汽车制造商沿袭了相同的发展路线，例如德国豪华汽车制造商 Horch 则在汽车发动机罩上安装了一个长着双翼的圆球作为吉祥物。

a)　　b)　　c)

d)　　e)　　f)

图 4-33　汽车立标（二）

a）布加蒂汽车公司的立象　b）奔驰的三叉星　c）克莱斯勒的小羚羊

d）皮尔斯-箭头的弓箭手　e）帕卡德豪车上的推动车轮女神　f）美国杜邦的“二鸟戏珠”

在两次世界大战期间，美国豪华汽车受欧洲汽车标志的启发，迅速创立了多种汽车吉祥物标志，如皮尔斯-箭头的弓箭手、Chevrolet 的雄鹰、帕卡德的鸬鹚、克莱斯勒的小羚羊、林肯的跃起的猎狗、斯图兹的太阳神头像等。然而，第二次世界大战后随着安全概念变得越来越重要，除极少数汽车外，吉祥物几乎从所有汽车上消失了。

第四节 概念车的韵味

一、概念车的含义

概念车由英文 Conception Car 意译而来。概念车不是即将投产的车型，它仅仅是向人们展示设计人员新颖、独特、超前的构思而已。概念车还处在创意、试验阶段，也可能永远不会投产。

世界各大汽车公司都不惜巨资研制概念车，并在国际汽车展上亮相，一方面了解消费者对概念车的反映，从而继续改进；另一方面也是为了向公众显示本公司的技术进步，从而提高自身形象。概念车是汽车中内容最丰富、最深刻、最前卫、最能代表世界汽车科技发展和设计水平的汽车。概念车的展示，是世界各大汽车公司展示其科技实力和设计观念的最重要的方式，因而概念车也是艺术性最强、最具吸引力的汽车。

通常概念车分为两种，一种是能跑的真正汽车，另一种是设计概念模型。第一种比较接近于批量生产，其先进技术已步入试验并逐步走向实用化，因而一般在 5 年内可成为公司投产的新产品。第二种汽车虽是更为超前的设计，但因环境、科研水平、成本等原因，只是未来发展的研究设想。

1. 概念车设计的目的

概念车设计的目的在于提高企业和商品的形象、声誉，增强产品的竞争力，推进高科技在生活和生产中的应用，创造舒适美好的环境，促进节能环保和综合利用，促进各学科的协作和技术的革新。

2. 概念车的价值

概念车具有很重要的价值，主要表现在：可以充分展示设计师的创造能力；可以告诉公众，他们购买的汽车将会怎样；可以考察公众的品位，看客户的反映；可以作为某些重大革新的教具；可以激励公司内部职员。

二、概念车的发展

1. 别克 Y-job

1927 年，美国通用汽车公司成立一个单独的部门来设计汽车造型，随后又正式称为“通用汽车艺术和色彩部”。艺术部首任主任是被称为美国汽车造型之父的哈利杰·厄尔（Harley Earl）。世界公认的第一辆概念车就是出自厄尔之手，即 1938 年推出的别克 Y-job（图 4-34），是以当时飞行业命名最先进飞机所用的字母 Y 来命名。该车表面光洁、圆滑、流线型造型，极具动感和时尚性，体现出对科技和速度的追求。

2. 奥迪 Avus

在1991年东京汽车展上出现的奥迪 Avus（图4-35）给公众带来惊喜，设计者是J. 梅斯。这辆车是以一个20世纪30年代的柏林赛车道命名的。它的车体用磨光铝制成，车门为剪式。这辆流行型车向公众展示了W引擎结构，它由12个气缸排成3排，每排4个。6.0L的发动机能产生超过500马力[⊖]的动力。3s内奥迪 Avus 的时速可以提高到100km，它的最高时速超过200km。该车流畅的线条、光滑的车身、较小的车灯、风栅口与大面积的表面形成明显的对比，造型大气简约，开门方便新颖。

图4-34 别克 Y-job 概念车

图4-35 1991年东京汽车展上出现的奥迪概念车

3. 雪铁龙 Survolt

这是一款紧凑级的小跑车，只提供两个座椅。雪铁龙在造型上的设计非常大胆，各个部分的设计都很夸张。雪铁龙 Survolt 概念车（图4-36）整体流线非常的优美，侧身造型颇具时代感，与车身形状完美契合，“肌肉”轮圈给新车增添几分力量感，而后扰流板的设计非常美观，“环绕”的尾灯造型设计也很有新意。此款车在2010年3月日内瓦车展上首发。

4. 奔驰 Silver Arrow

奔驰推出一款名为 Silver Arrow 的概念跑车（图4-37），该车是为纪念奔驰125周年而被打造的，出自美国卡尔斯巴德一家奔驰研究院的设计师之手。该车在美国好莱坞电影“Silver Lightning”（银色闪电）中担任主角。从外观来看，奔驰 Silver Arrow 概念跑车采用抽象派的设计语言，银色的车身与其 Silver Arrow 的英文命名极为相符。此外，该车的四个车轮采用非常规的设计方式，无轮毂的大尺寸车轮允许该车可以应付任何路况。

图4-36 2010年日内瓦车展上的雪铁龙概念车

图4-37 2011年奔驰推出的概念跑车

⊖ 1马力=735.499W。

5. 兰博基尼 Egoista

兰博基尼为庆祝其品牌成立 50 周年（在 1963 年创立），在意大利正式发布旗下全新概念车 Egoista（图 4-38）。兰博基尼 Egoista 概念车是一款为个人打造的运动化车型，采用非常独特的单座布局，追求的是极致的性能享受。Egoista 在意大利语中的意思是自私，因此比较贴合其非常独特的单座布局。这款概念车由大众集团首席设计师瓦尔特·德·席尔瓦亲自操刀设计，其单座舱的设计灵感源于阿帕奇直升机；同时独特的外观也可以展现另类的风格，其造型极为动感，新车的前脸会很容易让人联想起科幻电影中的太空战机，犀利的车身线条和形似涡轮扇叶的设计都让 Egoista 具备了令人血脉喷张的视觉效果，立体感和层次感非常丰富。整车使用大量碳纤维材质。兰博基尼 Egoista 概念车被称为“陆地战斗机”，在世界范围内仅有一台，现被存入兰博基尼博物馆，成为又一经典。

图 4-38　2013 年兰博基尼发布的概念车

6. 法拉利 Sergio

2013 年日内瓦车展上，法拉利正式发布 Sergio 概念车（图 4-39），以纪念其已故创始人兼设计师——Sergio Pininfarina。Sergio Pininfarina 是著名的汽车设计师，曾经设计过众多经典的车型，包括宾利的雅致、玛莎拉蒂的总裁等车型，而最有名的自然就是为法拉利设计的众多车型，包括法拉利 328、360、P4/P5 以及 F40，均出自这位大师之手。全新的法拉利 Sergio 概念车引入众多当年 Sergio Pininfarina 的经典设计，它的外形非常简洁和明朗，优美的车身比例展现 Pininfarina 的一贯作风，双侧开门的无顶棚式设计展现纯粹赛车的设计风格。其独特的被称之为“隐形”风窗玻璃的技术可以实现虚拟的前风挡功能，可以让车型设计更加自由。

图 4-39　2013 年日内瓦车展上的法拉利概念车

7. 丰田 FCV Plus 概念车

丰田 FCV Plus 主要用于展示其最先进的燃料电池技术。丰田 FCV Plus 概念车（图 4-40）拥有非常前卫的外观设计，该车采用四轮两门四座设计，车身上半部分几乎全部为透明材质构成，后轮隐藏在车身之中。内饰设计上，丰田 FCV Plus 走简约路线，摒弃传统环绕式中控台，取而代之的是矩形转向盘以及功能较为丰富的抬头显示器，造型新颖的同时增加驾驶舒适性。

图 4-40　2015 年东京车展上的丰田燃料电池概念车

8. 世界上第一辆 3D 打印车 Strati

美国 Local Motors 公司自 Rally Fighter 越野车发布之后，长期以来一直处于汽车定制的前沿。在 2015 年年底特律车展上，该公司成为创新的先驱者，首次推出世界首款 3D 打印汽车。

图 4-41　2015 年北美车展上的 3D 打印概念车

Local Motors 公司展出的 Strati（图 4-41）世界首款 3D 打印汽车，由意大利设计师 MicheleAnoè 设计。关于 Strati 车型的设计最初是从 200 多个征集的作品中选拔，并于 2014 年 5 月最终确定的。运用 3D 打印技术制造汽车，再配上无人驾驶技术，这也许是未来汽车的雏形。

三、概念车鉴赏

概念车，这种介于设想与现实之间的汽车，感觉上比较飘渺，汽车设计师们往往利用概念车来展示自己独特、超前的构思，通常代表对未来汽车的梦想。概念车虽然处于试验阶段，但也揭示汽车产业未来发展的方向。各大国际汽车展是世界各大汽车厂商及汽车设计师们展示的舞台。

2016 年北京车展上，Faraday Future（简称 FF）FF ZERO 概念车（图 4-42）首发亮相，新车整体观感非常科幻前卫，前脸中间线条称为 UFO 线，是一款科幻感十足的电动超级跑车。FF ZERO1 外形有着非常强烈的未来感，整体造型低矮修长，采用单座布局，由电动机驱动。FF ZERO1 在车头处采用贯穿式的 LED 灯组，视觉效果突出，前发动机盖上的“FF”标志代表其品牌身份。车顶由一整块玻璃制成，而在车身尾部则配备一块竖直的透明扰流板。车身采用大量的碳纤维材料以及复合材料进行打造，这使其整车轻量化效果更加出色。FF 充分利用空气动力学原理，将车头空气一部分引入车内为电池组冷却，一部分导出车外

以减低空气阻力。气泡式的座舱盖可整体开启，内部能容纳一名驾驶人。该车的转向盘中间可嵌入一台智能手机，并在驾驶时提供相关信息。概念车车型的仪表盘还能收集有关驾驶人的生物数据，然后对其驾驶状态做出一个正确的判断，及时发出警示。在动力上，FF ZERO1 由四台电动机驱动，最大功率超过 735kW（1000 马力），百公里加速时间不到 3s，最高时速 320km/h。“可变平台架构”（Variable Platform Architecture）平台具有灵活变化轴距与电动机数目的优势，同时支持自动驾驶技术。该公司还向美国专利局提交了 100 项专利申请。其公司团队前卫的设计理念和富有创造性的思维，都会成为 Faraday Future 核心的竞争实力。未来，FF 的量产车型将在美国内华达州的首座互联智能环保工厂制造。

图 4-42 2016 年北京车展上的 FF ZERO1

2015 年雪佛兰 FNR 概念车（图 4-43）在上海车展亮相，其主打未来科技概念，颜值爆表。雪佛兰 FNR，FNR 是 Find New Roads 的缩写，意味探索无限可能，这是一款电动概念车。外观方面，这款由泛亚主导设计的概念车具有很强的科技感与未来感。低矮的前盖配合深邃的蓝色头灯，营造出轿跑的感觉。金色发光金领结车标位于中央，上下双层隔栅突出雪佛兰的家族血统。这款概念车最酷的地方还是“变形功能”。酷似鼠标，充满弧度的车身分别向前后展开，宛如花瓣开放。新车的内饰同样充满科幻色彩，车内采用一整块巨大的电子触屏来覆盖整个中控台，所有信息一览无遗，就好像科幻片里驾驶的宇宙飞船，不仅可以帮车主列出待办事项，还可以通过传感器检测车主的身体特征。该车可实现自动驾驶、手势控制、瞳孔识别启动、无线充电、智能机器人控制中心等多项“未来”功能。

图 4-43 2015 年上海车展上的雪佛兰 FNR 概念车

法国 DS 品牌在 2016 年日内瓦车展上正式发布全新概念车 E-Tense 双门跑车（图 4-44）。这款 E-Tense 跑车旨在为 DS 品牌注入更多的运动基因，时尚个性的外观足够夺人眼球。E-Tense 双门跑车设计动感，采用夸张的蜂窝状前格栅，与细长的 LED 前大灯连成一体，格栅两侧局域镶嵌有灯带型的 LED 日行灯，极具视觉冲击力。发动机盖上有一条前后贯穿的装饰条，可以看作这款跑车的特别之处。从侧面来看，E-Tense 车身线条流畅，车顶至车尾的线条一气呵成，车门采用两条平直凌厉的腰线，动感十足，前轮拱高高隆起，凸

显力量感。采用高扁平比的轮胎，搭配银黑色轮圈，类似花朵状的铝合金轮圈非常时尚。两侧车门后部有面积硕大的进气口，暗示其不俗的性能。车尾的线条也非常丰富，很有立体感，搭配夸张的碳纤维后扰流板。这款跑车采用纯电力系统驱动，新车的续航里程在311~360km之间。虽然说DS标志让人觉得很另类，但当你看到这款车一定会为它的外观而吸引，这也许出自一个另类艺术家的手笔，整车充满艺术和思维极度跳跃。

图4-44　2016年日内瓦车展上的DS E-Tense概念车

大发Nori Ori概念MPV（图4-45）在2015年的东京车展上发布。“Nori Ori”对应的英语单词是“get on, get off”即上下车。大发Nori Ori采用纯白/翠绿双色涂装，正圆形的头灯在绿色灯罩的衬托下显得非常别致。当然，全车最大的看点在于超低的地板。为了方便残障人士，Nori Ori可同时容纳2台轮椅，而通过侧滑对开方式开启的车门和后车门及折叠踏板可以让轮椅无缝进入车内。这给残障人士带来福音。

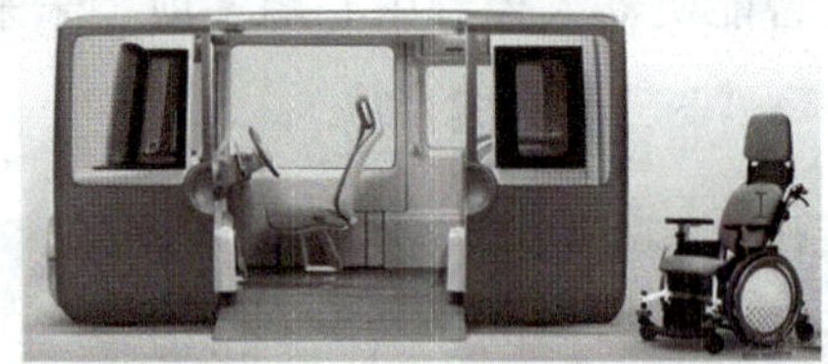

图4-45　2015年东京车展上的大发Nori Ori概念MPV

在2015年东京车展上，日产发布一款名为Teatro for Dayz的概念车（图4-46），新车最引人注目的地方莫过于酷似魔方的外观设计和可变色内饰。日产Teatro for Dayz采用大量正方体元素。新车遵循“轮上数字化理念”设计，希望通过电子技术的提升，加强车载互联网与社会媒介的应用，以减缓驾驶者的压力，实现“轻松驾驶”。而这个略显复杂的车名也包含此意。该车在静止状态下大部分内饰部件为纯白色，而当多媒体单元打开时，Teatro for Dayz的液晶仪表板、转向盘、车门踏板、座椅等部件可转换为木纹、豹纹、皮革甚至艺术化拼色风格，形成各种五颜六色的组合体现，可谓多彩魔方。该车为纯电动车。

日产IDS概念车在2016年北京车展上展示。新车预示着新一代日产聆风（Leaf）的外

图 4-46　2015 年东京车展上的日产 Teatro for Dayz

观设计理念，这是它首次在中国亮相。IDS 是——“Intelligent Driving Solution”智能驾驶解决方案的缩写。日产汽车将打造一种革新的出行体验，以先进的智能移动技术和解决方案，重新定义汽车与驾驶者的关系。零排放、零伤亡，体现日产汽车对于未来自动驾驶技术及零排放电动汽车的愿景。新车外形设计上对日产家族设计有更激进大胆的改进，整体线条很犀利，造型颇具前瞻性，异色车顶带来极强的飘逸感，俯冲姿态给整车带来极强的动感。其转向盘的创新造型无疑是另一看点，风格上类似于飞机操作舱，仪表盘也极具科技感。

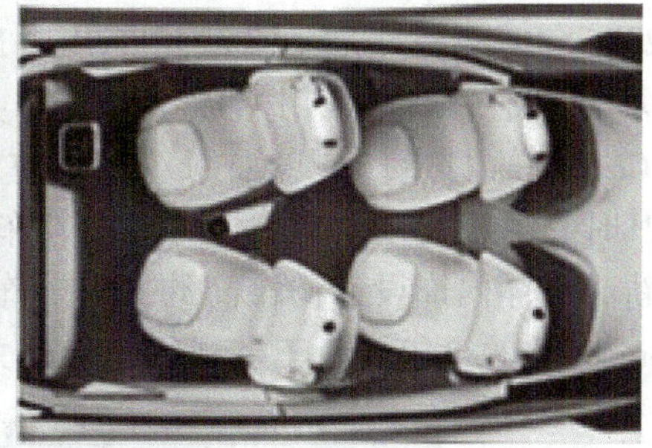

图 4-47　2016 年北京车展上的日产 IDS 概念车

奔驰 G500 4 × 4 概念车在 2015 年日内瓦车展上正式亮相。奔驰 G 500 4 × 4 概念车（图 4-48）与普通版 G500 相比，新车在外观方面更加富有野性，其越野性能有显著提升，离地间隙达到 450mm，涉水深度为 1000mm，接近角和离去角分别为 52°和 54°。越野装备方面，新车依然配备 G 级车型引以为傲的前中后三差速锁系统，并采用与普通版 G 级车型不同的门式车桥。新车搭载一台 4.0L V8 双涡轮增压发动机，最大输出功率 315kW（428 马力），且可满足欧 6 排放标准。

图 4-48　2015 年日内瓦车展上奔驰 G 500 4 × 4 概念车

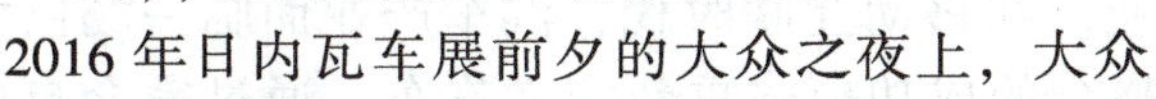

2016 年日内瓦车展前夕的大众之夜上，大众汽车带来一款 Budd-e 概念车（图 4-49）。这是一款微型商用车，新车采用纯电驱动。虽然是一款微型商用车，但此款全新概念车的前脸造型别致且新颖时尚。进气格栅在采用新型样

式的同时注入LED光源，并将两侧的前大灯囊括到格栅之中。大众品牌logo看起来能发光所以显得非常科幻。前脸两侧融入颇具夸张力的行车灯，车顶上方安置一块巨大的太阳能电池板。作为“通往未来的大门”，车门可以通过触摸或者手势控制进行开/关。新车搭载一套智能语音识别系统，比如对其命令“Hello Budd-e”，语音系统便会开始工作。语音系统不仅可以对空调等进行操作，还可以与车内的智能系统和智能家居相连。该车采用最新锂离子电池技术，其续航里程在满电状态下可达到600km，最高速度为150km/h，半小时内即可充满80%电量。未来面包车将朝着人性化、智能化的方向发展，让用车人的生活变得更为便捷开心。

图4-49　2016年日内瓦车展上的大众Budd-e概念车

2016年日内瓦车展中雪铁龙展出E-MEHARI概念车（图4-50）。新车与时装品牌Courreges联合打造。新车采用热成型塑料车身结构，前脸表现雪铁龙最新风格设计，A柱和B柱由Courreges打造。车身采用双门四座设计，搭配五辐花瓣形轮圈，轮圈采用撞色设计，符合其时尚可爱的定位。内饰方面，新车采用大面积皮质材质包裹，并且纯白和橙色组合非常清新。整体内饰设计比较简约，同时车内还有多处Courreges商标。行李厢内，还配备来自Courreges的箱包。新车搭载纯电动动力系统，最大续航里程为200km。

图4-50　2016年日内瓦车展上的雪铁龙E-MEHARI概念车

乐视视频（简称：乐视）是成立于2004年的视频公司，享有国家级高新技术企业资质，致力打造基于视频产业、内容产业和智能终端的“平台+内容+终端+应用”的完整生态系统。2014年乐视宣布“SEE计划”，将打造超级汽车以及汽车互联网电动生态系统。2016年乐视与世界豪华跑车品牌阿斯顿·马丁成立电动汽车合作合资公司，成为第一家在海外成立合资公司造车的中国企业。在移动互联时代，汽车产业面临一场巨大革命，“SEE计划”将复制乐视生态垂直整合的成功模式重新定义汽车，通过完全自主研发，打造超乎想象的互联网智能电动汽车，建立汽车互联网电动生态系统，使中国汽车

产业弯道颠覆欧美日韩传统巨头，有效解决城市雾霾及交通拥堵，让人人都能驾驶超级汽车呼吸纯净空气。

2016年北京车展上，乐视超级汽车展出其首款LeSEE概念车（图4-51），展现未来交通生态概念。乐视的首款超级汽车定位超高端D级豪华互联网无人电动汽车，在性能上直指特斯拉（Tesla Motors）。其亮点在于：自动驾驶、智能互联、动态座椅、智能电磁充电、汽车分享以及先进的设计理念。动态前饰板与其说是传统的汽车前脸，更像是一块屏幕，根据车周围环境调整屏幕显示。车头方面，新车取消传统汽车的进气格栅，而是采用由LED光带组成的大嘴样式。冷色系的车体颜色伴随视角转变，由凛冽的白色向轻柔的蓝色过渡，好似赋予该车生命一般。该概念车造型的设计灵感来自于大自然的馈赠，光滑流畅车身线条来源于自然界的各种曲线，并经过顶级设计师的再创造，结合空气动力学，使得这款概念车呈现出无与伦比的完美体态。车辆内部呈现座舱前移的设计，重量分布更加均匀，内部空间更充足。当车辆处于自动驾驶（或驻车）状态时，驾乘者在车上通过触手可及的大屏幕观看乐视的全部内容，包括体育、电影、电视剧、音乐会等直播。同时，所有的内容无缝衔接，甚至你在家电视上观看的内容，可以在车上继续观看。LeSEE的转向盘设计巧妙，当车辆进入自动驾驶模式时，转向盘会隐藏到前壁板下，以便给乘坐者带来最大更舒适的空间，看书什么的会更舒服。而当需要人工驾驶时，转向盘会像花瓣一样绽放。

图4-51　2016年北京车展上的乐视超级汽车LeSEE概念车

奇瑞在2016年北京车展首次亮相FV2030（Future Vision 2030）概念车（图4-52）。这款概念车展现奇瑞对未来汽车工业与技术发展的探索与展望，该车亮点包括无线充电、实时互联等。奇瑞FV2030设计概念非常超前，整车科幻意味浓厚，流畅的车身设计令人赏心悦目，介于轿车与SUV之间的跨界造型动感强烈又富有力量感，鸥翼式车门造型前卫，极简内饰极富现代感。座舱内，概念车的人机交互屏幕可实现全息屏幕实时互联，并展现酷炫的3D效果。奇瑞发布的概念车，融入奇瑞对未来汽车产品设计的思考，既显示奇瑞在汽车研发领域的高科技元素，又展现未来奇瑞更为年轻、现代、时尚、多趣的设计理念。

图4-52　奇瑞在2016年北京车展首次发布FV2030概念车

图4-53所示的几款概念车各有特点，其内涵不一一解释，请读者自行欣赏。

梅赛德斯奔驰 Aria 概念车

标致 Fracta 概念车

宝马 Lovos 概念车

奥迪 Urban Concept 概念车

奇瑞第三代“小蚂蚁”

第一届“东风梦想车”大奖获得者湖南大学 GZW 团队的“Summer”

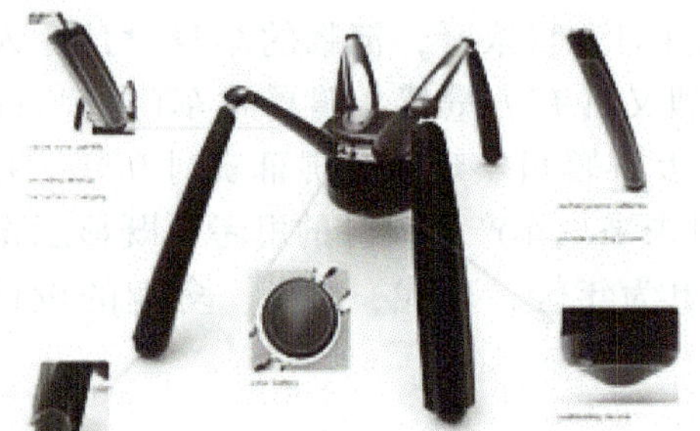
湖北汽车工业学院叶盎的“Amazing Top”

湖北汽车工业学院赵志平、胡娟的“跃”

图 4-53　概念车图选

第五节　艺术活动的联姻

一、汽车车身广告艺术

汽车车身广告，顾名思义，是一种将汽车车身（含内部）作为广告承载媒体的广告

艺术形式。其特点是针对性强、流动性强、阅读率高、成本低。它可以在移动中“主动”地、多地点地、多角度地、多方位地、近距离地将广告信息传播给预期的受众，达到广告的目的。作为一种特殊的户外广告形式，在我国正以前所未有的速度迅猛发展。

汽车车身广告，不仅具有认知、审美的功能和符号作用，更是以空间尺度、新颖的图形、明艳协调的色彩唤起人们不同的情感体验，发挥丰富的审美作用，其直接的、高效的、价廉的广告效力，充分体现了汽车车身广告的巨大优势（图4-54）。

图4-54 车身外部与内部广告

二、汽车与摄影艺术

汽车与摄影的联姻，主要体现在两个方面，一方面是汽车成为摄影的一个对象，另一方面是摄影师利用汽车这种工具进行摄影。通常所说的汽车摄影主要是指以汽车为题材的摄影作品。

汽车摄影大致分为以下几种：汽车生活日记留念摄影（图4-55），车展香车美女摄影（图4-56），静态场景创意摄影（图4-57）、动态场景同步摄影（图4-58）。

a)

b)

图 4-55 汽车生活日记留念摄影

a)

b)

图 4-56 车展香车美女摄影

a)

b)

图 4-57 静态场景创意摄影

a)

b)

图 4-58 动态场景同步摄影

三、汽车与邮票艺术

邮票是国家的“名片”，是邮资凭证，同时也是一种兼有实用和审美的艺术品。它是一个国家的政治、经济、文化、科学、历史、地理的“小型百科全书”。邮票通常由画家和设计师按照邮票艺术的特点和自身规律进行创作设计而成。

汽车和邮票，同样都有着数百年的发展历程，也同样有着深厚的文化底蕴。迄今为止，全世界有100多个国家和地区共发行5000多种汽车普、纪、特、航等品种邮票以及小型张、小全张、小本票和极限明信片，为后人追觅车人传奇、车海钩沉、车标的来历、名人与汽车、汽车零部件发明史话、交通管理溯源提供了一部彩色汽车历史知识小百科全书（图4-59）。

图4-59 汽车邮票

四、汽车与展示艺术

1. 汽车会展

汽车与会展相结合，通过利用实物、展板、展墙、声、光、电等多媒体手段，配合汽车模特及艺术表演，全方位展示汽车的魅力和传播汽车及厂家的系列信息，达到交流、宣传和营销的目的（图4-60、图4-61、图4-62）。我国多地每年均举办规模不等、形式多样的汽车展览会，其中每年举办的北京国际汽车展览会已经成为全球最具影响力的汽车展览会之一。

a)

图4-60 2013第十五届上海国际车展展馆入口与展厅内部设计

b)

图 4-60　2013 第十五届上海国际车展展馆入口与展厅内部设计（续）

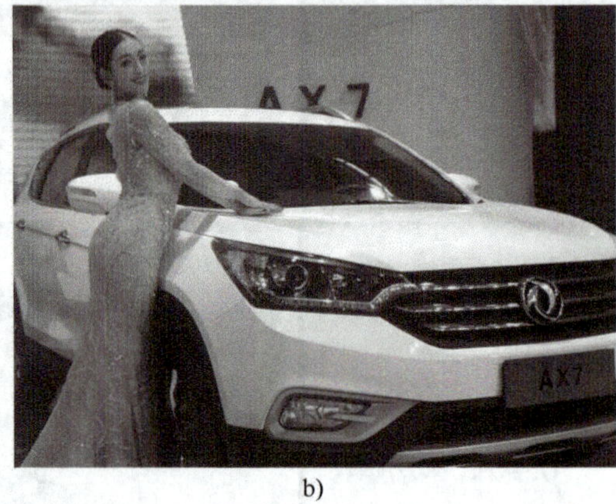

a)　b)　c)

图 4-61　车展上的模特

a)　b)

图 4-62　车展上的戏曲与舞蹈表演

2. 汽车艺术展

（1）上海大众玛卡汽车艺术展　2007 年 4 月 22 日至 28 日上海国际车展期间，在集悠久城市文化历史和现代时尚元素于一身的最具上海特色的新天地，大众汽车携手三位国内知名的新锐艺术家——赵半狄、季大纯、李晖，把艺术想象力和“绿色，科技，人文”的奥运主题引入大众汽车与公众的视野，点燃了“大众汽车奥运艺术展暨 2007 年玛卡汽车艺术展”的火炬。使得大众汽车品牌通过与艺术的结合，可以更好地赋予产品生命力，给机械

的东西增加更多的灵性。

1）熊猫的汽车乐园。熊猫作为国宝被引入到大众汽车，让人们感觉到熊猫与汽车的灵感。赵半狄亲自率领自己的熊猫团队入驻上海大众汽车公司，他将上海大众生产线上的工人改造成熊猫的形象，摄录了工人生产的全过程（图 4-63）。熊猫与上海大众的对话如同生态与工业的对话，让可持续性发展与驾驶乐趣能并驾齐驱。可以说，这实际上是一场精彩的行为艺术，是关于汽车、关于环境保护、关于人文关怀的艺术行动。

图 4-63　赵半狄“熊猫的汽车乐园”艺术活动剪影

2）汽车“新皮肤”。具备全球化视野的中国新锐艺术家季大纯，在创作中并不被传统的经典艺术所拘束，速腾汽车的全“新皮肤”就是源于他的心灵，处处体现着突破时代的印记。他运用自己独特的绘画语言，以奥运五环的颜色将整个大众速腾轿车的车身画满，为速腾轿车换上“新皮肤”（图 4-64）。

3）甲壳虫与“鸟巢”。《琥珀》是艺术家李晖的代表作品。他延续展出《琥珀》的风格，用同样的材质把两个相同或毫不相干的物体融合在一起，让人们的想象力发挥到极致。“鸟巢”是中国取得 2008 年奥运会主办权后开始建设的奥运标志性建筑，极具现代感的外观体现着上升的国力和全民的期盼，使每次路过“鸟巢”的李晖都感慨不已：那是一个未来的经典。李晖在大众汽车新甲壳虫汽车的内部嵌入“鸟巢”（图 4-65），使这个庞大的建筑被缩小后放入新甲壳虫车中，在流线型的交通工具里面，就像一粒宝石熠熠生辉——两种经典的叠加阐释了工业发展的力量，在时代进程的轮轴上，人类历史在科技的进步中不断前行。

（2）汽车元素艺术展　在 2007 年 7 月 13 日—15 日，由山东省文化厅主办的现代汽车元素艺术创作展在济南展出，多家艺术院校参与，凝聚几十名艺术大师集体智慧的汽车零部件和雕塑作品，以汽车的整体形态、色彩感觉、部件造型、设计理念等作为切入点，创作出各类现代时尚的艺术作品（图 4-66）。

图 4-64 季大纯汽车“新皮肤”作品

图 4-65 李晖的甲壳虫与“鸟巢”

a)

b)

图 4-66 汽车零部件和雕塑作品

（3）宝马艺术车及艺术展 近 40 年来，集艺术与创新技术于一体的 BMW 艺术车系列吸引了全世界的艺术、设计发烧友和汽车、科技爱好者。截至到 2014 年，共有 17 辆 BMW 艺术车诞生并在世界各地的艺术博览会中展出，它们经由不同著名艺术家精心设计，成为“流动的雕塑”，展现出速度与艺术的完美融合。宝马艺术车及艺术展已经成为宝马集团全球文化交流的重要元素和核心组成部分（图 4-67）。

图 4-67 宝马艺术车

3. 汽车与其他门类艺术展

（1）DS 中国当代艺术先锋展　2013 年 11 月 23 日，法国标致-雪铁龙旗下高端品牌 DS 携手女神苏菲·玛索，联袂《艺术世界》杂志、上海当代艺术博物馆共同举办 DS 中国当代艺术先锋展，演绎艺术和汽车、想象力和控制力之间互相映衬。DS 把这次展览的主题定为“非同凡想”，将向京、刘建华、陈可、王晖、徐文凯等数十组艺术家的雕塑、装置艺术、多媒体影像、各种展品和 DS 豪车汇聚在一起，体现了 DS 是一个颇具想象力与艺术水准的品牌（图 4-68）。

（2）上汽春夏英伦服饰展　2007 上海国际车展期间，上汽再次联手中国首位受邀在伦敦时装周进行作品发布的青年设计师——王巍，并在荣威展台首次发布其最新力作——2007 春夏英伦服饰系列（图 4-69），以另一种艺术形态，呈现出英伦高贵典雅的气质。

图 4-68　“非同凡想”DS 中国当代艺术先锋展一角

图 4-69　时装发布与车展的联姻

（3）“艺·速”名车艺术荟展　2007 年 3 月 30 日—4 月 1 日，沪上著名设计创意机构 MA·DESIGN“一风创意馆”、时尚地标大上海时代广场、行车尚网、《富世》杂志与爱洛富服饰联合举办一场名为“艺·速”名车艺术荟展活动。由国际最前沿的时尚潮流、经典款魅力名车与原创艺术同台竞艳，携手呈献一台华丽与速度兼备、创意和品位并存的视觉盛宴，同时向社会各界发起美与爱心的召唤。其中一组特别定位“艺·速”主题的画作，是专为现场展示的 6 部名车度身创作的。绘画由第一位受联合国邀请举办个人画展的青年华裔艺术家——马兴文创作，同时还现场为模特进行彩绘，以充满艺术感的色彩和线条，一一诠释出每款车的概念与特点（图 4-70、图 4-71）。

图 4-70　“艺·速”Speed of Art 主题绘画之一

图 4-71　量身定绘的作品与名车配对展示

(4) 汽车与动漫艺术节 动漫艺术节是目前人气最旺、影响最广的动漫专业盛会，深受青少年与儿童的喜爱。汽车已经与人们生活息息相关，在其艺术作品表达中也常以动漫形象出现，将汽车与动漫二者结合，可以将娱乐性、艺术性、商业性集于一身，丰富人们的文化生活。活动内容主要有：汽车展、动漫车贴（"痛车"）展（图4-72）、汽车动漫涂鸦、动漫汽车概念设计大赛、动漫赛车、汽车主题动画片展播、动漫角色真人秀、动漫模型和相关产品展览、汽车动漫文化艺术研讨会等（图4-73）。

图4-72 丰田汽车推出的动漫《少女与战车》普锐斯"痛车"现场

图4-73 中国（十堰）首届汽车动漫文化艺术节活动

思考题

1. 汽车外形的发展有哪几个阶段？各阶段有哪些主要特征？
2. 汽车形态受到哪些因素影响？
3. 简析第二次世界大战后全球主要国家或区域汽车的不同造型风格？
4. 不同的车身色彩给人哪些不同的视觉和心理感受？
5. 汽车摄影作品有哪些类别？举例说明。
6. 汽车标志有哪些主要表现形式？举例说明。
7. 概念车设计的目的和作用是什么？找出你喜欢的五款概念车，并说明喜欢的理由。
8. 汽车车身广告有哪些特点？
9. 客车车身外观图案一般有什么特点？
10. 目前汽车与展示艺术结合有哪些主要类别？

第五章 Chapter 5

公众文化大观园

汽车进入中国人的视野，经历了从生产工具—奢侈品—交通工具的角色转换。随着汽车进入千家万户，汽车正逐渐地成为人们生活的一部分，影响着人们的思维方式、交流方式及日常活动方式，提升着人们的生活品位，并改变着人们的生活。

第一节　汽车消费面面观

一、购车消费遂人意

当轿车快速进入普通家庭时，平常人可望不可及的“奢侈品”变成了大众消费品。众多消费者要亲身体验选车、买车、修车等全过程，人们在汽车消费时面临诸多选择。

1. 各国汽车风格千秋

古人云：“橘生淮南则为橘，生于淮北则为枳。”意思是说，同样的水果基因，由于所生长的地方水土不同，会产出截然不同的味道来。汽车作为与人们日常生活紧密联系的消费品，同样与地域、经济发展、人口状况、消费者用车习惯等密不可分。

各国的汽车都具有各自的特色和风格，为不同的消费者购买汽车时提供多种选择。

英国车表现的稳重、内向、有内涵，具有英国绅士风范，如劳斯莱斯；德国车（图 5-1）显得冷静、深藏不露、技术精湛，很少以外表去“哗众取宠”，如奔驰、宝马；法国车追求时尚浪漫，充满人文关怀，喜欢突破创新，如雪铁龙、标致；意大利车给人以豪放、性感、洒脱之感，多以性能表现和外形吸引顾客，如法拉利；美国车凸显豪放、狂野、不拘小节、动力强劲，其车厢宽敞，内部设施豪华，外观粗线条，但一般不够重视经济性，使用成本较高，如林肯；日本车透出活泼、善变、创新，注意外表、经济实用、性价比高，如丰田、本田；韩国车集欧、美汽车王国技术于一体，借鉴日本汽车风格，既洒脱又稳重，并具飘逸感，有一种“骑士”风范，如现代；中国车体现了中庸、稳重、实用的风格，其中也有进取、追求时尚的元素，如红旗。

图 5-1　奔驰

2. 排量大小任君挑选

为满足不同用户的需求，每个汽车公司都有不同排量的汽车。有的用户喜欢购买排量大的车型，这类车开起来动力强劲，但油耗很高；有的用户注重经济实用，买个小排量的车用于代步，省钱又省力。

1. 1L 以下排量的车，油耗低，外形活泼，购买和养护费用都很便宜，比较适合新手和女性朋友以及创业阶段的年轻人士选购，如奇瑞 QQ、SPARK 等。1. 3L 排量的车兼顾油耗和动力性，如长安奔奔（图 5-2）、奇瑞 QQ6 等。1. 4L 排量的车对动力性有一定要求且油耗并不高，如乐风、标致 206 等。1. 6L 排量的轿车在市场上备受青睐，主要是因为该排量车型款式众多、价格跨度大、安全性与经济性兼顾等，如捷达、宝来、高尔夫等。1. 8L 排量的车型主要集中在一些中高级轿车上，这个级别的车无论从动力性、操控性、安全性以及外观、配置等各方面都有不俗的表现，公务、家用都有，如骏捷、福克斯、帕萨特等。

3. 两厢三厢求同存异

轿车这个概念是中国人的发明创造。过去，在人们心中“三厢车”才称得上轿车，这与中国人传统意义上的轿子中间高、两头低且意含尊贵不无关系。“两厢车”引入中国时并不为国人所接受，连娶亲婚嫁都不选“两厢车”，认为“有头无尾”不吉利，犯了民俗中的“无后”大忌。此举当然十分滑稽。

由于中国人对汽车的三厢情结，三厢车仍然是中国市场的主流。东风标致在选择307作为重返中国后的首款车型时进行过市场调研，结果显示，超过80%的消费者仍然认同三厢车的造型。基于此，东风标致对307这款经典的两厢车进行了中国式的三厢改造，如图5-3所示。同样的例子还有广州本田的飞度。

图5-2　长安奔奔MINI

图5-3　标致307两厢车和三厢车的对比

随着汽车技术的发展和人们对汽车认识的提高，现在两厢和三厢的概念正在逐渐被淡化。两厢车由于占地面积小，停车方便，同时充分融合了乘坐空间最大化的人性化设计理念，因而很适合一般家庭使用。发达国家的两厢车比三厢车卖得多而且便宜，两厢车在国内也正在成为消费的趋势。

4. 汽车颜色彰显个性

在这充分展示个性的时代，消费者对汽车颜色的选择很有讲究。选择不同颜色的汽车，可以从中感悟到车主的不同个性。有研究表明：选择黑色车的人，性格很严谨，自我克制能力较强；选择红色车的人，是潮流的追随者，他们注重自我，比较在意自己的社会形象；选择黄色车的人，什么事情都喜欢自己做主，这类车主很活跃而且慷慨大方，喜欢挑战；喜欢蓝色车的人，凡事为人着想，头脑灵活，反应敏捷，性格沉着冷静而且容易满足；喜欢绿色车的人，通常比较谨慎，富有观察力和好奇心；喜欢银（灰）色车的人，不喜欢过于刺激的活动，个性好静，凡事花尽心思努力去做；喜欢白色车的人表现出其超乎常人的适应能力，尤其可与不同性格的人士相处；喜欢香槟色车的人可能有点忧郁倾向。综上所述，选择较浅色车身的人，多半是循规蹈矩、工作欲望强烈的人；选择亮丽颜色车身的人，多半喜欢享受生活中的乐趣。

因为颜色能作为消费者购买汽车的重要倾向，汽车生产厂商们总会在颜色上下足工夫，使其成为卖点。汽车营销人员会根据购车者职业的不同，向其作有针对性的推荐。比如，面对医生、老师、公务员这些比较庄重的职业人士，多推荐白色、银灰色、黑灰、黑蓝、深蓝

等色系；对“白领”和自由职业者，则多被推荐奔放、富有激情的红色、黄色、宝石蓝色、紫色等色系。

5. 汽车服务花样繁多

汽车服务行业不仅具有满足生产厂家和消费者市场需求的双重功能，而且还担负着通过保持汽车技术状况来节约汽车能源消耗、减少环境污染和提高运行安全性的社会责任。

汽车服务范围涉及汽车消费的各个方面。汽车服务的种类按消费过程可分为购销服务、使用服务和权益服务三大类。购销服务包括整车销售（整车4S店）、配件销售、二手车交易、金融贷款、广告宣传、购车咨询、汽车展览等；使用服务包括管理代理、燃料供应、维护修理、美容装饰、停车租赁、导航支持、意外救援、防盗保安、驾驶培训、汽车餐厅、汽车旅馆、汽车影院等；权益服务包括法规咨询、检测仲裁、事故分析、保险理赔等。

随着汽车保有量的不断增加、车辆更新速度的加快、汽车各种新技术的应用及国家环保政策的要求，进一步带动了汽车服务行业的发展，形成了一个潜力巨大的消费市场。当前我国汽车服务行业的年产值已近400亿元，从业人员近1000万，服务企业约50万家，加油站15万家，修理厂30余万家，检测站4000余家。随着汽车服务业的发展，汽车服务的内涵将不断扩充，新的服务形式会不断地出现，汽车服务在我国社会发展和人们生活中的作用将会逐步明显。

二、汽车与“衣食住游”

1. 汽车服饰店的兴起

为丰富人民的生活，紧跟时代发展的步伐，服装业向汽车业抛出了橄榄枝，汽车业也向服装品牌延伸，汽车与服饰之间的品牌文化联营悄然兴起，共舞着“车、人、服饰”三位一体的时尚生活。

在大城市的繁华地段，汽车服饰店成为其中一景。法拉利在中国北京、上海、杭州等地开设了3家精品专卖店，专营法拉利品牌的商品。在法拉利专卖店里陈列着上千种商品，其中包括服装系列、皮具、手表、按实物比例制作的汽车模型以及玩具等，价格则从80元（记事本）到2万多元（手工缝制的皮质衣服）不等，为法拉利品牌的客户和车迷们提供丰富多彩的产品。法拉利专卖店不仅仅是意大利手工精品的卖场，更集结了法拉利渊源的历史和经典尊贵的品牌文化。

宝马生活方式店陈列的服饰向人们展示了宝马精良品质和完美的细节。宝马服饰在外观设计上力求与宝马汽车风格一致，采用了绚丽但不失稳重的颜色搭配，其服饰线条也保留着宝马汽车的流线型。车与服饰都体现了宝马的核心价值观——潇洒、优雅、时尚、悠闲、轻松的生活方式。宝马服饰将一些新技术运用到服饰中，不仅增加了服饰的高科技感和现代感，还加强了服装的舒适性和实用性。比如宝马推出的“恒温”面料，具有储存和释放热量的特性。当人的体温升高时，面料吸收热量；体温下降时，面料释放所储存的热能以达到恒温效果。宝马延伸到服饰领域，可向更多消费者推广宝马生活方式和宝马品牌。宝马带给人们的，不仅仅是服饰，更是全新的生活方式。

2. “食”的汽车韵味

“民以食为天”。汽车的出现使人们吃的选择范围越来越广阔，而且可以吃出汽车的韵味。

随着生活水平的提高，人们已不再满足在城里酒店、餐馆用餐，而是愿意带上家人或朋友到几十里甚至百里外的郊区聚会，致使各地的“农家乐”如火如荼。只因为有了车，人们才得以实现脱离城市的喧闹，选择风景优美的城郊“一饱口福”。

把“汽车”元素“渗入”饭菜之中，是汽车文化与饮食文化结合的产物。在北京的一家餐馆里，可以看到一些奇特的菜名：“水煮大奔”即为水煮的大片牛肉；“江米轮胎”就是在藕孔中填入江米的藕片；“火爆六环路”是火爆鸭颈，将鸭颈切成六段；“四轮驱动”就是海参加四个猪手，海参趴在中间，把四个猪手连起来；“清蒸别克”是清蒸皖鱼，将做好后的皖鱼修剪成新款别克的形状。特色菜名还有宫爆悍马（宫爆牛蛙）、面的过河（泡菜）、越野者（土豆泥）、红烧林肯（红烧带鱼）、凉拌国产车（凉拌苦瓜）、报废车（回锅肉）、违章停车（芥末墩）、平安保险（白菜豆腐汤）等。

在这个以汽车为特色的餐厅里，一辆改装过的北京吉普成了收银台，如图 5-4 所示。菜馆的墙壁上密密麻麻地贴满了车证，这是菜馆老板几十年收集的结果。

随着汽车社会的到来，汽车元素将会更多地融入饮食文化中。

图 5-4 北京候嘉菜馆

3. “住”的多种选择

第二次世界大战结束之后，世界人口的迁徙有两个动向：一个动向是农村人口迁往城市；另一个动向就是城市中心区的人口迁往郊区。第一个动向代表整个世界进入城市化的进程。第二个动向表明人们的生活方式发生了变化，使城市越来越“空壳化”，这种变化由汽车起着“桥梁”作用。

汽车的发展改变城郊格局，加速了卫星城的出现。汽车进入家庭有力地推进着城市的郊区化和郊区的城市化，城市功能因此而重新界定。典型表现是城市圈的形成，即在一个特大中心城市周围有几个大城市，大城市周围是一批中等城市，最外围是大量的小城镇。私家车扩大了人们活动的范围。于是，人们对于住处有了更多的选择。住的地方离工作的地方可以很近，也可以很远，甚至可以不在同一座城市。

“车内是家，车外是整个世界”，这就是房车给人的感觉，如图 5-5 所示。

家居式旅行房车在国外已经相当普遍，20 世纪 60 年代曾风靡一时。房车一般有驾驶区、工作娱乐区、卧室休息区。三区分隔，互不干扰。卫生间、浴室、工作台、冰箱、厨房、吧台以及折叠床铺，一应俱全。但房车价格高，大众化推广有待时日。

图 5-5 房车生活

4. 自驾游的乐园

汽车是现代科技和文明的产物，休闲是几千年来人们一直追求的生活方式，这两个看来好像毫无关系的词，今天却巧妙地结合在一起，汽车丰富了人们的休闲生活。

近年来，多种休闲轿车，如RV、CRV等在中国的兴起，就说明汽车正在改变人们的休闲方式。因为有了车，人们在周末、节假日的活动更丰富了，本地游、郊区游、外地游也渐趋流行。

私家车的增多使得“自驾游”成为一种时尚的旅游休闲方式。美国人最初将周末开车出游称为Sunday-drive，后来改称为Drive Travel，自由和个性化使自驾车旅游充满魅力。

“自驾游”的优点在于不需别人的刻意安排，可以在任何地方停留，欣赏自然美景。随车携带的物品，可以满足“吃、住、行”的需要，能真正体验生活与天地同住的感觉，自然十分惬意。

5. “e代驾”与“专车”的兴起

（1）“e代驾” “代驾”就是当车主不能自行开车到达目的地时，由专业驾驶人员驾驶车主的车将其送至指定地点并收取一定费用的行为。一般在餐饮行业使用较多，车主去饭店聚餐喝酒，酒后因为不能开车，由其他人代为开车。

一些传统代驾与酒店保安等进行合作，收费贵、不规范、安全无法保障，不但对用户利益造成损害，对整个行业的健康发展也带来了不利的影响。在移动互联网的大环境下，车类O2O蓬勃兴起，“e代驾”就是基于地理位置的代驾O2O公司，其使用人群主要是白领、金领，包括有一定经济实力偏重社交的用户群体，多数是在应酬、酒后方便及时叫代驾，并且多数代驾者是在晚间喝酒后才产生的需求。e代驾服务的本质是共享经济模式下，让拥有开车技能的人的碎片时间产生价值（图5-6）。

a)

b)

图5-6 e代驾服务

e代驾不止是代驾，更多的是一种生活方式。截至2015年3月份，e代驾已经开通130多个城市，合作的餐饮、娱乐门店超过110万家，e代驾60 000名师傅代驾行驶的路程相当于绕地球2800多圈。

e代驾提供的服务包括：酒后代驾、商务代驾、疲劳代驾、长途代驾、代驾保养、代驾洗车、代驾接送人、“专属司机”等。您能想到的，e代驾都能做到。

2014年e代驾根据用户回访数据发现，应用代驾的原因主要集中在：婚宴（7%）、亲朋聚会（45%）、商务宴请（28%）三大类别，这些传统的酒后代驾占据了80%的业务份额。同时，随着人们对代驾模式的日益接受，一些新的代驾业务在悄然崛起。数据显示，春节期间最受欢迎的项目是“e代驾洗车”。目前，北京、上海、广州、深圳、杭州、天津、成都都开通了代驾洗车服务，而如4S店代保养、代洗车、代修车、代接送人等业务也有着一定的需求量，甚至还有要求代驾师傅帮忙买菜购物的。

（2）“专车”　“专车”是由打车平台、政府共同认证，用于运送乘客的，主要通过手机等移动设备完成订单预约及支付的具有合法运营牌照的营运车辆。从最开始打出租车到现在越来越流行的专车，有了这些打车软件平时打车确实方便很多，而且现在专车新用户的优惠政策让打车的价格显得格外亲民。正是由于市场的火爆，市面上有多种专车软件。主流的APP应用有：Uber、滴滴出行、神州专车、易到用车等。各家采取的运营模式不尽相同，用户体验也会有一些差别。

目前专车APP车辆来源主要有两种：一种是自建车队、招募驾驶员的公司直接自营方式。这种方式的车辆是公司自己的，运营具有较高的可控性，但是投入较大，属于重资产模式，以神州专车为代表（图5-7）。另一种是招募社会车辆加入或者租用汽车租赁公司车辆的经营方式。公司自身没有车辆，只提供平台，属于轻资产模式，以Uber为代表。

图5-7　神州专车

神州专车由于在汽车租赁行业有多年的积累，自身有较为庞大的车队，这是其进入专车市场的一个非常大的优势。其他公司想在短时间内自建车队基本不可能，一是资金方面的障碍，二是大城市汽车上牌很难。采用自建车队在法律政策上的风险要小一些，因为车辆都是出自正规租赁公司，可以和市场上的“黑车”划清明确的界限，因而看起来更像是专车市场上的正规军。

图5-8　滴滴专车

以Uber、滴滴等为代表的专车则是以轻资产的模式发展。因为是吸收社会车辆加入，自身不购置车辆，所以扩张起来更加迅速（图5-8）。Uber目前已经扩张到全球200多座城市，估值500亿美元，但是它却没有一辆汽车。在中国Uber覆盖了9座城市，但是每座城市的员工数量只有3人左右，这正是轻资产模式的神奇所在。这种搭建平台的模式让城市中的闲置车辆更好地利

用起来，驾驶人可以通过业余时间赚上一笔，用户在出行的时候能更加方便地打到车。这对解决大城市打车难的问题，起到一定的缓解作用。

第二节 汽 车 礼 仪

礼仪体现一个人的修养，体现一个民族的素质。穿着打扮有礼仪，谈吐就餐有礼仪，行车走路有礼仪，待人接物有礼仪……日常生活中处处充满着礼仪。随着汽车逐步融入人们的社会生活中，人们的生活与车的关系越来越密切，与汽车相关的各种礼仪自然也就越来越多地受到重视。

一、乘车礼仪

乘车文明从某种程度上体现着人们的生活质量和公德意识。乘车礼仪主要体现在车内座位的排列次序和上下车的次序上。

不论什么场合，位次问题都是非常重要的内容，表达的是尊重和礼节。乘车时的位次安排是有一定讲究的。

我国自古以来就是礼仪之邦，古代乘车时分上位和下位，上位为尊。后来位次尊卑分为左右，但不同朝代说法不同，唐代、宋代、明代尊左，元代、清代尊右。现在，车内座位的排列次序遵循“方便为上，安全为上，尊重为上”的原则。

（1）轿车的座位　轿车的座位，乘坐双排座轿车时，座次的具体排列因驾驶人的身份不同，分为两种情况：

1）车主亲自驾车。双排五座轿车上其他四个座位的座次，按礼仪重要程度依次为：副驾驶座，后排右座，后排左座，后排中座。

车主亲自驾车时，若一人乘车，则必须坐在副驾驶座上；若多人乘车，则必须推举一人在副驾驶座上就座，否则就是对主人的失敬。

2）专职驾驶人驾车。双排五座轿车上其他四个座位的座次，按礼仪重要程度依次为：后排右座，后排左座，后排中座，副驾驶座，如图 5-9 所示。

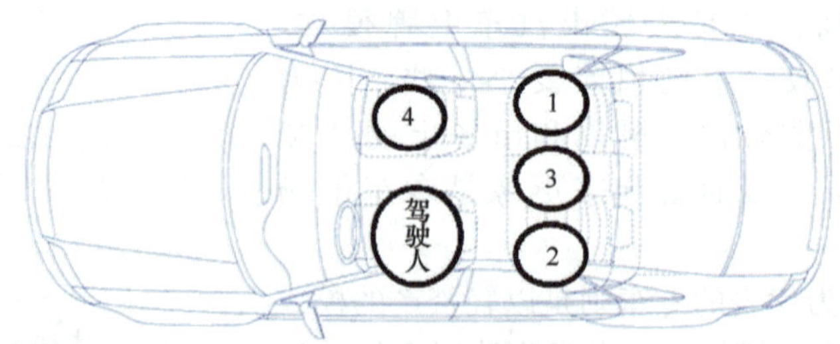

图 5-9　专职驾驶人驾车时轿车位次排列

在公务活动中，副驾驶座被称为“随员座”，一般供秘书、翻译、警卫、陪同等随从人员就座。

（2）微型客车的座位　微型客车俗称“面包车”，一般座位为三排，车内的位次是中间为上，前后两端为下。即第二排（驾驶人后面的一排）的位置为上，第三排次之，最后一

排（超过三排时）和第一排（副驾驶）居末。在同一排的两（三）个座位中，以右面的座位为尊。也就是说，第二排右座是全车中的首席。

（3）旅行车的座位　在接待团体客人时，多采用旅行车接送。旅行车一般为多排座位，以驾驶人座后第一排（即前排）为尊，后排依次为小。每排右侧为尊，往左侧递减。

在汽车礼仪中，不仅座位的位次安排非常重要，上下车的次序也很重要。同女士、长者、上司或嘉宾乘双排座轿车时，应先主动打开车后排的右侧车门，请女士、长者、上司或嘉宾在右座上就座，然后把车门关上，自己再从车后绕到左侧打开车门，在左座坐下。到达目的地后，若无专人负责开启车门，则自己应先从左侧门下车后绕到右侧门，把车门打开，请女士、长者、上司或嘉宾下车。在通常情况下，应等上司或嘉宾上车后其他人再上车。在上司或嘉宾上车时，应主动为上司或嘉宾打开车门。若是特别尊贵的客人，还应在打开车门的同时，礼节性地用另一只手护住车门的上沿，防止客人上车时碰到头部。下车时，其他人先下车，以便在上司或嘉宾下车时为之提供必要的服务或帮助。

二、行车礼仪

行车礼仪在日常生活中是非常重要的，主要体现在正常行车、超车、会车和让车等几个方面。

1. 正常行车礼仪

在我国，汽车应遵循靠右行驶的原则，各行其道，不随意变更车道。严格遵守交通规则，按照各种交通标志行车。转弯时，应提前打开转向灯。不要随意按喇叭。喇叭仅仅在需要的时候用短暂而清脆的声音提示他人，不需要用足力气让喇叭爆发最大音量。在街道、安静的小区、校园等场合，不要使用喇叭提醒别人。

异常天气多为路人考虑。雨雪天气要减速慢行。驾驶人在经过水坑的时候，要注意减速、避让，不要把水溅到别人身上。

一个有礼貌的驾驶人在任何时候都会让行人先行，不跟行人抢路。驾驶人应耐心等待行人横穿过马路，即使这时交通灯已经转变为绿色。当一辆车在十字路口停下时，驾驶人应将车停得远离人行道，不给行人带来不便。

对新手要多宽容。现在买私家车的人越来越多，新手上路也越来越多。有的人对新手缺乏应有的宽容和理解，嫌新手开得慢，就在后面使劲按喇叭，或者跟得很紧，造成新手越发的紧张。

今天的交通是“饱和交通”，一辆车行驶速度过慢，就很容易形成一个流动的瓶颈。因此，要求每位驾驶人在没有任何道路障碍的时候尽量不要压车行驶。当然路况好时，也不要飙车，注意行车安全。

作为驾驶人，要做到不酒后驾车，不疲劳驾驶，开车时不打电话、不吸烟，这些不仅是对自己的生命负责，也是对他人的生命负责，对社会负责。

2. 超车礼仪

坚持左侧超车。超车时按以下步骤进行：首先，要通过左后视镜观察左后方车道内有无车辆高速接近，并在超车时提前十几秒打开左转向灯；其次，驾车开始向左变道并加速准备超车时，要注意观察前后方车辆以及道路条件是否符合超车要求。晚间超车时应当闪烁两三下远光灯，以告知前面的被超车辆。在与被超车并行时，要双手握紧转向盘，特别是超越大型车辆或被大型车辆超越时，要保持足够的横向安全间距；最后，在超越了被超车辆后，要继续沿超车道行驶一段距离，与被超车辆保持安全距离之后，开启右转向灯，缓缓地回到行车道上。回到行车道后，别忘了关闭转向灯。

如下情况不能超车：行驶在交叉路口、人行道、浸水桥、铁路道口、急转弯、窄道、隧道；掉头、转弯、下坡；风、雨、雪、雾等特殊天气，能见度低于30m以下等。

3. 会车礼仪

会车时要做到“礼让三先”：先让、先慢、先停。尽量避免在窄桥、涵洞、急转弯或有障碍物的路段会车。在路面较窄的道路上会车，要注意周围交通情况的变化，尽量避免本车与对面来车和障碍物或非机动车形成横向“三点一线”的情况。会车时要估计到从对面来车的后部突然出现车辆和行人等情况，并随时做好停车的准备。

夜间行驶时应打开前照灯。如果自己是头车，路面采光不好，可以用远光灯照明。但如果遇到会车情况，应该及时调到近光灯，避免因强光晃眼给对面车辆驾驶人造成驾驶障碍。

4. 让车礼仪

礼让造福，抢行肇祸。让则畅，抢则堵。人让车，让出一份安全；车让人，让出一份文明；车让车，让出一份秩序。礼让行车时，要注意以下原则：

1）让优先通行的车辆。车让车不同于人让人，人让人的自由度大，车让车必须按规定让，否则极易造成交通失序。

2）让行人。在任何情况下，发现前方有行人时，都应减速礼让行人。在驾车方具有优先通行权时，减速礼让的同时可以鸣喇叭提醒行人避让。在单位院落、居民居住区内，机动车应当低速行驶，避让行人。遇大雨等坏天气，在乡村公路、小巷等狭小道路行车遇行人时，应减速让行人从较好的路面通过。

3）让公交。公交优先已成为现代城市交通发展的重要战略。每一位行车者都应有公交优先的意识，自觉让公交先行，以提高道路通行效率。

4）让急者。人生一辈子难免会遇上几件急事。一般行车人遇后车闪灯、鸣喇叭欲超车时，应减速让超。

三、停车礼仪

在日常生活中，常有车主为停车的事与他人发生口角，甚至拳脚相加，这都是因为车主不清楚停车礼仪所致。停车时，要做到“三不堵”，即不堵他人之车、不堵非机动车道、不堵在商店门口和小区出入口。不要把车停在人行通道上，或占用已属于别人的车位，或堵住他车出路。不管车位是否拥挤，都应注意按车位线停车，或者与大家的停车方向保持一致。不管车技如何，尽量与别的车靠近，以此让更多的车主能在这有限的空间内找到停车的车位。如果实在没有车位，而又一定要短暂停留时，可在车上贴个条，写上自己的电话，告知需要挪车时与你电话联系。不要不管不顾地停，因为后果很难预料。夜间停车，应关闭前照灯，以免影响他人。

在夜间或遇风、雨、雪等天气时，如果需停车要打开示宽灯和尾灯，并靠路边停放。如果发生故障需要停车，还应在车后摆好三角停车标志牌，夜间开小灯或尾灯。

第三节 汽车运动

各式各样的汽车比赛统称为汽车运动，它是世界范围内一项影响较大的体育运动。多姿多彩的汽车运动不仅使汽车这一冷冰冰的钢铁机器充满生机，而且汽车运动的激烈、惊险、热情、刺激使亿万车迷为之疯狂。汽车运动的发展促进了汽车技术的日新月异。

一、汽车运动的起源

汽车运动是使用汽车在封闭场地内、道路上或野外进行速度、驾驶技术和车辆性能比赛的一项运动。在国外，汽车运动的发展几乎与汽车技术的发展同步。19 世纪 80 年代，欧洲大陆出现了汽车的雏形，汽车运动就随着汽车工业的发展而兴起。汽车比赛的起初目的是为了检验车辆的性能，宣传参赛汽车的安全性和可靠性。

世界上最早的车赛是在 1887 年 4 月 20 日由法国《汽车》杂志社主办的，参赛的只有一名选手，名叫乔尔基·布顿，他驾驶一辆四人座的蒸汽汽车从巴黎沿塞纳河畔跑到了努伊伊。

世界上最早采用汽油汽车进行的长距离公路赛，是在 1895 年 6 月 11 日由法国汽车俱乐部和《鲁普·奇杰·鲁纳尔》报联合举办的，路程为从巴黎到波尔多往返，全程长达 1178km。此次比赛共有 23 辆车参赛，跑完全程的有 8 辆汽油汽车和 1 辆蒸汽汽车。

在以后的车赛中，为安全起见，汽车比赛逐渐改为在封闭的赛场和跑道上进行，逐步演变成了现在的汽车场地赛。最早的汽车跑道赛于 1896 年在美国的普罗维登斯举行。法国的勒芒市在 1905 年举行了第一次真正意义上的场地汽车大奖赛。从此，汽车大奖赛成为世界体育舞台上一项非常重要的赛事，小城勒芒也因此闻名于世。图 5-10 所示为 20 世纪初的汽车比赛。

图 5-10　20 世纪初的汽车比赛

二、汽车运动的组织

1904 年 6 月 20 日，由法国、英国、德国和比利时等欧洲国家发起，在巴黎成立了国际汽车联合会（法文 Federation Internationale de l' Automobile，缩写为 FIA），简称“国际汽联”，它的总部设在法国巴黎。国际汽联以推动汽车工业发展为宗旨，其最高权力机构是世界汽车旅游理事会和世界汽车运动理事会。两个理事会的主席均由国际汽联主席担任。两个理事会分别另设一名执行主席，其成员各由会员代表大会选举产生的来自不同国家的 21 名委员组成。

世界汽车旅游理事会主要负责为汽车使用者解决问题；世界汽车运动理事会（Federation of International of Sport Automobile，缩写为 FISA）主要负责统筹世界各国汽车运动组织，为所有不同种类的赛车运动制定规则，协调安排世界范围内的各项汽车比赛。两理事会分别

设立若干个特别委员会，它们在各自负责的范围内开展工作。其中较有影响的委员会有：赛道及安全委员会、一级方程式赛车委员会、拉力赛委员会、卡丁车委员会、汽车旅游委员会和制造厂商委员会等。国际汽联每年根据各国的申请，在世界上约 80 个国家和地区安排包括世界锦标赛、世界杯赛、世界大奖赛和地区赛在内的近 800 场各类国际汽车比赛。

中国汽车运动联合会是全国性体育社团，是中华全国体育总会团体会员。其前身为中国摩托运动协会，1975 年成立于北京，1983 年加入国际汽车联合会。1993 年 5 月，汽车运动项目从中国摩托运动协会分离，单独组成“中国汽车运动联合会”，最高权力机构是全国理事会，实行会员选举制。其主要任务是负责全国汽车运动的业务管理，组办国内外汽车比赛和体育探险活动，指导群众性活动，培训运动员、教练员和裁判员，参加国际交往和技术交流。它是中国境内管辖汽车运动唯一的全国性组织。

三、汽车运动的分类

自 20 世纪 50 年代开始，世界汽车工业飞速发展，推动汽车运动的水平不断提高。汽车比赛始终是围绕普通交通车和特制赛车两大类车种发展。国际上统一的竞赛项目有方程式汽车赛、拉力赛、越野赛、耐力赛、创纪录赛、直线竞速赛、场地赛、驾驶技巧赛、爬坡赛和卡丁车赛等。国际汽车联合会对在世界范围内开展广泛、影响大的项目设立世界锦标赛。

1. 方程式汽车赛

方程式汽车赛（Formula）属于汽车场地赛的一种，如图 5-11 所示。20 世纪初汽车场地赛刚兴起时，人们对比赛没有任何限制，车赛的输赢在很大程度上取决于汽车自身的性能。到了 20 世纪 30 年代，为了规范汽车比赛并使比赛的胜负不再由发动机的功率、而是由车手的技术来决定，开始规定发动机的类型和气缸容量，于是有了方程式（FORMULA）的概念。所谓方程式赛车，是指按照国际汽车联合会规定标准制造的赛车。这些标准对方程式赛车的车长、车宽、轮距、车重、发动机的功率、排量、是否用增压器以及轮胎的尺寸等技术参数都做了严格的规定。拟生产方程式赛车的厂家，首先要通过 FIA 的认可，在确信有足够的技术生产实力后才能够生产方程式赛车。方程式赛车是生产厂家创造力、想象力、技术水平和经济实力的结晶，其价值不亚于一架小型飞机。

图 5-11 方程式汽车赛

方程式汽车赛有三个级别：一级方程式车赛、F3000 方程式车赛和三级方程式车赛。

（1）一级方程式车赛 一级方程式车赛（F1/Formula 1）是方程式汽车赛中最高级别的比赛，一级方程式赛车如图 5-12 所示。现代世界一级方程式锦标赛是于 1950 年在英国银石赛车场开始的，现在每年举行 16 场比赛，由国际汽车联合会安排比赛。现有参赛车队均为一级方程式车队协会（FOCA）的成员，车手必须持有由国际汽车联合会签发的“超级驾驶执照”，每年全世界持有这种执照的车手不超过 100 人。

目前，F1 每场比赛最多只有 20 位车手上场，每年规划有 16 至 17 站的比赛，通常约在

三月中开赛，十月底结束赛季。比赛设车手奖和车队奖。每场比赛的全程距离大约为305km，所用时间不超过2h。每场比赛取前6名，车手获得分数依次为10、6、4、3、2和1。在每一赛季结束后，将车手在全年16场比赛中的比赛成绩相加得出总积分，得分最高者为当年世界冠军。车队世界冠军的计分方法与车手计分方法相同。

图5-12　一级方程式赛车

比赛使用四轮外露的单座赛车，由底盘、发动机、变速系统、轮胎和空气动力装置等构成，最小质量为600kg。底盘是以航天飞机的构造科学为基本理论依据，用碳化纤维制造。发动机依不同时期的比赛规则而变化，自1995年开始，规定使用气缸容积为3.0L的自然吸气式汽油发动机，气缸数目最多12个，输出功率为478kW。变速器设有6~7个档位，并采用半自动变速系统。使用的轮胎采用特殊合成橡胶制造，分干地用轮胎与湿地用轮胎两种，以便于在不同气候下使用。赛车的车身呈流线型，在其前、后部设有扰流装置和翼子板，在运动中利用空气动力学的原理产生下压力量，增加轮胎的附着力，使赛车紧贴地面运动。

目前，世界上约有20多支实力雄厚的一级方程式汽车赛车队，大多属于英、法、意三国，其中著名车队有法拉利、麦克拉伦、威廉姆斯、莲花等。F1车赛举办50多年来，共举行过1000多场比赛，只有几十位车手曾经享有世界冠军的无上荣耀。而德国车手舒马赫（图5-13）以优异的技巧、过人的胆识与反应，不断挑战地表速度的极限，七度荣获F1的总冠军，被誉为“一代车神”。

图5-13　一代车神舒马赫

（2）F3000方程式车赛（F3000/Formula 3000）　F3000方程式车赛使用的赛车是四轮外露的单座位纯跑道用方程式赛车，装备8缸、排量为3L的自然吸气式汽油发动机，输出功率约350kW。

（3）三级方程式车赛（F3/Formula 3）　三级方程式车赛使用的赛车是四轮外露的单座位纯跑道用方程式赛车，外形与F1赛车相类似，但体积较小，最小质量为455kg，配备4缸、排量为2L的自然吸气式汽油发动机，输出功率约125kW。

2. 卡丁车赛

卡丁车赛（Karting）是汽车场地比赛项目的一种，分方程式卡丁车，国际A、B、C、E级和普及级6类，共12个级别。

按国际运动规则的定义，卡丁车是“有车厢或无车厢的微型汽车，它四轮独立悬挂，持久地接触地面，后两轮驱动，前两轮导向。”卡丁车的结构简单，由钢管式车架、四个小车轮、转向系统、脚蹬（离合器、节气门、制动）、风冷或水冷发动机、传动链护罩、车手座位、前后保险杠及护套等组成，如图5-14所示。它距地面只有4cm，车手全身裸露在外，

最高时速可达130km，但驾车者的体感速度是实际速度的2～3倍，更加刺激。卡丁车在弯道上的横向加速度很大，仅次于方程式赛车。它是靠惯性发动的，比赛时，运动员推车飞奔，起动之后一跃而上，这在汽车比赛中可算是独此一家。

卡丁车运动于1940年在东欧开始出现并逐渐推广，20世纪50年代末才在欧美普及并迅猛发展，当时这种运动称之为“高卡（GO KART）”，如图5-15所示。20世纪50年代末，人们已不再满足于用卡丁车仅进行休闲娱乐，于是以竞速比赛为主要形式的卡丁车竞技活动广泛地开展了起来，但组织形式十分松散，车辆规格和比赛规则也不统一。为了该项运动健康发展，统一标准便于管辖，以及在全世界推广卡丁车运动，1962年由国际汽车联合会当任主席巴莱斯特倡议成立了国际汽车联合会卡丁车委员会，负责在世界范围内普及、促进卡丁车运动，监督实施统一的规则和技术标准。经过近16年的演变，在1978年卡丁车委员会经改组成立了国际汽车联合会新的卡丁车委员会，当时会员只有15个。从那时起，卡丁车运动有了很大的改变，形成了现代卡丁车运动，使卡丁车进入了一个新的发展时期，并使其成为培养现代方程式赛车车手的基础和桥梁。

图5-14 卡丁车

图5-15 卡丁车运动

卡丁车是世界方程式赛车的最初级形式，由于许多著名的F1赛手都是从卡丁车运动起步的，因此卡丁车被视为“F1”的摇篮。巴西的塞纳、德国的舒马赫等45位著名赛手均是从卡丁车赛中脱颖而出的。

3. 拉力赛

拉力赛（Rally）亦称“多日赛”，是汽车道路比赛项目之一。拉力赛始于1911年，当年在摩纳哥的蒙特卡罗举行的长途汽车比赛上，组织者首次将“Rally”作为长途汽车比赛的名称，并沿用至今。拉力赛在有路基的土路、沙砾路或柏油路上进行，是在一个国家内或者跨越数国举行的既检验车辆性能和质量，又考验驾驶技术的长途比赛。

比赛在规定的日期内分若干阶段进行，每阶段内设置由行驶路段连接的数个测试速度的赛段交替进行，每个赛段的长度不超过30km。比赛采用单个发车方法，每个车组由1名驾驶员和1名副驾驶员（领航员）组成。以每个车组完成全部特殊路段比赛的时间和在行驶路段所受处罚时间累计计算最终成绩，时间短者名次列前。比赛对行驶路段的行驶时间有严格限制，车组必须按规定的时间依次到每个时间控制点报到，迟到或早到都会受到处罚。

参赛车辆必须使用在国际汽联注册、年产量超过5000辆的标准4座小客车和旅行车，并按比赛规则改装，发动机最大输出功率不准超过220kW。国际汽车拉力赛每年设有世界拉力锦标赛（14站）、欧洲拉力锦标赛（11站）、亚洲拉力锦标赛（6站）、非洲拉力锦标

赛（5 站）和中东拉力锦标赛（6 站）等众多大型赛事。

我国著名的环塔拉力赛成立于 2004 年，每年 5 月初在塔克拉玛干沙漠、罗布泊、古尔班通古特沙漠、库姆塔格沙漠地区等区域进行比赛，是一项不断向艰苦自然环境、人类体能极限和赛车技术性能发起挑战的运动。

4. 越野赛

越野赛（Rally Cross）是汽车道路比赛项目之一，是在一个国家的公路和自然道路上举行的允许对该国进行考察的汽车比赛。经过几个国家的领土，总长度超过 10 000km 或跨洲的比赛称为马拉松越野赛。除国际汽联特别批准外，越野赛的赛程不得超过 15 天，比赛必须在白天进行。采用单车发车方式。比赛每经过 10 个阶段后至少休息 18h。每阶段的行驶距离自定，但每个赛段最大长度，越野赛规定不超过 350km，马拉松越野赛规定不超过 800km。必须使用在国际汽联注册的全轮驱动汽车参赛。

1996 年，国际汽联首次对越野赛实行世界杯赛制，其中较著名的比赛有巴黎至达喀尔越野赛、突尼斯国际汽车赛、巴黎至莫斯科至北京马拉松汽车越野赛和阿拉伯联合酋长国沙漠挑战赛等。

四、中国大学生方程式汽车大赛

中国大学生方程式汽车大赛（Formula Student China，简称“中国 FSC”）是一项由高等院校汽车工程或汽车相关专业在校学生组队参加的汽车设计与制造比赛。各参赛车队按照赛事规则和赛车制造标准，在一年的时间内自行设计和制造出一辆在加速、制动、操控性等方面具有优异表现的小型单人座休闲赛车，能够成功完成全部或部分赛事环节的比赛（图 5-16）。

图 5-16 中国大学生方程式汽车大赛

中国 FSC 秉持“中国创造 擎动未来”的远大理想，立足于中国汽车工程教育和汽车产业的现实基础，吸收借鉴其他国家相关赛事的成功经验，打造一个新型的培养中国未来汽车产业领导者和工程师的交流盛会，并成为与国际青年汽车工程师交流的平台。中国 FSC 致力于为国内优秀汽车人才的培养和选拔搭建公共平台，通过全方位考核，提高学生们的设计、制造、成本控制、商业营销、沟通与协调等五方面的综合能力，全面提升汽车专业学生的综合素质，为中国汽车产业的发展进行长期的人才积蓄，促进中国汽车工业从“制造大国”向“产业强国”的战略方向迈进。

中国大学生方程式汽车大赛始于 2010 年，当时的赛车统一使用燃油发动机，到 2013 年，中国大学生方程式汽车大赛参赛车分为燃油组和电动组。

比赛通过一系列静态和动态的项目来评判参赛汽车的优劣，这些项目包括：技术检验、成本分析、市场陈述、工程设计、单项性能测试、耐久测试、燃油经济性。通过给这些项目打分来评判汽车的性能，总分 1000 分。

“2015 昆仑润滑油杯中国大学生方程式汽车大赛油车赛”（图 5-17）在湖北襄阳梦想方

图 5-17 2015 昆仑润滑油杯中国大学生方程式汽车大赛油车赛

程式赛车场隆重举行。本届大赛参赛高校70余所，共计1559名同学，各路赛车高手轮番炫秀车技，上演了一场速度与激情的精彩大戏。这是第六届比赛，在4天的比赛日内展开设计（150分）、制造成本分析（100分）、营销报告（75分）、直线加速（75分）、8字绕环（50分）、高速避障（150分）、耐久赛（300分）、燃油经济性（100分）八个项目共1000分的角逐。湖北汽车工业学院huat车队以880.11的总成绩名列大赛榜首，厦门理工学院以847.7的总成绩获得亚军，湖南大学以840.69分的总成绩获得季军。

2010年第一届赛事共有20所高校车队参与，当年获得冠军、亚军、季军的分别是北京理工大学、华南理工大学、西华大学。2011年第二届赛事获得冠军、亚军、季军的分别是北京理工大学、德国慕尼黑工业大学、厦门理工学院。2012年第三届赛事获得冠军、亚军、季军的分别是湖北汽车工业学院、同济大学、广西工学院-鹿山学院 。2013年第四届赛事获得冠军、亚军、季军的分别是厦门理工学院、哈尔滨工业大学（威海）、湖南大学。2014年第五届赛事获得冠军、亚军、季军的分别是湖南大学、北京理工大学、厦门理工学院。

第四节 汽车展览

汽车承载着人们太多的梦想，而车展是让我们距离梦想最近的地方。透过车展，人们可以更清晰地认识、了解和热爱汽车；通过车展，人们还可以看到汽车行业发展的前景和未来走向。因而汽车展览越来越受到人们的关注。

一、车展概况

汽车展览会（Auto Show，简称车展）不仅是汽车这一交通工具的专业展览，更是汽车制造商宣传企业品牌，展示最新汽车科技，发布新车信息的最佳场所。通常来讲，大多数车展是每年或每两年举行一次。有些车展的影响力很大，对世界汽车工业的发展起到了推动和促进作用，如国际著名的五大车展；而有些车展则更具本土特色，成为当地车迷和购车者的汽车盛会，如世界各国独具特色的地方车展。

最早的车展可以追溯到一个多世纪前。19世纪后期，汽车产生初期，西欧国家进行了汽车大赛，参加比赛的汽车装饰得富丽堂皇，很多人为了参观而集中，并展示各式各样的汽车。1894年12月11日，在巴黎香榭丽舍大街产业宫举办的“世界自行车汽车博览会”，开创了世界汽车展览行业的先河。当时，各国汽车制造商缺乏对汽车展览的认识，只有英、法等国家的9家汽车公司携带20多款新车参加展出，展品有自行车、摩托车、蒸汽机汽车和汽油汽车，没想到参观者络绎不绝，纷纷询问各款汽车的性能和售价。历时15天的博览会

给汽车销售创造了无限商机，参会的各家汽车公司都接到了不少汽车订单，从而使新兴的汽车展览行业引起各界人士的高度关注。

20 世纪以来，欧美各国的汽车展览行业方兴未艾，伦敦、纽约和柏林等城市先后成功地举办了世界汽车展览，各国汽车制造商争先恐后地携带新款车型参加展出，借此提高企业品牌知名度，抢占国际汽车市场份额，加快了汽车国际化的进程。

二、国际著名车展

车展是展示汽车企业品牌文化、最新研发成果的一个平台。衡量某一车展是否为国际一流的主要依据是：参展商的规模和级别，汽车展品的档次，首次亮相的新车与概念车的多少，展出面积，配套设施的先进性、完备性，主办方的服务质量，国内外媒体宣传报道量，观众数量和专业水平等。德国法兰克福车展、法国巴黎车展、瑞士日内瓦车展、北美国际汽车展和日本东京车展被誉为当今国际五大车展。

1. 法兰克福车展

法兰克福车展的前身为柏林车展，创办于 1897 年，1951 年移到法兰克福举办，每年一届，轿车和商用车轮换展出。法兰克福车展是世界上规模最大的车展，有“汽车奥运会”之称。后来法兰克福车展改为每两年举办一次，一般安排在 9 月中旬开展，为期两周左右。参展的商家主要来自欧洲、美国和日本，尤其以欧洲汽车商居多。法兰克福地处德国，唱主角的自然是德国企业，这似乎与底特律车展、东京车展的地域性同出一辙。德国是现代汽车的发祥地，是奔驰汽车公司、大众汽车公司、奥迪汽车公司等老牌公司的老家，法兰克福车展正是它们一展身手的好机会。2015 年第 66 届法兰克福车展于 9 月 17 ~ 27 日在法兰克福展览中心盛大揭幕。各大汽车厂商都在本届车展上推出多款量产新车以及超前的概念车型。而无论是量产车还是概念车，汽车科技都成为这些新车最吸引人的部分（图 5-18）。

图 5-18　2015 年法兰克福车展

2. 巴黎国际汽车展

享誉全球的巴黎国际汽车展，自 1898 年创办以来，直至 1976 年每年一届，以后每两年一届，是世界第二大汽车展。巴黎车展的展览时间一般在 9、10 月间，与德国法兰克福车展交替举办，展览地点位于巴黎市区，共有 8 个展馆，展出的车辆主要有轿车、跑车、商用车、特种车、改装车、古董车、电动车及汽车零部件等。近几年，在德国法兰克福车展和法国巴黎车展期间，还有当地具有特色的日用百货展览也参与其中。巴黎车展是国际车展中商业味最浓的一个。

作为浪漫之都的巴黎，它的车展如同时装展，总能给人争奇斗艳的感觉。法国的汽车设计一向以新颖独特著称于世，富于浪漫和充满想象力的法国人，总是在追求别具一格的车型、风一般的速度和最舒适的车内享受，这些法国人的嗜好，都在巴黎车展中显露无遗，使得巴黎车展始终围绕着“新”字做文章。与此同时，巴黎车展也是概念车云集的海洋，各

款稀奇古怪的概念车常常使观众眼前一亮。

3. 日内瓦车展

日内瓦车展创办于1924年，举办地在瑞士的日内瓦，是欧洲唯一每年度举办的大型车展。日内瓦车展每年3月举行，是各大汽车商首次推出新产品的最主要的展出平台，素有“国际汽车潮流风向标”之称。日内瓦车展在展览面积7万多平方米的室内展馆举行，面积虽然不大，却是生产豪华轿车的世界著名汽车生产厂家的必争之地。在五大车展中，瑞士是唯一一个没有汽车工业的国家，但却承办着世界上最知名的车展之一，它每年总能吸引着30个国家900多辆汽车参展，是世界上举足轻重的车展之一。车展期间，日内瓦大小宾馆均告客满，由于人数众多，许多人不得不住到洛桑、苏黎世、伯尔尼等城市甚至邻近的法国，因此给这些地方带来不菲的旅游收入。

4. 北美国际汽车展

一年一度的北美国际汽车展的前身是原美国底特律国际汽车展览会，至今已有百年的历史，是美国创办历史最长的车展之一，由底特律汽车经销商协会主办。

1900年11月，纽约美国汽车俱乐部召开了第一届世界汽车博览会，1907年转迁到底特律汽车城，当时会场设在贝乐斯啤酒花园，小小的展示区中参加的厂商只有17家，车辆不过33辆。1957年，欧洲车厂终于远渡重洋而来，车展上首次出现了沃尔沃、奔驰、保时捷的身影，获得了美国民众的高度重视，底特律车展的“王旗”正式树起。从1965年起，展览移师COBO会议展览中心。1989年底特律车展更名为北美国际汽车展，每年1月办展。北美国际汽车展每年总能出现40~50辆新车。众多人被吸引到车展的原因，除了对汽车的兴趣外，还因为车展办得像个大的假日集会，吃喝玩乐，热闹非凡。近年来，车展每年为底特律带来可观的经济效益，年均在4亿美元以上。2016年的北美国际汽车展11日在美国“汽车之都”底特律拉开帷幕，40余款新车登台亮相，其中90%为全球首发。作为展示全球汽车工业最高水平的车展之一，2016年北美国际车展展品代表了未来汽车产业技术发展方向。其中，新能源、提高燃油经济性、数字化和自动驾驶四大潮流成为本次展会的看点。图5-19所示为2016年北美国际汽车展沃尔沃公司展出的概念26（Concept 26）自动驾驶车。

图5-19　2016年北美国际汽车展沃尔沃公司展出的概念26（Concept 26）自动驾驶车

5. 日本东京车展

日本东京车展创办于20世纪40年代，每年10月底举行，单数年为轿车展，双数年为商用车展。展馆位于东京附近的千叶县幕张展览中心，是目前世界上最新、条件最好的展示中心之一。

东京车展是五大车展中历史最短的，被誉为“亚洲汽车风向标”。东京车展是亚洲最大的国际车展，第一次车展始于1954年。东京对于世界汽车市场有较深的影响，对于亚洲汽车市场有着重要的意义，与其他西方大型车展相比，日本车展更具有东方风韵。日本厂商参展的造型小巧精美、内饰高档的车总能成为车展的主角。东京车展具有鲜明的特点：除日本车商出产的五花八门、千姿百态的小型汽车外，各式各样的汽车电子设备和技术也是展会的

一大亮点。

三、国内著名车展

近年来，国内举行的车展有很多，几乎每个省份每年都要举行一定规模的车展。另外，各汽车厂家还在全国各地举行不定期的巡展，其中最有影响的车展要数北京车展和上海车展。北京车展和上海车展是国内规模较大、影响力较大的车展，均为两年一届，两地间隔举行。因此，这两个车展，不仅是车界的盛会，也反映出汽车制造、消费的变化。车展的变化，折射出进入汽车社会的进程。每一年的车展都能给人们带来一些新鲜而又别样的感觉。

1. 北京国际车展

北京国际汽车展览会（AutoChina）创办于1990年，是全球汽车业界在中国每两年一次的重要展示活动，也是中国最具权威性、最有影响力的国际汽车展览会，该展览会每逢双数年4月间在北京中国国际展览中心定期举办。依托中国巨大的汽车消费市场和快速发展的中国汽车工业，北京国际车展在展览规模、国际化水准、展品质量以及在全球的影响力逐届提高，受到中外汽车界、新闻界和社会各界的高度关注和积极参与。众多国际知名汽车公司将北京国际车展列为全球最重要的国际级车展，中国本土汽车企业也将北京国际车展作为展示自主知识品牌、推出最新科技成果的首选平台。北京国际车展始终坚持“展品精、品牌全、国际化”的办展理念和特色，结合地缘区域特有的政治、文化影响和人文色彩，形成极具特质的汽车文化氛围，造就北京国际车展的独特魅力。北京国际车展已超越一个展会的意义，成为中国汽车行业具有国际影响力的象征符号。图5-20所示为2016（第十四届）北京国际汽车展览会。

图5-20　2016（第十四届）北京国际汽车展览会

2. 上海国际车展

上海国际车展（Automobile Shanghai）创办于1985年，两年举办一届，逢单数年举办，是中国最早的专业国际汽车展览会。2004年6月，上海国际车展通过国际博览联盟（UFI）的认证，成为中国第一个经UFI认可的汽车展。伴随着中国及国际汽车工业的发展，经过多年积累，上海国际车展已成为中国最权威、国际上最具影响力汽车大展之一。随着上海国际车展规模扩大及行业影响力深化，为更好地满足参展企业，提供更卓越的现场服务，2015年上海国际车展移师全球最大的会展中心——中国博览会会展综合体全新亮相，依托全新的综合体展馆举办车展为今后的规模化发展奠定基础。作为中国乃至国际汽车工业最具品牌价值与影响力的展示、发布及贸易平台，上海国际车展这一万众瞩目的全球汽车大展，将聚焦中国及全球汽车产业的新科技、新产品，显示全球工业在设计、环保、文化等方面的前沿理

念，也将见证中国车企在这一新趋势下不断攀升的创新能力与奋勇崛起进军国际市场的步伐，成为引领全球汽车工业未来的风向标。图 5-21 所示为 2015 年上海国际车展现场。

四、汽车模特

汽车模特（图 5-22）的出现，是受到外来文化冲击的必然结果。1886 年德国人卡尔·本茨和戴姆勒发明汽车以后，模特一词不知不觉地便和汽车联系在一起。在当代各类广告视觉印象评比中，与美女有关的广告印象率高达 85%，居第一位，说明美女和名车的组合也是合理的，这是商业社会发展的一种进步。美女和汽车的组合，逐渐成为一种时尚，一种全新的促销手段。车模靓丽的面容、婉约动人的身段，与一辆辆名车一起构成完美的汽车展台。钢铁铸就的汽车与柔美婀娜的汽车模特的搭配，成为汽车车展的表现形式之一。

图 5-21　2015 年上海国际车展现场

图 5-22　汽车模特

汽车模特作为一个新兴行业，以其鲜明的行业特征融入社会，成为汽车文化的一部分。在北京举办的首届国际汽车博览会上，“汽车模特”的概念就由西方引入中国，这一新名词随之产生，“汽车模特”从此为我国汽车博览会增添了一道亮丽的风景。

汽车模特表现的是人与车之间的关系，展示汽车的文化，其中包括市场定位、消费对象、汽车品牌及性能的推广等，表现出不同环境中人与车、车与自然的关系，达到人体美与汽车美的完美结合。不同的车有着不同的风格和品位，汽车模特应有与之相应的气质、姿态，才能将汽车的内涵表现出来。例如，一部跑车需要树立一个热情奔放、充满活力的形象；一部豪华轿车则以高贵、典雅形象为佳；而概念车则以抽象、前卫形象为合适；家庭用车以温馨、浪漫形象为主角；旅行车以自然、休闲形象为重点。模特通过气质、装束、造型、语言、表演、创意及汽车知识表现等方面来体现汽车的品位和用途。

是汽车衬托美女，还是美女代表汽车，这并不重要，重要的是人们将汽车人性化，把车和人非常完美地融合在一起，这才能体现车展的真正内涵。

第五节　汽 车 收 藏

随着汽车越来越多地进入寻常百姓的家庭，以汽车文化为主题的收藏悄然兴起，成为当

令人们收藏的又一热点。汽车收藏范围广泛，凡与汽车相关的纪念品、宣传品和文化用品等，均受到“车迷”们的青睐。

一、老爷车收藏

“老爷车”一词，最早出现在1973年英国出版的一本《名人与老爷车》杂志上，尽管它的直译应该是“经典的古老汽车”，但由于“老爷车”强烈的拟人色彩，此名称很快得到各国汽车界人士的认可，并迅速传播。

最初的老爷车收藏者大多出于个人爱好，空闲时间开上老爷车出游是当时有钱人流行的生活方式之一。而现在，汽车市场的迅猛发展让收藏老爷车产生了经济回报，越来越多的人开始在“老爷车”市场淘金。根据国际老爷车联合会（FIVA）的最新统计，欧盟每年“老爷车”产业市场有160亿欧元，从业企业9000多家，员工总数5.5万人。每年从欧盟出口的“老爷车”销售额达到33.5亿欧元。

随着汽车收藏的升温，很多国家早已拥有权威的老爷车协会，有成熟的交易平台，还有专门的老爷车价值评估机构以及专门介绍、传播老爷车知识的相关机构。老爷车在很多国家是合法上路的，一般两年检测一次，通过这个检测就可以拿到牌照。老爷车收藏者们既可以挂上名正言顺的老爷车牌照四处行走，也可以到专门的老爷车鉴定机构去了解任何一辆老爷车的价值和价格。老爷车的价格，主要是看年份、生产量、当时的市场定位、现存量、保养原装程度和文件是否完整、有没有正式上牌照等因素而定。

在我国，虽然老爷车收藏刚刚起步，属于初级阶段，但已经拥有为数不少的老爷车迷。河北省承德市的雒文有是我国收藏老爷车的先行者，目前他收藏了100余辆古朴典雅的老爷车，这些车都来源于国内，主要是新中国成立初期的老车和第二次世界大战期间的老车，其中包括世界上仅有的一辆长10.08m的大红旗，如图5-23所示。我国目前的老爷车收藏处于自发状态，存在无法上牌照、缺乏鉴定机构等问题。

图5-23　雒文有和他收藏的超长红旗车

二、汽车模型收藏

汽车模型（简称“车模”）是汽车收藏中人数和种类最多的一种。依照真实汽车的样式，按一定的比例微缩制成车模，仿真性强，样式别具一格，特别是一些进口的汽车模型，甚至连极微小的部件也能仿制得十分精致，如图5-24所示。而大多数车模以仿制各种世界名车和老爷车为主，既有很高的观赏性，也有很好的收藏价值。通过收藏汽车模型不仅可以修身养性，提高生活品位，缓解工作压力，增加乐趣，同时也能增长汽车方面的知识。

图5-24　汽车模型

车模的起源要追溯到1914年。作为一种新奇的营销手段，美国福特汽车公司在福特T型车面世的同时，推

出世界上第一批汽车模型，以后各大汽车生产厂家争相效仿，一时间风靡全球，从此车模开始进入人们的生活。

为了真实再现原车的诱人魅力，一般都采用较大比例制作车模，常见的有1:10、1:12、1:16、1:18、1:24、1:32、1:43等。模型比例不同，其仿真程度有较大差别。1:43的车模相对于1:18的车模来说，在细节上要省略许多。通常1:18车模的行李箱、发动机盖、天窗和前后车门都能打开，转向盘、轮胎等都能转动，而1:43的车模大多都是整体封闭式的。

汽车模型分为仿真汽车模型和竞赛汽车模型。仿真汽车模型一般没有动力装置，不能自行运动，主要用于观赏和收藏；竞赛汽车模型装有动力及制动装置，可以自行运动，有的还可以通过遥控等方式进行操纵，主要用于参加汽车模型竞速比赛。

在我国，专业从事仿真车模制造起步于20世纪90年代中后期，目前主要分布于沿海发达地区及北京、上海等大城市。95%以上的制造商都是国外著名品牌在中国设立的独资生产企业，产品主要销往世界各地，内销的仿真车模较少。近年来我国的汽车工业发展迅猛，人们对汽车关注程度与日俱增，同时对汽车文化的兴趣愈加浓厚，特别是国内外汽车厂商合作生产下线的新车型层出不穷，各款限量开发制造的新型车模型也孕育而生，并作为汽车厂家馈赠贵宾和促销宣传的必备佳品流行于市，由此仿真模型车收藏逐渐在各地成为一种新的时尚。

三、汽车邮票收藏

一枚邮票，从图案的内容、意义和审美，到它的设计、制版技术、印刷过程等方面，无不体现着人类智慧的结晶。汽车和邮票的结合，成为邮票王国中的一朵奇葩，深受集邮爱好者的追捧。汽车邮票的发展几乎与汽车的发展同步。汽车邮票这一方寸小纸展示着庞大的汽车世界，从一个侧面反映出汽车发展的历史进程，极具收藏价值。

1901年5月1日，美国为纪念“新二十世纪泛美博览会”的召开发行了一套名为《电动汽车》的邮票。邮票图案为在泛美博览会上展出的一台电动汽车，从此拉开了汽车驶入方寸之地的序幕。

截至目前，全世界已有一百多个国家和地区发行5000多种以汽车为内容的普通、纪念、特种、航空等各种邮票。1936年，中华邮政为纪念中国邮政创办40周年发行了一套纪念邮票，该套邮票的第2枚图案中有两辆用于邮政运输的汽车，这是我国第一枚有关汽车题材的邮票。新中国成立后，1956年建成长春第一汽车制造厂，并于当年7月生产了第一辆国产汽车。为展现我国在汽车制造方面的成就，1957年5月1日原邮电部发行了《我国自制汽车出厂纪念》纪念邮票2枚，分别以长春第一汽车制造厂厂房外景和该厂汽车总装配车间景象为主图。1996年7月15日发行的《中国汽车》特种邮票是新中国迄今为止唯一的一套全部以国产汽车为主图的邮票，可谓人见人爱，如图5-25所示。这套邮票展示了“红旗轿车”“东风中型载货汽车”“解放轻型载货汽车”和“北京轻型越野汽车”四

图5-25 汽车邮票

种国产汽车的英姿，而且每一枚邮票都以汽车的整体外观形象为全图，主题突出，视觉冲击力强烈。

四、汽车报刊及广告收藏

如今在城市的大街小巷，报刊亭星罗棋布。受“汽车热”的影响，各种汽车报刊十分走俏，其中不乏众多收藏爱好者求购的精品。他们不仅收藏各类公开发行的汽车报刊，甚至连各大汽车制造厂自办的内部汽车报刊也列入收藏范围之内。不少收藏者的藏品日趋高档化，以精品和豪华类汽车报刊为主。这些报刊主要包括四个方面：一是汽车综合信息方面的，如《汽车之友》（图 5-26）《车王》《车迷》《汽车周报》等，从宏观上了解汽车行业发展的趋势；二是汽车生产制造方面的，如《北汽报》《汽车工人报》《东风汽车报》《黄河》《跃进》等，通过这些报刊了解汽车研制和生产的最新信息；三是汽车销售方面的，如《车市情报》《汽车天地》《大众汽车》等，以了解汽车市场上的最新行情；四是各地交管部门主办的各种交通安全类报刊，如《中国交通安全报》《交通管理报》《红绿灯下》《驾驶园》《现代交通管理》等，这类报刊最受车迷青睐，既可及时了解最新的交通法规，又能从大量案例中吸取教训。

图 5-26　《汽车之友》杂志

在各类广告中，汽车广告占有相当大的比例，不但花样繁多，而且印刷精美，受到许多汽车收藏爱好者的青睐。特别是在参加各种汽车博览会、逛汽车市场、看名车展览时，要几张漂亮的汽车广告招贴画挂在自己的卧室、客厅里，成为不少家庭中的一种文化时尚。特别是那些印有世界名车和影视明星的大幅汽车广告招贴画，尤其受到年轻人的喜爱。

五、另类收藏

有些汽车爱好者爱车达到痴迷的程度，凡是与汽车有关的物品都视为自己的收藏范围之列，包括有汽车图案的挂历、台历、钱币、书签、扇子、卡通画、火花、纪念册以及停车证、汽车司机专用地图、汽车说明书、汽车书籍、汽车 CD 盘等，甚至还有收藏过期汽车尾气合格证、年审证、临时牌照、绿色环保标志的，可谓五花八门。

汽车文化已成为人们现实生活中的一个重要组成部分，别具特色的汽车收藏，会给人们带来更多的情趣。

第六节　汽 车 趣 味

汽车在现代生活中无处不在。汽车的车牌、广告语、标语、车贴、汽车漫画、汽车笑话等给人们的生活增添了无穷的乐趣。

一、车牌揭秘

汽车的车牌，俗称汽车牌照，是国家车辆管理法规规定的具有统一格式、统一式样，由车辆管理机关对申领牌照的汽车进行审核、检验、登记后，核发的带有注册登记编码的硬质号码牌，一般为两块，分别按规定安装在汽车前后部指定位置。汽车号牌是准许汽车上道行驶的法定凭证，是道路交通管理部门、社会治安管理部门及广大人民群众监督汽车行驶情况，识别、记忆与查找的凭证，类似于“户口簿”。

1. 汽车牌照的由来

1901 年，德国一个经营汽车的名叫鲁道夫·赫尔措格的商人想出了一个给汽车挂牌的好办法。当他的一辆挂有“IA1”字样车牌的汽车在柏林街道上行驶时，引起了人们的极大兴趣。人们一致认为挂牌是个好办法，许多人纷纷仿效，于是柏林当局采纳了汽车挂牌的方法来管理全城的汽车，给柏林全城的汽车都编了号。鲁道夫的这一很不起眼的行为，却使他的名字在全柏林城传开了。尤其是鲁道夫车牌上写的“IA1”符号，更引起人们的注意，成为新闻记者追寻的目标。在一次晚宴上，记者问鲁道夫，牌照上的字表示什么意思，鲁道夫解释说：我的未婚妻叫约甘纳·安凯尔，I 和 A 是她姓名的第一个字母。不过，现在她已成了我太太。至于“1”这个数字，是表示我对妻子的一片忠诚。牌照的意思就是说约甘纳·安凯尔是我第一个，同时也是唯一的一个心上人。

2. 汽车牌照的含义

我国车管部门对在我国境内行驶的各类车辆，根据其不同类型、车辆所属的特殊部门，以及汽车的所属用途等内容，将汽车牌照用不同的底色、字迹以及字迹颜色进行不同的分类，以便交警部门管理。

图 5-27　我国部分汽车牌照类型示例

如图 5-27 所示，车牌号的第一个汉字，代表该车户口所在省的简称。例如上海就是“沪”，湖北就是“鄂”，河北就是“冀”，北京就是“京”。第二个是英文，代表该车所在地的地市一级代码，A 表示省会城市，B 是该省第二大城市，C 是该省第三大城市，依此类推。民用汽车的后 5 位数字代表编号，即从 00001 ~ 99999。编号超过 10 万时，就用 A、B、C 等英文字母代替，即 A 代表 10 万，B 代表 11 万，C 代表 12 万，最后一个字母 Z 代表 33 万。英文字母中的 I 和 O 一般避而不用，以免和数字中的 1 和 0 混淆。使、领馆的外籍汽车牌照上的小数字是建交国的代号，与所在地区的监管编号无关，最后的数字改为红色的“使”或“领”字。军车的牌号是按军队的规则编制，与地方车不一样。公检法司等部门所用警车的牌号与地方车编法基本相同，只是最后位数字改成红色的“警”字。

汽车牌照不同的底色和字迹颜色代表着不同的汽车类型和所属用途。如小型民用汽车的车牌为蓝底白字；大型民用车辆、摩托车、试验车（牌号最后为“试”字）、驾校教练车（牌号最后为“学”字）的车牌为黄底黑字；涉外车辆的车牌为黑底白字；政法部门（公安、法院、检察院、国安、司法）专用警车为白底黑字（牌号最后为红色“警”字）。

3. 汽车牌号寓意百态

几个世纪以来，数字在中国一直扮演着第二语言的角色。因数字 4 与“死”读音相近，人们感觉不吉利。8 与“发”读音相近，人们认为是幸运的数字，意味着吉祥与财富。本来，汽车牌照是随机发放的，可是多了这样的色彩，情况就变得不那么简单了。牌照以 4 结尾被认为不祥，若出现几个 8 则意味好运，因而就不难理解有那么多人去竞争“吉利数字”号牌了，如图 5-28 所示。

图 5-28　被赋予特别意义的汽车牌号示例

对于数字的迷信，大概不分中外。西方人忌讳 13，国人除了忌讳 13 以外，对于4 也是避之不及的，特别是汽车牌照。如“1414”的牌照一直无人敢要，因其与“要死要死”谐音。但居然有大胆者要了它，原来那是一位音乐家。在音乐家的眼里，“1414”是再吉利不过的了，它与“多发多发”何其相似乃尔？在大多数人的心目中，“8”成了受宠的数字。除了“8”外，“6”和“9”也大受欢迎。“6”有“顺”之意，“9”乃“久”也。当然，把自己的前途和希望寄托在没有生命的数字身上，只是人们追求一种美好的愿望而已，若刻意去获取这些数字，甚至高价购买所谓的吉利数字，那就大可不必了。

二、汽车广告语

在人们的生活中，常有一些令人们耳熟能详的广告语。例如“车到山前必有路，有路必有丰田车”“古有千里马，今有日产车”，以及福特汽车的“因为卓越，所以超越”，奥迪的“突破科技，启迪未来”，奔驰的“无与伦比，举世尊崇”“拥有桑塔纳，走遍天下都不怕”“走富康路，坐富康车”等，这些广告词会在人们脑海中留下深刻印象，在潜移默化中感受汽车品质，品味汽车文化。

汽车业内前辈曾做过这样的精辟论断：汽车要闯市场，首先要备好三件东西，即一副好身板，一个好名字，一条好广告语。由此人们不难看出，广告语在汽车界具有举足轻重的地位。

成功的广告语能反映汽车品牌的核心价值取向，能恰当地对品牌进行定位，由此也得到良好的品牌形象和市场影响。丰田汽车的广告语：“车到山前必有路，有路必有丰田车”，前一句体现自信、不畏艰险的信念；后一句则昭示丰田的理想目标、气魄和激励员工奋发图强的事业信念。这些朗朗上口的广告语可谓汽车广告语中的绝唱。“开宝马，坐奔驰”也是人们非常熟悉的广告语，代表财富与活力的宝马以卓越的驾驶性能而见长，代表稳重富裕的奔驰以舒适乘坐为特长。一汽的广告语：“坐红旗车，走中国路”，很好地反映了红旗轿车是中国自主品牌的旗舰，是自主创新的结晶，体现了红旗轿车的社会价值及品牌定位。

汽车广告语的发展变化反映了汽车行业的发展历程，反映时代的变迁。作为国内最早的合资企业，上海大众 20 年来的一些广告语可以完整地为人们展现一个企业在品牌宣传方面的成长经历。

“拥有桑塔纳，走遍天下都不怕”，这是一句让人很容易记住的广告语。其主要的意思

有两层：第一层讲的是桑塔纳车的性能，突出了可靠性；第二层意思是，它有遍及全国的售后服务网络，“不怕”两个字树起了车的品牌形象。不过，这句广告语的由来，是经过10多年的市场洗礼之后，通过不断提炼而形成的。最初的上海大众形象广告语是“上海大众永远和您在一起”。这句广告词没有涉及具体的产品，只是想告诉消费者，大众是一个生产轿车的企业，地点在上海。后来推出“上海桑塔纳，汽车新潮流”，这句广告语很平淡，谈不上有惊人之处。而“拥有桑塔纳，走遍天下都不怕”的广告语准确地将桑塔纳轿车的定位讲清楚了，品牌形象凸显其中。

上海大众21世纪初推出的第二款轿车帕萨特，其广告语陆续有“惊世之美，天地共造化”“修身，齐家，治业，行天下”“帕萨特，成就明天”等。只有“帕萨特，成就明天”给人的印象最为深刻，也标志着上海大众的广告语越来越与时尚接轨。这个广告语提升了帕萨特的品牌形象，让其不至于受到桑塔纳“物美价廉”的影响，使大家觉得开帕萨特是身份的象征。同时，也使帕萨特清晰地区别于其他品牌公务车、私营老板车的个性，说明开帕萨特者是靠自己的能力买的车，与消费者心理产生共鸣。由此看出，广告语已不仅仅停留在对车本身性能的表述，开始关注消费者的消费心理。

通过一句或一系列具有传播力的广告语，汽车企业可以实现汽车品牌的成功转型。汽车厂家对品牌转型所进行的营销、包装，最终通过一句广告语进行浓缩，向消费者传递企业品牌新形象。

三、汽车车贴

汽车车贴的具体表现形式为汽车贴纸，俗称“拉花”，源自赛车运动。1985年的港京拉力赛为中国赛车运动拉开了帷幕，也为中国的车迷带来了最早的汽车贴纸。早期汽车贴纸一般都是赞助厂商的商标和车队的队标等。随着汽车进入大众生活，汽车贴纸逐渐成为车主演绎个性和品位的一种方式，形成汽车文化的组成部分——“车贴文化”，如图5-29所示。人们用个性化的文字、图案尽情张扬自己，也为冷冰冰的汽车增添了丝丝温情，使它成了像服装、发式一样传达个性定位的工具。

图5-29　汽车贴纸

汽车外观相当于人的服饰，而汽车贴纸则是直观、醒目、简单的车身时装。按照不同场合、不同需求、不同品位，人们像选择服装一样来挑选不同种类的汽车贴纸。汽车贴纸可以分为运动贴纸、改装贴纸和个性贴纸三类。

（1）运动贴纸　主要是指赛车运动贴纸。场地赛与拉力赛所用车型和赛道各有不同，汽车贴纸也有相应区别。拉力赛汽车贴纸图案重点突出的是车队的标志及主要赞

助商的标志，色彩搭配与该车队的整体企业形象设计风格一致，以便更好地表达宣传效果。场地赛汽车贴纸常常会见到火焰、赛旗、波浪等动感十足的图案，为赛车运动增色不少。

（2）改装贴纸　改装贴纸是指各个改装厂商为参展或推广新产品而专门设计的主题贴纸，绚丽多彩，引人注目。还有很多图案是改装厂的标志和一些改装品的标志，经过一番精心设计和搭配，与改装过的展车相得益彰。

（3）个性贴纸　个性贴纸是指依照车主个人喜好和品位量车定做，有运动化、艺术化、实用化等各种风格的贴纸。只要看起来和谐美观，可以自由选择搭配、自行设计，打造出自己的风格。运动风格汽车贴纸以模仿赛场上出现过的赛车图案居多，图案简洁动感，利用简单的贴纸就可以从自己的爱车上找到一些赛车的感觉，很多人都乐此不疲。艺术风格汽车贴纸常采用流线、几何图形，或者动漫人物、卡通动物，也有一些车主喜欢中国传统图案的风格，水墨丹青、书法篆刻、图腾脸谱等图案，如图 5-30 所示。

图 5-30　个性化车贴

四、汽车标语

汽车标语是改革开放的产物，它的背后体现着一种文化，代表一种文明，如同出自美国风靡全球的“T 恤文化”一样。

与公务车干干净净的尾部不同，私家车的尾部被车主用各式标语贴了个五彩缤纷，俨然一块流动的汽车文化展台，如“新手”“新手乍练越催越慢”“开不好瞎开，别跟我挤（急）”“您是师傅，随便超”“新车新手，熄火常有”“人老车破又磨合”“熟练中”“对不起，您就当我是红灯”“刹车油门分不清，看着办”“驾龄十年，首次摸车”“请保持车距”“熊出没，注意”（图 5-31）……

在汽车标语中，新手开车标语占有相当的比重。新手上路，操作不熟练，出现差错在所难免，可一旦在车尾贴上类似“新手”这类标语（图 5-32），无论老驾驶人还是行人，仿佛看到一个歉疚的眼神、一张善意的笑脸，忍不住咧嘴一笑，停车时、上坡时、超车时，自然让它三分。许多不必要的摩擦、磕磕碰碰就有可能因此免了。

图 5-31　“熊出没，注意”

图 5-32　新手常用汽车标语

第七节 汽车名城

一、美日汽车名城

1. 美国底特律城

底特律城（Detroit）是美国第五大城市，如图5-33所示，位于密歇根州东南部的底特律河畔，是世界闻名的汽车城。底特律城面积1.04万km^2，人口约442万。此地原为印第安人住地，1796年归属美国。

图5-33 底特律城

1899年第一座汽车制造厂建立。从1914年亨利·福特引进汽车生产线后，至今已发展成世界最大的汽车工业中心。汽车制造业为城市工业的核心部门，与汽车制造业有关的钢铁、仪表、塑料、玻璃以及轮胎、发动机等零部件生产也相当发达，专业化、集约化程度很高。市内有福特、通用、克莱斯勒和阿美利加4家美国大汽车制造公司的总部及其所属企业。汽车年产量约占全美的1/4；从业人口近20万，约占全市职工总数40%以上。全城约有91%的人靠汽车工业为生。底特律城号称“世界汽车之都”。

2. 日本丰田市

丰田市（Toyota City）位于爱知县中央的西三河地区，如图5-34所示，面积5150km^2，总人口695.5万。因丰田市是丰田汽车公司的所在地，便成了日本闻名于世的汽车城，有“东洋底特律”之称。

图5-34 丰田市

在丰田市，丰田汽车公司拥有10座汽车厂，可生产几十个系列的汽车，还有1240家配套协作厂。超过60%的丰田市民是丰田汽车公司的雇员及其家属，每个职工平均年产值为13万美元。丰田市的出口港是名古屋，建有世界第一、最高容量为5万辆的丰田汽车专用码头。

二、欧洲汽车名城

1. 德国斯图加特

斯图加特（Stuttgart）位于内卡河中游河谷地带，是巴符州首府，如图5-35所示，面积207km^2，全城人口60万。美丽的斯图加特是著名的戴姆勒-奔驰汽车公司所在地，是一座“奔驰汽车城”。奔驰和保时捷公司的总部都设在这里。

奔驰汽车制造业是斯图加特的主体工业，在斯图加特几乎家家都有奔驰车。斯图加特每年要接待14万来自世界各地的汽车用户、汽车商和参观旅游的人。参观奔驰、保时捷博物馆和奔驰汽车制造厂是游客游览斯图加特的重要内容。现在它已成为德国人均收入最高、失业率最低的城市之一。

2. 德国沃尔夫斯堡

沃尔夫斯堡（Wolfsburg）也称狼堡，位于德国下萨克森州，总面积310km^2，人口约13万，如图5-36所示。欧洲最大的汽车制造厂商——大众集团总部就坐落于此。

自从大众集团1934年成立以来，带动了沃尔夫斯堡的发展。1938年，该市作为德国当时现代化的汽车城而兴建起来，开始逐步成为德国北部的工业重镇和欧洲最大的汽车制造中心。现在沃尔夫斯堡市民中的40%都在大众汽车厂工作。

3. 意大利都灵

都灵（Turin）位于意大利西北部，是皮埃蒙特大区的首府，也是意大利的第四大城市，全城人口120万。都灵是意大利最大的汽车集团菲亚特公司总部所在地，是世界著名的汽车工业城，如图5-37所示。

图5-35 德国斯图加特

图5-36 德国沃尔夫斯堡

图5-37 意大利都灵

1899年，菲亚特公司在都灵创立，成为意大利第一个汽车公司，现在年产量达到200多万辆，占意大利总产量的75%。都灵的汽车工业十分发达，约30多万人从事汽车工业。另外，都灵还以世界先进水平的技术和设备生产各类汽车零件。该市仅汽车配件行业的年产值相当于1500亿元人民币。

4. 英国伯明翰

伯明翰（Birmingham）位于英格兰中部亚拉巴马州，是仅次于伦敦的英国第二大城市。该市市区面积256km^2，人口102万，如图5-38所示。伯明翰是利兰（Leyland）汽车公司所在地。

自1166年英王恩准开埠经商后，伯明翰先以制铁冶炼为主，迅速成为冶金行业的重镇。1880年建立第一座高炉，钢铁工业兴起，带动了其他工业的发展。现如今伯明翰是英国的汽车城，世界各大汽车生产厂商在这里都设立了公司，使它的工业产值占全英国工业产值的1/5，并享有“世界车间”之美称。

5. 法国比杨古

比杨古（Boulogne Billancourt）位于法国巴黎西南，地处塞纳河河曲的布洛涅森林之南，人口约10.3万人。世界十大汽车公司之一雷诺汽车公司就设在此地，是世界著名汽车城，如图5-39所示。

图5-38 英国伯明翰

图5-39 法国比杨古

雷诺汽车公司创立于1898年，创始人是路易·雷诺。而今的雷诺汽车公司已被收为国有，是法国最大的国营企业，也是世界上以生产各型汽车为主，涉足发动机、农业机械、自动化设备、机床、电子业和塑料橡胶业的工业集团。董事长为乔治·贝斯，雇员总数为22万人，汽车年产量达205万辆。

三、中国汽车名城

1. 吉林长春

吉林省长春市素有“汽车城”之称，这里曾诞生新中国第一个汽车制造厂和第一辆汽车，被誉为新中国汽车工业的摇篮。这座见证新中国汽车工业成长的城市已发展为中国最大的汽车基地之一，为振兴民族汽车工业不断贡献着力量。

“中国一汽”1953年成立，是由苏联援建的。1956年中国第一辆解放牌汽车下线；1958年第一辆东风牌轿车研制成功，同年第一辆红旗牌高级轿车下线。已形成重、中、轻、轿、客、微6大整车系列，550多个品种；除一汽外，长春还汇聚了德国大众、美国通用、日本丰田和马自达等国际汽车巨头。国际排名前六位的零部件企业中，已经有电装、江森、德尔福等5家企业在长春设厂，全市规模以上汽车零部件企业达到416户。长春已成为整车产能超过200万辆的城市，汽车工业是长春市的支柱产业（图5-40）。

图5-40　中国第一汽车集团公司厂区

2. 湖北十堰

湖北省十堰市位于湖北西北部，是中国第二汽车制造厂（简称“二汽”，后更名为“东风汽车公司”）的所在地。20世纪60年代，国家在继长春“一汽”之后在十堰兴建“二汽”，十堰因此从昔日的鄂西北边陲小镇建设成为闻名遐迩的现代化汽车城（图5-41）。二汽建设采取“聚宝”的方式，由全国各地包建汽车专业厂。二汽是我国独立自主建造的汽车制造厂。

图5-41　十堰汽车城

十堰因车而建，因车而兴，是中国规模最大的汽车工业基地之一，拥有中国第一、世界第三的商用车基地——东风商用车公司。十堰是东风汽车的摇篮，是东风汽车公司的发源地，拥有众多实力雄厚的大型汽配企业、全国最具实力的汽车技术研究院和中国最大汽车配件交易市场，是名副其实的世界级“卡车制造中心”。在十堰，活跃着因东风而建的500多家汽车及零部件生产企业，汽车工业存量资产已过千亿元，具备年产百万辆汽车的生产能力，总产值占全市工业总产值的80%以上，汽车产业员工达20万人。2013年1月26日，东风汽车集团与瑞典沃尔沃集团在北京正式签订协议，组建新的东风商用车有限公司，总部设在十堰。十堰将朝着建设“国际商用车之都”的道路迈进。

3. 上海安亭

2001 年 9 月 28 日，上海市政府根据“统一规划、分步建设、滚动发展”的原则，在上海嘉定区安亭镇全面启动建设“上海国际汽车城”。中国汽车工业三大集团之一的上海汽车集团坐落于此。

上海国际汽车城毗邻江浙两省，位于长江三角洲的核心，总体规划由德国 AS&P 公司承担设计，规划占地面积 100km^2，包括汽车贸易区、汽车研发区、汽车制造区、安亭新镇区、赛车区、汽车教育区等功能区。现已建成的重要功能性项目有：上海国际汽车城大厦，上海国际汽车城零部件配套工业园区，颖奕安亭高尔夫俱乐部，汽车展示贸易街，上海汽车会展中心，上海汽车博物馆，安亭新镇（一期），上海国际赛车场，上海汽车博览公园，同济大学嘉定校区，上海二手车交易市场，国家机动车产品质量监督检验中心（上海）等（图 5-42）。

图 5-42　上海市嘉定区安亭镇“上海国际汽车城”

第八节　汽车博物馆

一、奔驰汽车博物馆

德国是著名的汽车大国，汽车博物馆当然是全面了解德国汽车发展史的首选去处。在德国境内汽车博物馆的数量惊人，共有 170 多家，每年能吸引数十万参观者。

梅赛德斯-奔驰汽车博物馆于 2006 年 5 月 20 日正式向世界各地游人开放，这是世界上唯一能够展现 120 年汽车历史的博物馆，其展览概念非常独特：在展览面积为 16 500m^2 的 9 层建筑物中，两条参观路线可以引领参观者领略包括 160 辆展车在内的 1500 多件展品的风采。博物馆与梅赛德斯-奔驰总厂近在咫尺，成为连接起“传统”与“现代”的纽带。该博物馆已经成为斯图加特的标志性建筑，为斯图加特增添了一抹亮色，并成为当地最著名的旅游景点（图 5-43）。

二、宝马汽车博物馆

位于德国慕尼黑的宝马总部办公楼和宝马汽车博物馆建于 1971—1973 年，由维也纳著名的建筑设计师卡尔·施旺哲（Karl Schwanzer）设计。22 层高的宝马总部办公楼的每一层都是在地面建成，再像搭积木似的一层一层拼装起来。因为它的楼体是优美的四个圆柱形，

所以这个办公楼一直被人们称为“四气缸大厦”。旁边那座19m高的碗形建筑物就是宝马汽车博物馆（图5-44），碗底直径20m，碗口直径41m，巨大的屋顶完全由碗壁支撑，博物馆内部展厅是由柱子支撑螺旋上升的，整个屋顶上描着宝马醒目的蓝白标志，从屋顶俯视蔚为壮观。

图5-43　梅赛德斯-奔驰汽车博物馆

图5-44　宝马汽车博物馆

三、丰田汽车博物馆

丰田博物馆（Toyota Museum）是一座综合性的展馆（图5-45），1989年4月正式对外开放，坐落于日本名古屋东郊爱知县长久手町。博物馆陈列了来自日本及其他各国制造生产的120多辆名牌汽车，不仅如此，还通过各个时期的汽车生产线模型，系统地介绍汽车的发展史。

图5-45　丰田博物馆

博物馆正门口停放着一辆1963年生产的丰田FB80型公交车，曾经是日本国内的主要公交车型。博物馆共分日本展厅、欧美展厅以及于1999年4月开放的新馆三个部分。

在日本展厅里可以感受到汽车制造者在实现汽车大众化、满足多元化需求、开发未来汽车等方面所做出的不懈努力，以及日本汽车工业所经历的艰苦发展历程。而欧美展厅中汇集来自全世界的著名汽车，有象征地位和身价的豪华老爷车，也有追求速度的跑车等。

丰田博物馆新馆分为三层。一层为服务区，三层设有美术馆和图书馆，二层则是这个馆中最重要的部分，当中分6个展区，展示40辆车（其中31辆实物，9件模型），近2000件日本不同历史时期的代表性商品，集中介绍1945—1975年间的汽车发展与人们日常生活之间的关系，并回顾从明治末期至昭和初期的历史变迁。其目的在于：让人们透过汽车这面镜子，观察围绕汽车的近代日本社会发展史和生活文化史。

四、上海汽车博物馆

上海汽车博物馆是中国首个专业汽车博物馆，展示汽车诞生以来的近70辆经典车型，时间跨度逾百年。上海汽车博物馆位于上海国际汽车城的汽车博览公园内，由历史馆、技术馆、品牌馆、古董车馆和临展馆五部分组成。

上海汽车博物馆是上海市重点文化工程之一，博物馆通过介绍汽车发展历程，来展示珍贵历史车辆、人物传奇和技术沿革。占地11 700m²，建筑面积27 985m²，建筑高度32.45m，项目总投资约4亿人民币。上海汽车博物馆成为首家汇集汽车历史、人物、技术、创意的大众文化传播机构，是上海国际汽车城科教博览与文化旅游功能的标志项目、国内外汽车厂商展示品牌文化的开放交流平台，也是上海城市形象的新亮点（图5-46）。

图5-46　上海汽车博物馆

五、北京汽车博物馆

北京汽车博物馆位于北京市丰台区，毗邻丰台科技园区，是北京国际汽车博览中心的标志性建筑和核心设施，建筑面积约4.9万m²，2010年完成场馆建设，2011年正式对公众开放。汽车博物馆五至三层的展览陈设由历史、技术和未来三个主线构成，设置创造馆、进步馆、未来馆三个展馆和中国汽车工业经典藏品车展。博物馆内部项目设置富有创新性，着重突出知识性、参与性和娱乐性，通过静态与动态、平面与立体、音响与影像等多样形式，以视觉、听觉、触觉等参与方式达到教育启发的目的，使观众认识了解近代汽车的历史与变迁，体会汽车科技、汽车文化的特质与内涵。特别是对广大的青少年提供了科普教育、环境教育、激发创造力与进取心的展示空间（图5-47）。

图5-47　北京汽车博物馆

思考题

1. 购买汽车时，该如何选择排量？
2. 两厢车、三厢车各有何特点？您倾向于购买哪种类型？
3. 如何理解房车“车内是家，车外是整个世界”这句话？
4. 阐述车内座位次序的排列应遵循的原则。
5. 什么是方程式赛车？方程式汽车赛有哪些级别？
6. 为什么说“卡丁车是F1车手的摇篮”？
7. 谈谈你对车展的认识。
8. 如何正确看待汽车牌号上的数字？
9. 在美国和中国，被称为汽车城的是哪些城市？
10. 宝马汽车博物馆有什么特点？

第六章 / Chapter 6

媒介传播呈异彩

汽车的普及，使我们的社会产生了诸多以汽车为载体的新领域。其中，传媒工具凸显其功能，如户外广告、报纸、广播、电视、电影……几乎都成了汽车文化的传播平台，它们各自以不同的方式丰富着汽车文化。给人带来刺激和激情的网络游戏，也大量融入汽车题材，吸引无数的青少年，影响着一代一代的后来人。以车为纽带的车友俱乐部，聚集起众多汽车爱好者。汽车教育担当着汽车文化传承与创新的责任。人们置身于立体的汽车媒介氛围中，受到汽车文化的熏陶和启迪。

第一节 众多媒体比翼齐飞

汽车，无论作为商品，还是蕴藏其间的文化，都与各种媒介紧密相连。户外广告、报纸、广播、电视、电影等传播媒介由于汽车的出现而焕发出新的活力。汽车不仅作为媒体的主角，同时自身也构成一个传播平台。

一、户外广告光彩照人

户外广告是具有悠久历史的广告形式之一，它的出现可以追溯到4000年以前。考古学者在古罗马和庞贝古城的废墟中发现了不少贴在房屋外墙壁上的标记，有房产出租的，还有招徕旅行家的，这恐怕是历史上最早的户外广告。

在中国的历史文献中，最早关于户外广告的记载是出自《韩非子》的“宋人有沽酒者……悬帜甚高。”所谓“帜”，就是旗帜，也就是招牌。在“千里莺啼绿映红，水村山郭酒旗风”一诗中，中国古代酒家在店外的“酒”幡就是其中的一种（图6-1）。

图6-1 “酒”幡

1900年，美国奥兹莫比尔汽车厂竣工，奥兹父子在工厂门口树起了一块醒目的标志牌，上书“世界最大的汽车工厂”，来往行人无不驻足观看。这个标志牌可称得上是最早的汽车企业户外广告。随后，他还制作了大量色彩鲜艳印有“卡布德达什”汽车的海报广告，宣传该公司1901年每星期生产10辆“奥兹·卡布德达什”牌汽车的计划。

1914年，受美国奥兹莫比尔汽车广告的启发，德国的奔驰和戴姆勒等汽车公司，先后在报纸、杂志或街头标志牌等媒体上推出宣传各自品牌的汽车广告，从此汽车广告席卷全球。

1925年7月，巴黎埃菲尔铁塔上开始展出雪铁龙汽车公司的广告，这项后来被列入《吉尼斯世界纪录大全》的电灯式广告，共使用了6种颜色的25万个灯泡，夜间在30km外都可看到。该广告展出时间长达10年。

尽管早期的汽车户外广告设计简单，但因其形式新颖，在汽车销售中发挥着重要作用。如今的汽车户外广告，有了更多的表现手法，更富有创意。汽车户外广告不仅体现出人们思维的进步和科技的发展，而且成为城市的一道亮丽风景。

汽车户外广告的宣传主题在不同时期、不同市场体现出不同的社会文化诉求。20世纪

70 年代，由于石油危机的影响，日本汽车经销商们的广告以突出“节油”而获得成功；20 世纪 80 年代，宣传主题是“生活方式”；20 世纪 90 年代变成了“提高生活质量”；21 世纪的广告主题则是“绿色环保”。

现代广告充满创意，充分利用高科技，其新颖程度令人难以想象。2004 年 10 月 21 日，2005 款 JEEP 大切诺基“开”上了纽约一座 30 层的大楼以展示其越野的风格和豪气顿生的气质，同时为即将发布新款大切诺基的销售代理权做广告宣传（图 6-2）。

奥迪汽车的一则户外广告设计精巧，以整个汽车为背景，以汽车的前照灯作为路灯的发射光源，巧妙地使汽车前照灯与路灯合而为一，旁边的奥迪车标深化了印象，设计令人拍案叫绝（图 6-3）。

图 6-2　Jeep 的户外广告

图 6-3　奥迪汽车的宣传广告

大众汽车的一则广告则用了人们在影片中常见的警匪对峙的场景：一群警察以大众汽车为掩护，与对面的罪犯展开周旋，用旁边的两辆汽车作为衬托，使场景更加形象真实。广告语精炼地点出了广告的诉求：汽车虽小却很结实（Small But Tough）。整个创意妙趣横生，令人过目不忘（图 6-4）。

图 6-4　大众汽车广告

在户外广告宣传上，很多企业家又将目光聚焦在汽车本身，汽车正在成为一个新兴的广告载体，汽车车身广告公司应运而生。汽车车身广告具有流动性大、覆盖面广、渗透力强的优点，是理想的广告媒体。公共汽车车身广告已经成为普遍的展现形式（图 6-5、图 6-6）。

图 6-5　奥地利萨尔茨堡小镇的车身广告

图 6-6　车身广告“明眸善睐”

户外广告为汽车的发展“铺路搭桥”，汽车本身又成为户外广告家庭中的一员，不断丰富着户外广告的形式和内涵。汽车户外广告是城市的识别符号，又是城市经济文化的晴雨表。现在人们到一个新的城市，只要看看这个城市的汽车广告，就能感觉到这个城市的个性、居民的文化追求及繁荣程度。

二、报纸宣传深入人心

我国的《邸报》是世界上发行最早、时间最久的报纸之一，它创办于2000多年前的西汉初期（约公元前2世纪）。

汽车作为科学技术发展的产物，它的出现受到报纸的广泛关注。第一篇汽车新闻发表于何时，刊载于何种报纸，我们没有考证。但1900年亨利·福特与一名记者共同驾驶汽车的新闻，却成为20世纪初重要的汽车新闻。

“比马的速度还快的家伙飞驰过结了冰的街道”——这是1900年2月4日《底特律新闻论坛报》（Detroit News-Tribune）周日特刊版的大标题。文章中详细记述了“在零度左右的低温下，胆战心惊地乘坐第一辆底特律出品的汽车”的感受，汽车商和他瑟瑟发抖的同伴以每小时40km的速度行进在大街小巷，他们预见，马车一定会被汽车所取代。

同样是在1900年，美国另外一家报纸《星期六晚邮报》登出全球第一份汽车广告，从此，各汽车企业都将报纸作为重要的产品宣传平台，汽车广告也成为报纸创收的重要来源之一。

在我国，专业的汽车报纸有《中国汽车报》《当代中国汽车报》《上海汽车报》《东风汽车报》等，很多报纸还有专门的汽车专刊，开辟有汽车专栏。以“汽车社会的舆论领袖”为己任的《中国汽车报》（图6-7）创刊于1984年，经过20多年的发展，中国汽车报社旗下已有《中国汽车报》（China Automotive News）和《汽车族》《汽车与运动》《家用汽车》《商用汽车新闻》《摩托车趋势》五种杂志以及《中国汽车报网》《汽车爱好者网》两个网站。

与社会文化相结合，与产品特质相融合，给予消费者感观愉悦是报纸汽车广告的主要特征。由于报纸本身的新闻报道、学术研究、文化生活、市场信息等吸引力，给汽车广告引来大量的读者。汽车新闻的报道与捕捉成为汽车专业报纸的重要使命，也成为大众报纸关注的内容之一。无论是汽车知识的普及，以新闻的形式报道汽车产品、汽车科技、汽车企业的信息，还是专门的汽车宣传广告，报纸都成为汽车宣传重要的载体之一。

报纸上汽车广告的设计发展得相当成熟，无论文字还是图片创意，充满个性，使读者耳目一新，从中得到相关汽车的信息和美感。图6-8所示的雪佛兰汽车的平面宣传广告，以高山河流为背景，以巨大的保险锁来显示汽车的安全保障性能，具有很强的视觉冲击力。

三、期刊杂志“争奇斗艳”

世界上最早出版的科技期刊是1665年在法国出版的《学者杂志》，第一份汽车刊物，则是法国人拉乌尔·布尤蒙于1894年12月1日在巴黎创办的《汽车杂志》月刊。英国的《汽车》周刊是迄今最高寿的汽车杂志，它问世于1895年11月2日，目前仍在出版。该刊当时的主编亨利·斯塔米在发刊词中提出“不得不驱逐拉车的马”。

中国汽车报

细分化的市场呼唤女人车

华晨宝马——未来之路多坎坷?

新动力 大发展

解读比尔·福特中国之行

福特扩张中国战略 追加投资超过10亿美元

中国汽车报与您共同分享 ——汽车市场营销及服务研讨会

图 6-7 中国汽车报

图 6-8 雪佛兰汽车的平面宣传广告

中国汽车杂志的发展与中国汽车工业的发展同步。中国汽车工业的繁荣，也促进了各类汽车杂志的快速发展。

目前的汽车杂志包括消费类杂志和专业类杂志，它们分别为不同的读者对象提供服务。消费类杂志是为了满足大众消费者对信息的需求而创办的，从内容上看，多侧重于对汽车产品的介绍，大多设置有新产品介绍、产品测试、对比测试、自驾游、产品专题等栏目，虽然有的栏目形式雷同，但不同杂志的表述手法各具特色。根据世纪华文媒体经济研究机构的监测数据显示，我国销量较大的消费类汽车杂志主要有《汽车杂志》（图 6-9）《汽车之友》《车主之友》《汽车导报》《中国汽车画报》等，而《汽车族》《汽车博览》《名车志》《汽车与你》在北京、上海、广州等一线城市的知名度较高。

专业类杂志相对注重内容的学术价值，偏重于汽车行业发展、整车和零部件相关市场及技术资讯等内容，为汽车业内读者提供专业信息服务。由于读者群的特殊性，这类杂志发行量不大，读者群既有面向汽车制造商、经销商或售后市场人员的，还有面向技术人员、管理人员或关注此行业的咨询人士的。业内有影响的专业汽车杂志有《汽车工程》（图 6-10）《汽车技术》《汽车维修与保养》《汽车与配件》《汽车驾驶员》《汽车制造业》《汽车情报》《世界汽车》等，此外还有《上海汽车》《北京汽车》《天津汽车》以及长春一汽麾下的《汽车工业研究》《汽车文摘》和东风汽车公司麾下的《汽车科技》等。

汽车生产是一个庞大的体系，它在某种程度上带动着诸如钢铁、橡胶、纺织、塑料等多种行业的发展。中国作为世界上发展速度最快的汽车市场，特别是在汽车产能不断加大，居民购车需求迅速膨胀的背景下，汽车杂志已为配套企业、整车集团和消费者之间搭建了一个交流平台。

如今，汽车杂志与汽车厂商展开了广泛的合作。汽车厂商不仅在各类汽车杂志上做广告，而且更深入地参与到汽车杂志的活动中。例如，由厂家提供支持的长期试驾或自驾游活动。这种方式不仅能持续扩大产品或品牌在媒体上的曝光率，让媒体在活动过程中对产品特点有更为直观的宣传，而且还可以通过游山玩水的方式全方位地体现车辆的性能，使消费者更加清晰地了解车的性能，客观上也起到了弘扬汽车文化的作用。

图 6-9 《汽车杂志》封面

图 6-10 《汽车工程》封面

从某种意义上讲，汽车杂志不仅促进了汽车文化、汽车知识的弘扬、传播和普及，而且还加强了汽车的专业研究，为汽车社会营造出良好的造车、用车氛围。

四、广播电视生动形象

广播电视的产生是传播发展史上的重大革命，对于人们生活方式的改变产生着巨大的影响。世界上第一个无线广播电台于1918年在德国创建。1923年1月23日，中国无线电公司经理美国人奥斯邦（E. G. Osborn）与《大陆报》合作在上海广东路3号大来洋行屋顶创办的中国第一座广播电台正式开播。

电视的产生经历了一个相对较长的过程。人们通常把1925年10月2日苏格兰人约翰·洛吉·贝尔德（John Logie Baird）在伦敦的一次实验中“扫描”出木偶的图像看作是电视诞生的标志，他被称做“电视之父”。

广播电视的发展，给汽车行业的发展提供了良好的宣传载体，使汽车这种现代科学技术的结晶，迅速为大众接受和认可。广播电视与平面媒介有着本质的区别：平面媒介大多以文字为载体进行信息的传播，这需要受众具有一定的文化基础，某种程度上限制了汽车知识的普及和汽车产品的宣传。而广播电视不需要受众具备很高的文化水平，直接作用于人的感官，让人印象深刻；因为其受众和传播范围的广泛性，其传播形式的生动性，不仅加速了汽车进入家庭的步伐，而且使汽车知识迅速得到普及。

如今，专门的汽车广播电台和电视台或者介绍汽车知识的广播电视专栏比比皆是，广播电视上的汽车广告铺天盖地。消费者对于汽车的了解，很多来自于广播电视。

一些汽车公司在广播电视上的巨大投入，使汽车公司及其产品的知名度、美誉度得到提升，使产品销量上升、公司的品牌价值提高。与此同时，广播电视也在丰富着汽车，使汽车由一个普通的代步工具，发展成为一个流动的办公、休闲、娱乐场所。

最早的汽车收音机于1922年在一辆Daimler sedan上使用。而中国最早的量产汽车收音机是上海广播器材公司于1958年开始为长春红旗轿车制造的。时至今日，几乎所有的汽车上都配备有收音机，人们可以边驾驶边收听相应的信息。随着时代的发展，电视也普遍地装载于长途客车上，使人们在旅途中能够欣赏到优美的电视画面，既排遣寂寞放松身心，又能

增长知识。

汽车行业的发展还催生出专门的汽车广播电台和汽车电视台。汽车广播电台（或交通广播电台）在精心安排电台节目内容的同时，也为广大听众、车迷提供大量的实用信息（比如及时播报路况信息等）和互动元素，最大限度地拓展交通广播的受众群体。

汽车如此受人关注，几乎所有的电视台都安排有汽车的栏目，而且诞生了一个新的传播媒介——公交移动电视。公交移动电视于2001年首次出现在新加坡的1500辆公交车上。嗣后，这种新的信息传播方式迅速普及到中国香港、台湾。到2003年1月，上海东方明珠移动电视开播，成为中国大陆第一个移动电视频道。2004年7月，南京移动电视公交频道正式开播（图6-11）。随后，一场“公交电视运动”在全国很多中心城市展开。截至2006年年底，仅北京一市，车载移动电视就超过16 000台，坐公交看电视成为最为普通的一景。

图6-11　南京移动电视公交频道正式开播

五、汽车电影特色鲜明

汽车与电影，这两个19世纪伟大的发明，深刻地影响着人类的生活。人们坐着汽车去看电影，电影里放映着汽车镜头，彼此交相呼应。

香车美人、飞车追逐是好莱坞电影的经典模式，电影成了体现汽车性能并影响人的思维和观念的舞台。电影能产生强烈的视觉冲击，电影中的偶像举动往往能引领消费潮流，为汽车品牌带来许多人的拥趸。

20世纪七八十年代出生的人都曾经沉迷过“擎天柱”“大黄蜂”，那时的学生若拥有一个变形金刚玩具，就会成为学校的“明星”。2007年7月，迈克尔·贝带来最新力作——真人版《变形金刚》，将汽车与电影结合得天衣无缝（图6-12）。这部影片不仅唤起了20世纪七八十年代人的童年记忆，还给20世纪90年代，甚至2000年后出生的孩子，创造了一个新的汽车神话。

“汽车人，变形出发!”汽车人的首领“擎天柱”（图6-13）的这句台词经典至极，深入人心。如今“变形金刚”又回来了，片中的汽车人摇身一变成了吸引眼球的各款超级名车，包括雪佛兰Camaro跑车、庞帝克全新硬顶敞篷跑车、H2悍马越野车等。

图6-12　《变形金刚》电影中出现的几款车

图6-13　扮演擎天柱的Peterbilt货车

新《变形金刚》是一部特殊的电影，影片中的每一个角色都由汽车来扮演。导演为了拍摄这部影片，使用了数百辆汽车。

汽车与电影的结合，不仅仅是汽车作为电影中的道具和角色，汽车也在改变着人们观看电影的方式。汽车影院，即观众坐在各自的汽车里通过调频收听和观看露天电影，它源于美国崇尚个人自由的汽车文化。1933 年 6 月 6 日，美国新泽西州 Richard M. Hollingshead 在自家后院创办了世界上第一家汽车电影院。随后这种娱乐休闲方式随着汽车的普及风靡整个北美地区。

图 6-14　汽车影院

汽车影院（图 6-14）的电影银幕采用全钢铸的大屏幕，观众坐在车内，在不同的位置都能看到清晰逼真、稳定的图像；声音是从汽车音响中发出来的，观众的“鼓掌”声是按汽车喇叭。汽车影院作为汽车文化的一个标志，已经出现在世界各地。

汽车影院不仅是家庭娱乐休闲的场所，也是情侣们共享浪漫的甜蜜港湾：隔离在汽车里的空气是两情相悦的甜润和独特温馨的浪漫气氛；宽阔的广场，清新的空气，远离城市的喧嚣与浑浊，与自己心爱的人边看电影边互诉真情，制造别样的浪漫，共度轻松的夜晚。

第二节　网络世界大显神通

网络与汽车的结合，体现出时代的进步。汽车网站异军突起，汽车游戏风靡全球，汽车在网络世界里显示出旺盛的生命力。

一、网络家族异军突起

面对火爆的汽车市场，网络家族又添新成员，汽车网站应运而生。各种汽车网站不仅提供及时的车市信息、详尽的汽车新品介绍与点评，还有准确全面的价格动态、丰富实用的驾车知识、大量的维修技巧以及精彩互动的汽车论坛。这一切都凭借互联网传播速度快、信息量大等优势得到众多汽车公司和汽车爱好者的喜爱，为广大车迷展示出一个精彩的网上汽车世界。

在网络媒体的细分市场上，出现了“汽车频道”这个新名词。这些门户网站的汽车频道一般是以门户网为依托，以汽车新闻和信息为纽带，上承行业、下启受众的综合信息互动网络枢纽和商务经营平台，承担着门户网普及汽车知识、开拓汽车行业、实施网络经营的责任。主要门户网站的汽车频道如搜狐汽车、腾讯汽车、网易汽车、新浪车魔、雅虎汽车等平均每天的浏览人数已远远超越单一的传统媒体（包括地方优势媒体、中央媒体以及广播和电视）的受众人数；以汽车之家为例，截止 2015 年第一季度的日均独立访问用户已超过 1700 万。社会影响力与主流舆论导向均达到举足轻重的地位，任何关注汽车产业的社会层面都不得不重视汽车产业界和汽车产业新闻界中的汽车网络媒体。

为了做强汽车网站，网络巨头们不仅在自己的门户网站推出汽车频道，还建立起专门的汽车网站，并且做出了品牌。大部分汽车网站都以资讯、导购、导用、社区为出发点，为网友提供汽车报价、导购、评测、用车、玩车等多方面的第一手资讯，并营造一个互动的车友交流空间。比较著名的汽车咨询网有：太平洋汽车网（图 6-15）、中国汽车网、汽车之家、爱卡汽车网、网上车市、中国二手车、车盟网、购车网、51 汽车——二手车信息网、中华汽配网、学车网、中国汽车用品网、万车网、无敌改装车网等。

图 6-15　太平洋汽车网站主页

汽车咨询网站的建立，不仅让普通百姓能够对目前中国汽车产业的发展动态有一个基本的了解，还可以在网站上找到他们关注的汽车，以及相关的生产商、销售商和维修商的各种情况。想买车的消费者通过浏览汽车网站，就能做到对“什么车好”“什么车适合于自己”等基本情况一目了然、心中有数。

汽车网站是一个汽车的信息枢纽，是汽车类的网站媒体，通过强大的新闻信息、汽车咨询、用车修车方面的服务咨询，建立起汽车商务、公众服务的立体式运行平台，为企业与企业之间、企业与消费者之间架起一座传递品牌、沟通信息的桥梁。

二、游戏世界天地宽广

网络让地球变成了一个“地球村”，网络游戏使人们的生活更加精彩刺激。网络游戏中的汽车游戏使人们在虚拟的环境中体会到速度与力量，帮助人们在虚拟的环境中练习驾驶技术。网络游戏中，汽车作为“主角”的内容得到玩家的广泛认同，其中赛车游戏独树一帜。

1989 年，由 PAPYRUS 公司开发的赛车游戏《风驰电掣》（英文名称：INDIANAPOLIS500）上市。这是计算机上第一款能令玩家依稀感受到速度魔力的赛车游戏。虽然当时的 286 或 386 计算机只能以 16 种颜色显示这款游戏，但风驰电掣的速度感给电脑游戏界带来了一次革命。究其历史意义，《风驰电掣》堪称电脑赛车游戏的先驱者，而它的开发者——美国 PAPYRUS 公司从此定位于赛车游戏领域，至今这家公司仍然拥有不可动摇的领先地位。

1996 年，英特尔奔腾一代中央处理器使计算机硬件升级，赛车游戏由此翻开崭新的篇章。国际汽联一夜间发现赛车游戏能够迅速普及赛车运动，于是将优秀的电脑赛车游戏纳入赛车运动。在游戏媒体和汽车媒体的宣传报道下，公众对赛车游戏的兴趣渐渐提高，电脑赛

车游戏进入高速发展时期。

最具代表性的游戏是1996年由美国艺电公司EA（Electronic Arts Inc）开发的《极品飞车》（英文名称：NEED FOR SPEED），它是EA大规模进入赛车游戏市场的第一部作品，奔腾计算机进入家庭给这款配置要求很高的游戏起到了推波助澜的作用。《极品飞车》的制作人更注重娱乐性，正如游戏的英文名称——速度的欲望，游戏的精华是“警匪追逐”。

近几年来，电脑赛车游戏进入到一个新的历史时期，电脑赛车游戏产业已发展到一个相当完善的程度，一些高水平的作品模拟度接近90%。程序引擎在各公司之间相互交流并转售，数学和物理人才的加入使业界涌现出一批新公司，汽车厂商给游戏公司以更多的品牌支持、数据支持和资金支持，玩家看到越来越多的以汽车企业作为冠名的赛车游戏，就连游戏中虚拟的广告牌也贴满花花绿绿的企业广告。

网络汽车游戏中逼真的汽车和赛道，如电影般唯美的游戏画面，像真正驾车一样的手感和操控，精确的车辆损坏计算、震撼的车辆碰撞效果，还有游戏中出现的景色、使用的地图都充满现实气息，使广大玩家如身临其境，能够体验到真实的驾驶感受，体会到速度与激情。

正因为如此，不仅普通民众玩赛车游戏，很多职业车手也开始用游戏辅助自己的日常训练，有的人还担任了游戏公司的顾问或试车手。玩家们自发组建的游戏俱乐部和赛车游戏网站，对赛车游戏的发展起到了推波助澜的作用，电脑赛车游戏行业方兴未艾。

第三节　汽车俱乐部活跃异常

汽车工业的长足发展，不仅带动了汽车生产相关产业的发展，也造就了汽车服务业的广阔市场。在发达国家，作为汽车售后服务重要提供者的汽车俱乐部已相当成熟。汽车俱乐部向会员们提供全方位的服务，包括汽车养护、美容、维修、救援、保险以及旅游等。我国家用轿车的普及使汽车俱乐部这一新生产业应运而生并迅速发展。

一、欧美汽车俱乐部的发展

汽车俱乐部是为车主服务的一个专业组织，它不仅向车主提供维护、保养、美容、配件用品等服务，而且还组织车主外出活动、技术交流等。如果只是某汽车品牌的俱乐部，那它的主要任务是为该品牌的车主提供全方位的服务。

1. 德国汽车俱乐部

世界上最早的汽车俱乐部是德国汽车俱乐部，于1899年7月10日在柏林成立，当时称为“Deutscher Automobilclub”（DAC），之后改名为“Kaiserlicher Automobilclub”（KAC），现在的名称是“Automobilclub von Deutschland”（AvD）。1904年年底，威廉姆二世对DAC提供赞助并接管了它。1918年，吸收德国摩托车协会为成员。1949年年初AvD（图6-16）加入国际汽车协会，成为国际性组织。该组织的宗旨是发展德国的旅游业和赛车运动。自1989年以来，AvD除为车手提供

图6-16　AvD标志

技术支持和服务外，还向其成员和顾客提供 24 小时服务，包括合理化建议、帮助和保护措施。可以说，AvD 的历史就是德国赛车运动的发展史。到目前为止，该俱乐部已成功地举办过多次国际性的汽车比赛。

2. 美国汽车俱乐部

美国汽车俱乐部的历史，可以追溯到 1902 年。当时全美只有 2000 部汽车，车主们由于各种原因组成一个类似“沙龙”的组织，这成为俱乐部发展的雏形。俱乐部的建立以汽车救援为主，会员之间通过酒吧的形式加强彼此间合作。

美国汽车协会（简称 AAA）是世界上最大的汽车俱乐部，下属 139 个分支机构，各自独立地经营汽车俱乐部，为其遍布美国及加拿大的 3900 万会员提供路边帮助，实施信息咨询及其他服务。AAA 还促进了拉力赛和其他一些汽车竞赛，以显示各型新车的可靠性。

3. 国际汽车俱乐部

国际汽车运动联盟（FIA）和国际汽车旅游联盟（AIT）是国际上的两大汽车俱乐部组织。

国际汽车运动联盟（FIA）是以组织汽车运动赛事（图 6-17）为主的组织，总部设在法国巴黎，世界上各大汽车运动赛事均由其主办，例如 555 拉力赛、一级方程式汽车赛等。世界各国以汽车运动为经营方向的大型汽车俱乐部都是这个联盟的成员。

图 6-17　汽车比赛图片

国际汽车旅游联盟（AIT）是普通驾驶人的组织，1898 年成立于瑞士，发展至今已有百余年历史，目前拥有 2 亿以上注册会员。国际汽车旅游联盟的成员为世界各国的汽车俱乐部，俱乐部的主要职能是为其会员提供各类应急性和便利性的与驾驶人相关的服务，如旅游、文化、救援、金融、购物、优惠、服务等，服务内容几乎涵盖驾驶人生活的方方面面。

AIT 和 FIA 在经营内容上有所不同：一个是汽车社会不可或缺的生活服务大总管，一个是体育赛事的金手指，两者的经营管理模式都采用会员制。

汽车俱乐部作为驾驶人团体的代表，力求为客户寻求最大的回报。例如，与汽车生产商和销售商磋商，作为客户的一个强有力的服务保障者；为会员在信贷服务和保险等方面谋求更大的优惠，为会员在汽车使用中服务。这种会员制联盟是对汽车消费的一种推动和保障。

二、我国汽车俱乐部的发展

汽车俱乐部是汽车市场、汽车文明的产物。随着我国汽车保有量的飞速增长，与汽车相

关的配套行业不断涌现，建立一个专业化、社会化的汽车服务体系，已成为社会的需要。因此，汽车俱乐部行业在我国悄然兴起，显示出良好的发展前景。

1993 年，我国第一家汽车俱乐部在北京诞生，随后各种规模的汽车俱乐部在各地相继出现。1996 年 4 月，第一家欧美会员制模式的汽车俱乐部——大陆汽车俱乐部在北京正式运行。

我国早期的汽车俱乐部大多是由汽车修理厂改制而来。一些小俱乐部由车友自发组织，会员只有几十个，且服务种类单一，满足不了车主的需要。

近年来，在北京、上海等一些大城市出现了一些有实力的汽车俱乐部，由过去单一的救援、娱乐服务，变为全方位的汽车服务。部分俱乐部还组织会员开展各种活动。由于外资的涌入，出现了中外合资的汽车俱乐部，如恩保大陆汽车俱乐部就是大陆俱乐部在 2000 年 7 月与澳大利亚 NRMA 保险集团共同出资建立的合资企业。

我国的汽车俱乐部已经呈现出种类繁多、服务内容丰富的特点，有车族加入汽车俱乐部成为一种时尚。全国大部分的汽车俱乐部都在实施网络化经营方式，即面向广大驾驶人员和车辆提供系列化、网络化服务的专业汽车服务。新兴的服务理念，与国际接轨的管理模式，中国巨大的市场需求，使我国汽车俱乐部的服务和管理模式发生了巨大的变化。很多俱乐部实现全国连锁，会员可以异地租车、异地订房、享受折扣服务等，有些俱乐部甚至可以为会员提供从车险办理、车辆维修保养、汽车团购、二手车交易平台到食宿酒店、机票预定等外延服务。

国内汽车俱乐部规模较大的有：北京恩保大陆汽车俱乐部、北京世纪通汽车俱乐部、北京今日新概念汽车俱乐部、北京北方之友汽车俱乐部、上海安吉汽车俱乐部、广东南枫汽车俱乐部等。俱乐部的发展带动了一批专一汽车品牌俱乐部的发展，如桑塔纳俱乐部、长安俱乐部等。专一汽车品牌俱乐部在一定程度上承担着厂家售后服务的工作，组织更加有效，通过对车辆技术服务延伸到售后服务等一系列服务，并通过会员活动起到稳固品牌消费群体的作用。

第四节　传承创新的汽车教育

汽车教育是增加人类对汽车知识的了解和掌握的重要途径，是汽车科技创新发展的基础，更是文化传承、创新的载体。我国各具特色的汽车院校和各具特色的以汽车为主要内容的各类培训机构构成的汽车教育，培养了一批批专门的汽车技术和管理人才，为汽车行业的发展提供人才保障和智力支持。

一、汽车院校各具特色

汽车院校肩负着为汽车工业输送专门技术人才的重任。随着我国汽车工业的快速发展，汽车院校快速地成长起来。目前国内开设车辆工程专业或相关专业的高校有百余所。这些院校各具特色，为中国的汽车工业发展提供着智力支持和人才保障。

1. 清华大学汽车工程系

汽车工程系汽车学科是清华大学最早建立的学科之一，历史悠久，实力雄厚。该系不仅拥有我国汽车工业领域第一个国家重点实验室，而且与日本丰田、德国大众、美国通用等知名的汽车制造商有广泛的合作与交流。

2. 吉林大学汽车工程学院

吉林大学汽车工程学院（原吉林工业大学汽车工程系）成立于1955年，1986年正式更名为汽车工程学院，是中国汽车工业人才培养和科学研究的重要基地。该学院拥有汽车动态模拟国家重点实验室，是最早设立汽车专业的高校之一。

3. 北京理工大学机械与车辆工程学院

2002年7月，由北京理工大学原车辆与交通工程学院、机械工程与自动化学院和校工厂合并组建成机械与车辆工程学院。该学院在车辆传动技术、车辆电子技术、车辆悬架技术、新概念车辆技术、机器人技术等方向达到国内领先水平，并在车辆传动技术及新概念车辆技术等方向达到国际先进水平。

4. 同济大学汽车学院

2002年4月，同济大学以科技创新和新能源汽车开发为指导思想，以创新科研机制和组织架构为特色，成立了为中国汽车产业全方位服务的汽车学院。2004年9月，汽车学院整体迁至位于上海国际汽车城的同济大学嘉定校区，并投资4亿元建立新能源汽车工程中心，现已成为我国新能源汽车自主开发、科技创新和人才培养的重要基地。

5. 武汉理工大学汽车工程学院

武汉理工大学汽车工程学院是我国较早设立汽车专业的高校之一。1994年原武汉工学院成立汽车工程学院，随后武汉工学院改名为武汉汽车工业大学。2000年5月27日，由武汉工业大学、武汉交通科技大学、武汉汽车工业大学合并组建武汉理工大学后，经过学科、专业设置调整，于2001年6月17日又成立武汉理工大学汽车工程学院。汽车工程学院是武汉理工大学的特色学院。

6. 湖南大学机械与运载工程学院

1990年湖南大学机械与汽车工程学院成立，2008年机械与汽车工程学院更名为机械与运载工程学院。学院下设机械制造工程系、车辆工程系、工程力学系、机械设计系、机电系、热能与动力工程系。

7. 湖北汽车工业学院

湖北汽车工业学院是国内唯一一所以汽车命名的本科院校，始建于1972年，是较早设立汽车专业的高校之一。由原中科院学部委员孟少农任首任院长。湖北汽车工业学院坐落在风景秀丽的汽车城——湖北省十堰市。该校依托东风汽车公司大工程背景，以“车辆工程”学科为龙头，围绕“汽车产业链”优化学科结构，形成了以汽车、材料、控制、机械、管理等基本覆盖整个汽车产业的学科专业布局，为汽车行业和社会培养了大批应用型高级专门人才。该校汽车工程学院拥有国家级汽车产业实验实训教学示范中心和国家级特色专业车辆工程（新能源汽车方向）。

二、汽车教育人才辈出

汽车工业的发展离不开汽车人才，一代又一代的汽车人才为中国汽车工业的发展插上了腾飞的翅膀。在我国汽车界，产生了三位中国工程院院士——郭孔辉、钟志华和李骏，走出了共和国的科技部部长——万钢。这些都是中国汽车工业的领军人物，是汽车教育人才的杰

出代表，他们在各自的研究领域取得了很高的学术成就，且不遗余力地为中国的汽车工业培养人才。

1. 汽车界首位工程院院士——郭孔辉

郭孔辉（图6-18）是我国汽车行业著名专家，生于1935年7月，福建省福州市人。中国工程院院士，教授，博士生导师。1956年毕业于吉林工业大学汽车拖拉机专业，1994年5月当选为中国工程院院士。现任吉林大学汽车动态模拟国家重点实验室主任。

图6-18　郭孔辉院士

郭孔辉院士在国内外同行中享有很高的声望，在汽车系统动力学及其相关领域造诣精深。在轮胎力学、汽车动力学以及人-车闭环操纵动力学等方面的研究成果均达到世界先进水平，是我国最早把近代系统力学与随机振动理论引入汽车科学研究的学者。他还是我国汽车操纵稳定性、平顺性、制动与驱动稳定性以及轮胎力学等学术领域的主要开拓者和学术带头人。

2. 汽车业界的后起之秀——钟志华

钟志华（图6-19），1962年7月出生，湖南湘阴人。教授，博士生导师，中国工程院院士。现任同济大学校长，曾任湖南大学校长、重庆市科委主任、中国工程院党组成员与秘书长。

钟志华，1982年毕业于湖南大学机械制造专业，1984年1月赴瑞典留学，攻读博士学位，1988年在瑞典林雪平（Linkoping）大学获工学博士学位并做博士后研究，1992年被聘为林雪平大学终身副教授、博士生导师，并被聘为湖南大学教授，在国内外两地工作。2005年当选为中国工程院院士。

图6-19　钟志华院士

1995年，钟志华院士全职到湖南大学工作，主要研究方向为汽车设计制造CAE技术、汽车碰撞安全技术和冲压成形技术，先后主持国家科技部的“九五”和“十五”重点技术攻关项目、国家杰出青年基金项目、国家自然科学基金重点项目、福特基金项目、国家机械工业技术发展“九五”重点项目等十多项国家级、省部级的重要科研课题和多项企业重要研发项目。

3. 汽车领域走出的科技部部长——万钢

万钢（图6-20），汽车领域专家。1952年8月出生，1978年毕业于东北林业学院，1979年进入同济大学结构理论研究所实验力学专业攻读硕士，1981年毕业获硕士学位。同年留校，在数学力学系任教。1985年赴德国克劳斯塔尔工业大学机械系留学，1990年以优秀成绩获博士学位。1991年进入德国奥迪汽车公司工作，在其技术开发部负责计算机轿车虚拟开发，形成奥迪汽车公司独特的开发系统。1996年升任奥迪公司生产部和总规划部技术经理，负责信息化制造技术和管理工作。他所领导的多项技术创新项目为新一代奥迪A4车顺利投产创造了显著的经济效益。

1994年和1995年先后被德国克劳斯塔尔工业大学和同济大学聘为兼职教授，博士生导师。他所指导的德国博士生在燃料电池方面的研究课题目前在国内尚属空白。

2000年万钢向国务院提出了开发洁净能源轿车、实现中国汽车工业跨越式发展的建议，

图 6-20 科技部万钢部长

受到科技部、经贸委领导重视和支持。2000 年年底，万钢在科技部领导的盛情邀请下回国工作，同时被科技部聘任为国家 863 计划电动汽车重大专项首席科学家、总体组组长。

万钢 2002 年担任同济大学校长助理，2004 年 7 月起担任同济大学校长，目前还兼任同济大学新能源汽车工程中心主任。2007 年 4 月调任科技部部长。

4. 车企走出的首位工程院院士——李骏

图 6-21 李骏院士

李骏（图 6-21），天津市人，1955 年出生，现任一汽副总工程师兼技术中心主任。李骏 1989 年进入一汽长春汽车研究所（现一汽技术中心）成为发动机专业的一名工程师。作为我国第一批自主培养的内燃机博士，他多年来一直工作在汽车发动机研发与工程应用一线，主持研发出重型系列柴油机、电控共轨喷油系统、汽油机系列产品，装备重型载货汽车、MV3 和新一代红旗高级轿车，使发动机新增产值 200 余亿元，对中国汽车发动机自主发展做出重大贡献。其研发成果曾获国家科技进步一等奖、二等奖，其本人于 2012 年当选国际汽车工程师学会联合会（FISITA）主席，成为执掌这一组织的首位中国人。2013 年 12 月 19 日当选机械与运载工程学部院士，成为中国汽车行业产生的第三位院士，而且是汽车企业产生的第一位院士。

三、汽车培训如火如荼

中国汽车产业的迅速全面发展，需要包括研发、工程技术、营销、采购、运营、金融、维修等多个环节不同领域的人才。《中国汽车人才发展战略研究》课题报告研究表明：中国汽车产业职工人数 2010 年将达到 356 万人，2015 年将突破 500 万人大关，到 2020 年将达到 776 万人，平均年增长率为 10%。中国汽车业人才的数量短缺和结构不合理已经影响我国汽车业的稳健发展。“十一五”期间，我国汽车研发人才缺口就达 50 万，维修人才缺口达到 80 万。目前全国 100 多所大学设有汽车专业，每年毕业生大约六七千人，远远满足不了汽车工业发展的需要。

中国汽车工业要想加速发展，就需要建立起与汽车产业发展相匹配的人才队伍。在汽车人才培养上，除汽车院校培养专业性人才外，汽车培训将发挥其不可替代的作用。大众化的汽车教育培训可以弥补高等院校人才培养的不足，解决汽车人才数量短缺、素质不高、结构性短缺等方面的问题，是促进汽车产业快速发展的基础。

所谓大众化汽车教育，是指包括汽车企业对员工的培训、汽车从业人员参加社会机构的培训和各类为汽车行业培养基础技术人才的中专、职高、技校等教育形式的总称。汽车人才培训的范围已从企业扩展到整个社会，形成学校、企业、社会三位一体的庞大培训网。培训的方式有企业组织的培训，有社会组织的业余培训，有大学为企业开办的各类培训班等。

1. 汽车企业自主培训——人才培养的主体

汽车人才在实践中培养，决定了汽车企业必须成为培养人才的主体。汽车企业对员工的培训内容主要包括知识培训、技能培训和素质培训三个层次。针对企业内不同工作性质、不同级别的员工开展相应的培训成为汽车企业培训工作的内容之一。

近年来，汽车企业人员参加培训的规模和频度都在逐渐扩大，汽车企业对培训的投入力度也在逐年增加。如一汽集团曾在一年内举办了各种培训班2550个，培训员工9万多人次，培训对象包括各级管理人员、各类工程技术人员、各类技术操作人员等。这些培训的主要方式有：集中培训、岗位技能培训、远程电视培训、工作伴随培训；到国外优秀企业、科研院所、重点院校进修；联合开发设计或聘请国外专家到企业讲学、技术咨询等。

在北美和欧洲，规模较大的汽车企业一般都在当地与高校联手建立科研基地或技术开发中心。这种人才培养的方式在我国是以校企产学研合作教育的方式进行。这种方式是学校和企业共同的需要，双方都将从中受益。学生能够非常容易地到汽车企业的各个部门实习或参观，有利于汽车人才的培养；高校也可以将最新的科研成果转化为企业的生产力，提高企业的竞争力。

2. 汽车专业培训机构——人才培养的重要补充力量

汽车科技的发展和汽车行业市场环境的变化，使汽车从业人员的知识结构需要不断更新。汽车从业人员自我提升的需要催生了各类专业汽车培训机构。目前，汽车营销、汽车维修、汽车美容、汽车驾驶、汽车经纪人、二手车评估等培训班令人目不暇接，汽车专业培训成了各类培训机构的重要内容。

中国汽车培训网是中国汽车专业培训领域影响力较大的机构之一，该机构已经成为中国大陆汽车专业培训行业的著名品牌，业务涵盖了汽车行业管理咨询、汽车技术培训、汽车管理培训、汽车营销培训、汽车4S培训、汽车学历教育、汽车企业内训、汽车服务培训等专业领域。

3. 技校、中专校——实用型汽车人才的摇篮

一线技术工人的整体技能水平直接关系到企业产品质量、生产效率和经济效益，也在一定程度上决定了中国汽车工业的发展。汽车及其相关企业除需要高端“学院派”科研技术人才外，还需要大量的汽车实用型人才，尤其是一线技术工人，这一重任自然落在相关技工学校、中专学校的肩上，技校、中专校就成为中等实用型汽车人才的摇篮。

既懂得技术原理，又具备实际操作的员工才能满足企业的需要。各类技校、中专校培养人才以“够用为度”，面向当今市场缺口和相关企业各岗位，针对需求方向，通过职业实践能力、职业素养和具体的职业技术实践来提高学生的综合素质，使学生能够适应市场的需求。因而，技校、中专校汽车专业的毕业生在岗位操作、汽车维修、销售、管理、保险等相关一线工作具有广泛的适应性，这类人才的培养同样是汽车人才培养的一个重要方面。

思考题

1. 汽车广告的宣传主题与经济社会发展是怎样的互动关系？

2. 汽车宣传媒介主要有哪些？各有哪些特点？

3. 网络游戏对大学生的身心健康发展产生很大的影响，从诞生起就受到社会的广泛关注，褒贬不一。请你谈谈对汽车网络游戏的认识。

4. 世界各地区各个国家汽车俱乐部的发展情况如何？如何看待这些情况？

5. 当前我国已经步入汽车社会，谈谈汽车俱乐部对我国构建和谐汽车社会的重要意义。

6. 我国汽车行业目前产生了几位工程院院士？分别是谁？他们各有哪些特点？

7. 当前我国高等教育中具有汽车学科特色的高校有哪些？各有哪些特点？

第七章 / Chapter 7

汽车社会话和谐

中国的汽车文化正在被汽车消费者、商家及学术界等多方关注，逐渐形成自己的鲜明特色。成长中的中国汽车文化正在深远影响国人汽车消费、生活方式及社会文明等方方面面，进而影响到工业经济的发展和中国整个现代生活。

第一节　阔步迈向“汽车社会”

汽车是20世纪地平线上最重要的人文景观，汽车对国民经济拉动作用之大，波及行业和产业面之宽，为新科技提供应用平台之广，改变人类生存方式之深远，让其他任何产业都难以望其项背。中国迈向“汽车社会”这一历史进步将不可逆转地到来。

一、人车路的交响曲

全球驾驶人大多会清楚地记得他们拥有第一辆汽车时那种满足的心情，也不会忘记第一次手握转向盘，闻着新鲜皮革的气味，伴着发动机的声响，战战兢兢地开车上路的感觉。汽车的发明改变了千百万人的生活，注入速度、自由与机会的神奇力量。汽车的普及，汽车化的进程，更使人心情激荡，热情澎湃。

事实上，在人们轻松自如地操纵转向盘的同时，汽车也操纵着人类社会的生存方式。汽车逐步建立自己的王国，成了社会机体的一个重要部分，任何废黜这个工业系统的企图都会使社会失血，甚至连它自己的头痛脑热都会使社会震颤。人们越来越抱怨它，因为越来越离不开它。

在改变人类生存方式的过程中，汽车以自己的特性奠定了在现代社会中的重要地位。汽车是人生中仅次于住房的最大购买项目，也是人们既实用又必需的重要商品。人们对汽车的追求和依赖，奠定了汽车工业作为巨型产业的地位，带动了相关工业的发展，因为汽车需要自己的基础行业，包括能源、材料、电力、计算机、环境工程等，涉及众多工业部门和技术系统。汽车生产要大量耗用钢铁、塑料、电子装备、机床、输送设备、油漆及内部装饰材料，汽车使用时要耗费无数的汽油、柴油，这为制造、销售及相关行业提供了大量工作机会。在美国，每7个工人中就有一人直接或间接地为汽车行业工作。

全球汽车保有量已超10亿辆。截至2015年6月，世界人口已经超过72亿人，就是说每7.2人拥有一辆汽车。在美国，每1.13人拥有一辆汽车；日本每1.69人拥有一辆汽车；汽车已经成为发达社会最普遍的私人交通工具。2014年年末，中国人口总数达到13.678亿（不包括香港、澳门特别行政区和台湾省），约占世界总人口的19%。中国汽车保有量逾1.44亿辆（不含三轮汽车和低速汽车），约为每9.5人拥有一辆汽车。

中国的改革开放，极大地促进了中国经济的快速发展。人们的吃、穿、住、行都得到了改善和提高，中国正朝着全面实现工业化和小康社会的目标稳步迈进。改革开放推动着汽车市场的繁荣，车市与股市、房市并驾齐驱，车市受到普通民众的青睐。遍布全国各地的汽车4S店更贴近老百姓，各种各样的车展吸引各方人士，车展规模不断升级。中国顶级的车展就数北京国际汽车展和上海国际汽车展了。2015年4月以“创新·升级”为主题的第十六届上海国际汽车工业展览会在国家会展中心（上海）举办，吸引了18个国家和地区2000家中外汽车展商参展；展出总面积超过35万平方米；展出整车1343辆，其中全球首发车109

辆，新能源车 103 辆，概念车 47 辆，亚洲首发车 44 辆。车展期间，来自 44 个国家和地区 2150 家中外媒体 1 万余名记者竞相报道车展盛况。本届车展共吸引参观者 92.8 万人次。

2007 年中国的汽车产量为 888 万辆，成为第三大汽车生产国。中国汽车年总产量突破 100 万辆是在 1992 年，到 2000 年，汽车年总产量达到 200 万辆，此间增长 100 万辆用了 8 年。进入 21 世纪，我国汽车年总产量迅猛增加，2002 年突破 300 万辆，2003 年突破 400 万辆，2004 年突破 500 万辆。短短的几年，100 万辆的增长幅度不超过 1 年。可以说，中国汽车产业开始爆发性增长。2009 年中国的汽车产销量突破 1000 万辆大关，产销汽车超 1300 万辆，成为第一大汽车产销国。2014 年汽车产销量超 2300 万辆。5 年时间汽车年产销量增加 1000 万辆。中国已成为世界第一大汽车生产国和第一大汽车市场。而世界汽车总产量突破 1000 万辆是在 1950 年，美国和日本则分别于 1956 年和 1980 年突破 1000 万辆，迄今为止，全球仅有中国、美国和日本三国是产量过千万辆的汽车大国。

中国经济的快速发展也促进了公路建设发展和公路运输的增长。2006 年年底，全国公路营运汽车达 802 万辆，比 2005 年增加 8.4%。其中载客汽车 162 万辆，载货汽车 640 万辆。2006 年，全社会完成公路客运量 186 亿人次，旅客周转量 10 130 亿人公里，分别比 2005 年增加 8.6% 和 8.3%。2006 年全社会完成公路货运量 146 亿吨、货物周转量 9754 亿吨公里，分别比 2005 年增加 8.2% 和 10.9%。而 2006 年全国铁路创历史最高纪录地完成旅客发送量 12 亿人次，比 2005 年增长 8.7%。2006 年全国铁路完成货运总发送量（包括行包运量）28 亿吨，比 2005 年增长 7.1%。可见，中国的公路运输量已经占有举足轻重的地位，汽车已成为最基本的城市交通方式。在日常交通中，汽车承载大部分人流。基于这种交通工具的社区及城市模式，决定和影响着人们的生存方式。

图 7-1　道路交通枢纽

中国道路基础设施建设迅速发展（图 7-1），中国的公路建设用 10 多年时间就走过了西方发达国家几十年的发展里程。截至 2014 年年底，我国公路通车总里程达 446.4 万 km，全国公路密度为 46.5km/100km^2，一个干支衔接、布局合理、四通八达的中国公路网初步形成。但从供给总量上看，公路网密度与美国等发达国家比相差尚远，公路通达深度依然不足。

目前，全世界已有 80 多个国家和地区拥有高速公路，通车总里程超过 31 万 km。美国高速公路总里程为 10.3 万 km，形成以州际为核心的高速公路网，连接着美国所有 5 万人以上的城镇。中国 2014 年高速公路总里程为 11.2 万 km，超越美国居世界第一。加拿大共修建了 1.7 万 km 高速公路，居世界第三。西班牙拥有 1.47 万 km 高速公路，居世界第四。德国拥有 1.3 万 km 高速公路，居世界第五。

二、中国全面进入“汽车社会”

沿着人类生存的共同轨迹，遵循着不以人的意志为转移的社会进步规律，中国人在解决温饱、满足一般家庭用具之后，人们的消费结构在升级，进入以住房、汽车为代表的改善生活质量的消费时代。

1982年，中国政府提出“汽车工业应该有个大的发展”，当年全国生产汽车约20万辆，汽车保有量为215万辆。那时就有人提出“中国是世界上最大的汽车潜在市场”，看似有些遥远的事情，今天却成为事实。早年，汽车作为“生产资料”的概念在人们心中根深蒂固，而作为“官车”的轿车平民百姓不可触及。未曾想到，若干年后，普通民众也能拥有一辆轿车。如今，“轿车进入家庭”已写入我国政府工作报告，极大地推动着轿车的快速发展。今天的中国汽车市场，已经是全世界竞争最激烈的市场。无论售价是千万元的宾利、保时捷，还是3万多元的奇瑞QQ、吉利豪情，在市场上都销售得很好。中国内地汽车消费量以年平均24.2%的速度增长，远高于全球4.4%的增长速度。2000年全国私人轿车为300万辆，平均每百户家庭拥有1辆私人轿车；2014年全国私人轿车为1.04亿辆，平均每百户家庭拥有25辆私人轿车。2014年中国汽车保有量愈1.44亿辆，约为1982年的67倍。

虽然发展轿车存在着争议且褒贬不一，但毋庸置疑，轿车是中国汽车业高速发展真正的推进器；没有轿车的高速发展，就没有中国汽车的今天。有专家预测，未来5~10年，中国汽车保有量将超过美国，成为世界最大的汽车保有量国和最大的汽车市场。中国的汽车消费市场正在迅速地向美国靠拢，越来越依赖汽车这个“轮子”，也会像美国一样变成一个轮子上的国家。

轿车的快速发展，大众汽车消费对社会的影响，远远超出了汽车产业本身。汽车的广泛应用不仅会扩大人们的活动半径，加快社会活动节奏，而且会改变人们的时间观、空间观。在这个过程中，人们的生产和出行方式、居住选择、城市和乡村结构、生活方式、休闲方式、消费结构、商业模式、城市面貌会随之改变，进而影响到就业结构、社会关系、沟通方式、活动节奏，以及知识结构、文化习俗等，使大家享受到先进的汽车文明，轻松享受汽车移动生活（图7-2、图7-3）。

图7-2　有车族的家庭生活

图7-3　有车族的休闲生活

以北京为例，新中国成立初期，北京只有机动车2300辆；1966年发展到2.8万辆，1978年，机动车拥有量也只有7.7万辆；经过改革开放10多年的发展，到1997年2月，北京市的机动车突破100万辆，这一过程整整经历了48年；从1997年2月至2003年8月，短短6年半时间，北京的机动车保有量就完成第二个100万辆的增长，增长之快超乎想象；从第二个100万到第三个300万，北京仅仅用了3年零9个月。截至2014年年末，北京市机动车保有量559万辆，其中私人汽车437.2万辆。就是说，现在北京每百户家庭拥有63辆私家车。

2006年中国人均GDP首次超过2000美元，汽车消费步步登高，尤其是轿车消费已进入

大众化阶段。仅就拥有汽车驾驶证的人来说，其人数不断增长，2006 年为 15 700 余万人。2014 年末，拥有汽车驾驶证人数为 2.44 亿人；有驾驶培训学校 12 556 所，每年培训学员 3000 余万人。2004—2014 年，25 岁以下的低龄驾驶人，从 221 万增长至 2744 万，增长 11 倍；女性驾驶人从 300 万增长至 6059 万，增长 19 倍；60 岁以上的老年驾驶人从 10 万增长至 393 万，增长 38 倍。图 7-4 所示为某汽车驾驶培训学校学员学车场景。

图 7-4　驾校学员学车场景

经过上百年的发展，汽车逐渐进入大众消费领域，成为人们的日常交通工具。中国进入大众汽车消费时代，是时代的伟大进步。一个从汽车工业向汽车产业进而向汽车社会转变的过程正迎面走来。这个变化如此迅速，而且又影响和改变着亿万人的生活。漠视它、抵触它都无济于事，需要客观认识汽车社会。

有人曾把“汽车社会”解释为：只有当社会围绕着汽车这一现代工业产品，形成一整套经济、文化、生活体系时，才算进入了汽车社会。虽然这个解释不一定权威、精准，但有一点被认同，就是汽车社会不仅与宏观数据有关，更与大众生活方式有关。汽车社会的前提是大众普遍的汽车消费。

在进入“汽车社会”时，相应的社会问题伴随着汽车社会的形成而出现，交通、安全、环保、能源四大问题显得更为尖锐。人们无法回避问题的存在，需要的是努力寻求解决问题的办法。从 2007 年上海车展以“人 · 车 · 自然的完美和谐”为主题，到 2008 年北京车展以“梦想 · 和谐 · 新境界”为主题，都凸显人们对和谐汽车社会的期待。响应国家关于“建设资源节约型、环境友好型社会”的号召，我们的国人，包括政府部门、汽车厂商、汽车驾驶人，需要携手努力，共同构筑和谐的汽车社会。

第二节　汽车社会面临的问题

任何事物都有两面性，汽车也不例外。在早期汽车数量少、使用时间短、应用范围窄时，人们更多注意其优点；汽车数量多、使用时间长而应用广泛时，缺点就显露出来了。汽车对社会的负面影响可以归结为过多的汽车会使得人类生存和发展的环境恶化。

一、能源问题

1. 汽车的石油消耗

中国是一个能源生产大国，同样是一个能源消费大国。中国已成为世界第二大能源消费市场。今后 20 年里，中国还将成为世界上建设规模最大的市场。随着我国工业化进程的加快，能耗必将大为增加，一次性能源的产能与供需缺口扩大。2000 年，我国机动车消耗的石油为 6560 万吨，约占全国总石油消费的三分之一。目前我国机动车消耗了全国汽油总产量的 85%，柴油总产量的 42%。汽车已成为石油消耗增长的主要因素，使得我国能源短缺的矛盾更加突出。

由于国内的石油储藏量和开采量有限，新增的石油需求将越来越多地依赖进口。2002年中国石油表观消费量（当年生产量+净进口量）为2.24亿吨，2013年为4.9亿吨，2014年为5.18亿吨。2002年石油对外依存度仅为31%，2013年则达到57%；2014年全年进口原油3.1亿吨，同比增长9.5%，中国石油对外依存度接近60%。据海关总署数据显示，2015年4月，中国进口原油3029万吨，相当于每日进口740万桶，约为全球日消费量的1/13，超过美国每日720万桶的进口量。意味着中国已超越美国成为全球最大的原油进口国。

目前，汽车用汽、柴油消费占全国汽、柴油消费的比例已经达到55%左右，每年新增石油消费量的70%以上被新增汽车所消耗。中国科学院院士、国家科学技术部原部长徐冠华在“2014第二届中国未来能源论坛”上指出：我国车用汽、柴油消费总量，从2005年的8000万吨，增加到2013年的1.7亿~1.8亿吨。预计到2030年，在综合政策情景下，我国车用能源消费达到峰值油耗约为3.6亿吨标油，受到车用石油消费快速增长的影响，2030年我国石油对外依存度预计将超过70%。

2. 全球石油可采储量

据现有资料统计，全球石油可采储量的38%分布于中东地区，17.3%和16.5%分布于俄罗斯和北美地区，欧洲地区最少，不足4%。此外，全球有待发现的经济可采石油资源，也主要分布于中东地区，所占比例约为30.5%，其次分布在俄罗斯、北美、中南美洲和非洲地区，均在10%以上，而亚太和欧洲地区分别占5.5%和3.9%。未来20年世界石油资源增长主要来自中东、俄罗斯-中亚、南美、北非等4个地区。这些地区将成为中国开发利用世界石油资源的战略地区。2013年世界主要产油国储量排名见表7-1（资料来源：《BP世界能源统计2014》）。

表7-1　2013年世界主要产油国储量排名

国　家	储量/亿桶	排　名	国　家	储量/亿桶	排　名
委内瑞拉	2983	1	科威特	1015	6
沙特阿拉伯	2659	2	阿联酋	978	7
加拿大	1743	3	俄罗斯	930	8
伊朗	1570	4	利比亚	485	9
伊拉克	1500	5	尼日利亚	371	10

3. 全球三次石油危机

（1）第一次石油危机（1973年）　1973年10月第四次中东战争爆发，为打击以色列及其支持者，石油输出国组织的阿拉伯成员国于当年12月宣布收回石油标价权，并将其原油价格从每桶3.011美元提高到10.651美元，使油价猛然上涨两倍多，从而触发了第二次世界大战之后最严重的全球经济危机。持续三年的石油危机对发达国家的经济造成严重的冲击。在这场危机中，美国的工业生产下降了14%，日本的工业生产下降了20%以上，所有的工业化国家的经济增长都明显放慢。

（2）第二次石油危机（1978年）　1978年年底，世界第二大石油出口国伊朗的政局发生剧烈变化，伊朗亲美的温和派国王巴列维下台，引发第二次石油危机。此时又爆发两伊战争，全球石油产量受到影响，从每天580万桶骤降到100万桶以下。随着产量的剧减，油价

在1979年开始暴涨，从每桶13美元猛增至1980年的34美元。这种状态持续了半年多，此次危机成为20世纪70年代末西方经济全面衰退的一个主要原因。

（3）第三次石油危机（1990年）　1990年8月初伊拉克攻占科威特以后，伊拉克遭受国际经济制裁，使得其原油供应中断，国际油价因而急升至42美元的高点。美国、英国经济加速陷入衰退，全球GDP增长率在1991年跌破2%。国际能源机构启动紧急计划，每天将250万桶的储备原油投放市场，以沙特阿拉伯为首的欧佩克也迅速增加产量，很快稳定世界石油价格。此外，2003年国际油价曾暴涨过，原因是以色列与巴勒斯坦发生暴力冲突，中东局势紧张，造成油价暴涨。

从以上几次石油危机中可以看出，石油价格已成为经济发展变化的晴雨表（图7-5所示）。近些年，国际石油价格发生了很大的变化：2002年每桶石油均价为24美元，2003年为31.5美元，2004年为41.5美元，2005年为56.7美元，2006年为66.2美元，2007年截至10月份，每桶石油均价为72.5美元。2008年每桶石油均价突破110美元。2008年5月21日，美国纽约市场油价已高达每桶133美元。

图7-5　石油价格影响经济发展

由于前三次石油危机发生时中国工业发展还不足，石油能够自给自足，甚至能净出口，因此没有对中国构成真正的威胁。中国是一个石油缺乏的国家，2013年年底，中国石油探明储量为181亿桶（25亿吨），占世界储量1.1%，储采比为11.9年。自20世纪90年代初中国就成为石油纯进口国。而现在，中国已成为世界石油第二大消费国，对进口石油的依存度在不断上升。所以，对中国来说，第四次石油危机才是中国政府面临的第一次石油危机“大考”。

4. 国家的石油安全

在现代文明社会中，一切现代物质文明在较大程度上都依赖于能源。石油、天然气等是重要的能源资源。中东、俄罗斯及其他欧佩克国家是石油生产的集中地，而西欧、北美和亚洲国家则是石油消费集中地。在当今国际舞台上，石油领域的竞争已超出纯商业的范围，成为大国之间经济、军事、政治斗争的武器。

从近几十年来国际关系的现实可以看到，石油资源和水资源是国家间发生战争和冲突的主要因素，特别是谋求对石油资源的控制成为国际斗争的焦点之一。过去半个世纪中，仅仅由水引发的冲突就达到500多起，其中20余起演变为武装冲突。随着石油资源的日益紧缺，能源对经济发展的制约作用将更加突出，以各种形式出现的全球能源争夺战也将愈演愈烈。

图7-6　加油站汽车排队加油

中国汽车工业的快速增长，中国的石油供应时有紧张，图7-6所示为2015年我国某城市加油站因油品要涨价车主连夜排队加

油的场面。为了保证国内的石油供应，中国已花巨大的人力物力财力在全球五大洲四大洋到处寻找石油来源。目前，中国石油市场已基本与国际接轨，随着石油价格的不断飚涨，必然再次引起与石油相关产品的价格上涨，进而造成中国工业化成本直接或间接地提高，特别是给汽车制造业、交通运输等相关产业带来程度不同的冲击和影响。对中国来说，能源如此紧张已提到危及国家安全的战略高度。

二、交通问题

1. 汽车安全问题

交通事故已经成为世界性公害，令管理者十分头疼，令交通参与者心惊胆战。资料表明，自从有机动车道路交通事故以来，全世界已有3200余万人死于道路交通事故，接近第二次世界大战的死亡人数。现在全球每年约有120万人死于道路交通伤害，受伤5000万人，每天车祸死亡3000多人，道路交通伤害排在全球第10位死亡原因；每年造成5180亿美元损失，多数国家道路交通伤害所造成的经济损失约占其国内生产总值的1%～2%。

在我国，随着经济繁荣与消费结构升级，人们出行次数和汽车保有量急剧增加，导致道路交通事故频发。我国的万车死亡率是6.2，日本的万车死亡率是0.77，英国是1.1，加拿大是1.2，澳大利亚是1.17，法国是1.59，美国是1.77。我国的交通事故致死率为27.3%，居世界首位；美国为1.3%；日本为0.9%。由2004年10月世界卫生组织公布的交通事故死亡报告可知：中国汽车总量仅占全球汽车总量的1.9%，但中国因交通事故死亡人数占世界交通事故死亡人数的比重却高达15%。当日·本首相下令要求将日本全国每年因道路交通事故死亡8000人的数字降为4000人时，中国2004年之前的十年每年该项统计人数却有10万人之多。

导致汽车交通事故的原因十分复杂，人、车、设施（路）、环境是影响汽车行驶安全的几大因素，如图7-7所示。

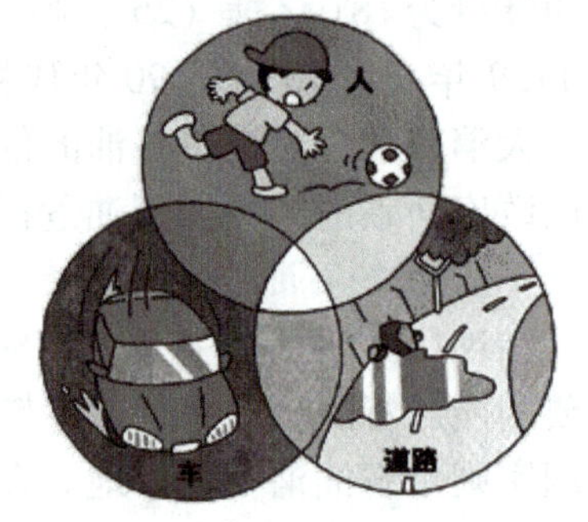

图7-7 人、车、路——导致汽车交通事故的几大因素示意图

（1）机动车驾驶人交通安全意识薄弱　机动车驾驶人违法违规行为是交通事故的主要原因，超速行驶、占道行驶、无证驾驶、酒后驾驶、疲劳驾驶等原因造成的交通死亡事故占比突出。据国家公安部发布的统计数据：2004年，因机动车驾驶人超速造成交通死亡18 410人，占死亡总数的17.2%；因不按规定让行造成死亡8576人，占8%；因违法占道行驶造成5594人死亡，占5.2%；因酒后驾驶造成4658人死亡，占4.4%；因违法超车造成4554人死亡，占4.3%；因疲劳驾驶造成3056人死亡，占2.9%。其中，交通事故死亡人数中有一半以上系因无证驾驶、低龄驾驶所致，造成交通肇事案大幅上升。2013年的汽车交通事故死亡人数为42 927人。

（2）汽车本身的安全性能也是影响交通安全的一个重要因素　2003年在交通事故死亡人数总体下降的情况下，因汽车机械故障导致的交通事故死亡人数却有所上升。据统计，2003年因汽车机械故障造成的死亡人数为4527人，比2002年多死亡377人，上升幅度为9.1%。汽车机械故障主要是制动失效和制动不良，此两项分别造成1389人和1972人死亡。

（3）交通管理体制存在缺陷　交通安全是一项复杂的系统工程，需要多部门协调配合、

社会各界通力合作，进行综合治理。部门利益、条块分割是交通管理过程中存在的突出问题。交通安全保障包括应考虑道路环境对交通安全的作用及人、车、道路环境三者之间的相互联系与互动关系；加强道路的安全设计、建设和维护，提高车辆的主动和被动安全性能，加强运输车辆的日常安全管理，规范汽车运输企业、汽车修理企业的安全认证和行为等，共同努力来减少和预防交通事故，形成动态的交通管理模式。

安全和谐，意味着从安全技术、安全产品、安全环境，到安全意识、安全行为、安全管理，以及安全汽车消费，形成汽车生产、使用和管理链条的“大安全”，缔造更加畅行无忧的安全中国。这也是中国建立和谐社会的重要组成部分。

2. 城市交通越来越拥堵

我国许多大城市交通状况欠佳，机动车平均车速很低。在交通高峰期，北京市市区一些主要道路的汽车均速在11km/h左右，这与自行车的行驶速度差不多。职工上下班时间路途所占用的时间由10年前的54分钟延长到65分钟。由于交通拥堵，常常是过去几十分钟的路程要走上几个小时。北京已经修好六环路，但四环以内的地方每天都在堵车，逢国家盛事只好以限制部分汽车出行的办法来保证交通顺畅。原本便于出行的代步工具却成为制造交通堵塞的“移动路障”，如图7-8所示。

图7-8　汽车交通堵塞

中国这样一个人口众多、公共资源相对紧张的国家，大多数城市道路建设滞后，公共交通体系欠完善，停车场成为稀缺资源。道路的建设总是赶不上汽车业的迅猛发展，即使现在因汽车工业的快速扩张而立即修路架桥、建停车场，那也是一项长期巨大的系统工程。目前在我国近700个中小城市中，道路总长不足20万千米，却要容纳全国90%以上的机动车辆，支撑起八成以上经济社会的运行，负荷之重，可想而知。故此，国家经济建设发展和人们日益增长的物质文化需求，需要加速基础设施建设。

三、环境污染问题

1. 洛杉矶型烟雾

由汽车、工厂等污染源排入大气的碳氢化合物（HC）和氮氧化物（NO_x）等一次污染物，在大气环境中受强烈的太阳紫外线照射后发生光化学反应而产生二次污染物，这种由一次污染物和二次污染物的混合物所形成的烟雾现象就是光化学烟雾。20世纪40年代，因为在美国加利福尼亚州洛杉矶首先发现光化学烟雾，所以也称为“洛杉矶型烟雾”，如图7-9所示。

图7-9　洛杉矶型烟雾

人和动物受到光化学烟雾的主要伤害是眼睛和粘膜受刺激、头痛、呼吸障碍、慢性呼吸道疾病恶化、儿童肺功能异常等。光化学烟雾不仅有害于居民的健康，而且对植物的危害也很严重，

植物的叶片上出现红褐色斑点。光化学烟雾还会使橡胶制品老化龟裂，使建筑物腐蚀损坏。

由于汽车数量猛增，在北美、日本、澳大利亚和欧洲部分地区也曾先后出现过这种光化学烟雾。1943 年以后，洛杉矶烟雾更加肆虐，以致远离城市 100km 以外的海拔 2000m 高山上的大片松林因此枯死，柑橘减产。仅 1950—1951 年，美国因大气污染造成的损失就达 15 亿美元。1955 年，因呼吸系统衰竭死亡的 65 岁以上的老人达 400 多人。经过反复的调查研究，直到 1958 年才发现，这一事件是由于洛杉矶市拥有的 250 万辆汽车排气污染造成的，这些汽车每天消耗约 1600t 汽油，向大气排放 1000 多吨碳氢化合物和 400 多吨氮氧化物。

1971 年，日本东京发生较严重的光化学烟雾事件，使一些学生中毒昏倒。东京发生的光化学烟雾整整持续了一个夏季。

1997 年 3 月 7 日，法国首都巴黎上空也蒙上了一层灰色的雾。到 10 日，空气中二氧化氮含量超过 $300\mu g/m^3$，巴黎市政府决定拉响大气污染警报，要求汽车按紧急状况下单双号行驶规定，限制汽车进入巴黎城。

1997 年 7 月 22 日开始，智利首都圣地亚哥的空气中氮氧化物含量严重超标。市政府发出紧急通知，规定 20 万辆汽车停止行驶，中小学校停止上课，劝阻居民不要外出。有的居民不得不外出时，要带防毒面具。

北京和南宁分别于 1998 年和 2001 年发生过光化学烟雾现象。有的地方同时兼有光化学烟雾和硫酸烟雾，危害更严重。我国甘肃省兰州市在 20 世纪 70 年代中期也出现过光化学烟雾，汽车在白天行驶还得开灯。

2. 中国的汽车污染

随着汽车保有量的增加，人们司空见惯的交通堵塞已对中国社会造成危害，而环境危害更显示其致命杀手的作用。汽车有害气体排放物是人们熟知的 CO、HC 和 NO_x，以及柴油机排放的碳微粒（碳烟）。2003 年中国机动车碳氢化合物、一氧化碳和氮氧化物排放量是 1995 年相应污染物排放总量的 2.51、2.05 和 3.01 倍。2004 年，中国机动车的排放水平是美国的 4～6 倍。2005 年中国机动车尾气排放在城市大气污染中的分担率已达到 79% 左右。汽车尾气排放已成为很多城市大气环境的主要污染源。2013 年，全国汽车排放一氧化碳（CO）2912.1 万吨，碳氢化合物（HC）349.0 万吨，氮氧化物（NO_x）588.7 万吨，颗粒物（PM）56.7 万吨。工业污染正让位于汽车带来的烟雾污染，城市污染也从煤烟型污染向汽车尾气型污染转化。2013 年的第一个月，北京雾霾较重，汽车尾气“罪责难逃”，是城市 PM 2.5 的最大来源。

中国有一些河流受到污染，水污染一般只是一个区域。而空气污染却不论贫富贵贱，人人同等“享用”，无法回避。有的大城市的空气，不太适合人类呼吸。市民户外健身、散步、休闲娱乐，已经受到空气污染的影响。

汽车对环境的污染除有害气体排放和噪声、振动以及汽车扬起的灰尘外，还包括从汽车制造、使用、直到报废处理等带来的环境污染。此外，还包括固体废弃物、橡胶微粒、有害液体渗漏进入环境等污染。

四、生存空间问题

汽车虽是人类使用的特殊工具，但汽车消费则是一个全社会的过程，其中要占用大量的公共资源，公共财政要为之买单。完善的汽车交通系统建设方便人们的出行，但是它要占用

太多的土地和空间。现在世界上大多数国家适宜人类居住的土地面积十分有限（少数国家例外），汽车交通系统的大发展恰恰需占据土地的很大份额，已经造成喧宾夺主的形势。

以德国为例，20世纪末德国人口约8000万，汽车保有量4000万辆。据统计，为修建道路和停车场使用的土地面积为11 000km²，是住房建筑使用面积的4倍。如果看看城市的鸟瞰照片，就可以看到两种显著特征：城市由三部分构成——绿地+道路+住房，如图7-10所示。按上述数据计算，每辆汽车占用土地面积是275m²。汽车占据的生存空间极大，对人口众多的发展中国家的威胁是深远的。

图7-10　城市鸟瞰

中国的可耕土地有限，要养活自己的人民，还要用来支持以私家车为中心的交通系统，负担不轻。一辆静态状况下的轿车所占空间大约相当于一辆轻型客车，所占面积约为自行车的4.5倍；在动态情况下，通行中的一辆轿车所占空间又相当于一辆中型客车，所占面积约为自行车的14倍。然而乘载人数仅是城市中巴车的1/6、城市中型客车的1/10、城市大型通道车的1/20。从某种意义上说，轿车的便利与舒适会影响其他交通参与人的出行。轿车在便捷的同时，其劣势也是显而易见的。2008年北京人均道路占有面积仅有6.7m²，而发达国家城市中人均道路占有面积最低的东京也有10.7m²，纽约、伦敦等城市在12m²上下，而巴黎甚至达28m²。中国其他许多城市人均道路占有面积比北京还低，如上海只有5.8m²。2011年全年增加汽车1773万辆，而道路设施的增长受空间、城市布局等多方面的制约。过去10年间，城市道路长度增加2.1倍，人均道路面积增加1.7倍，但与此同时，机动车保有量增加了4.6倍，私家车保有量增加9倍，日均机动车出行增加了24倍。由此可知，城市道路等基础设施建设跟不上交通需求增长速度，而且现状是城市可利用的土地规模有限，单纯靠新建城市道路无法缓解交通出行压力。假定中国有朝一日达到日本的汽车拥有率，汽车总量将增加到6.4亿辆。如果再假定中国每辆机动车的用地面积与欧洲、日本相同，那么，6.4亿辆汽车需要铺上沥青的土地面积会接近1300亿平方米，而目前这么多土地面积的稻田可年产1.22亿吨大米。城市土地稀缺，道路以土地为基础，土地有限，而汽车可以无限。

汽车交通除占据巨大的土地资源之外，还极大地消耗着众多宝贵而有限的资源，包括制造汽车的各种原料、材料，其中还有巨大的浪费。任何一种地球资源实际上都是有限的，其中绝大部分都是不可再生的。

五、汽车文明的缺失

驾车的文明是汽车文化成熟后的外在表现之一。对于发达国家来说，人、汽车与局限的空间、紧缺的资源之间的合作，是在汽车出现后经过多年的博弈与磨合才沉淀成一种文化的。我国在这方面起步较晚。

汽车文明和交通道德的缺失，进一步加剧交通拥堵和交通事故。图7-11所示为一些典型的不文明汽车行为。因为乱停车，拥挤的人行道更加阻塞；抢占了行人和自行车道的司机，却在不停地按着喇叭叫行人让路；正常前行中，突然有辆车从旁边的转弯车道冲过来，

硬要加塞钻到你前面；一场大雨后，轿车飞驰而过将积水溅至行人身上；乱开、乱停，车和人抢道等不文明的现象时有发生。人与人之间的争斗，也通过马路纠纷被过度放大，在拥堵的街道上，偶尔会上演一幕以汽车为主角的闹剧。

图 7-11 不文明的汽车行为

城市交通拥堵，很易使某些人引发一种所谓的“汽车病”。他们怨恨无视交通规则的行人，抱怨见空就钻的新手，讨厌趁着拥堵乱塞广告的宣传员，埋怨那些兢兢业业维持交通秩序、却导致自己寸步难行的交警。有的“有车族”因为拥有汽车而性格大变，变得自私和狭隘，在马路上不顾及行人的事情常有发生，没有耐心在黄灯的时候等待行人穿过马路，家属区内将车乱停滥放、毫无顾忌地鸣笛，“防盗报警器”声响此起彼伏。中国的汽车消费者自觉顾及汽车对于环境造成危害的认识程度还大有提升的空间。

现代人的“汽车病”表现尤为突出的是“路怒症”（road rage）。“路怒症”一词源于20世纪80年代的美国，被收入新版牛津词语大辞典，用以形容在交通阻塞情况下开车压力与挫折所导致的愤怒情绪。指汽车或其他机动车的驾驶人员有攻击性或愤怒的行为。此类行为包括：开车时情绪不稳定，做不文明手势，说脏话，过度按喇叭或用大灯闪，突然加速或急刹车，突然变更车道或并线（图 7-12），故意不让其他车辆并线，被“别”之后一定要还回去，开车时向其他车扔东西，停下车准备打人等。医学界把“路怒症”归类为阵发型暴怒障碍。例如2015年5月3日下午，在成都骄子立交桥有一男司机殴打一女司机，女司机被暴打至脑震荡并骨折，究其原因，竟是女司机强行变道导致男司机车内的孩子受到惊吓，引发两车互“别”，双方都有互相喊话举动，疑似斗气，最终男司机被彻底激怒，上演了惊心动魄的一幕。2015年7月5日，在北京市房山区发生疑似因开“斗气车”致5人死亡事件。这些举动，可以说是典型的“路怒症”。“路怒症”已经成为当下道路上的焦点问题，也是诱发交通事故的重要因素。据公安部交管局统计数据显示，近年来，我国因“路怒症”引发的道路交通事故数量呈逐年上升趋势。2013年共导致事故数8.02万起，上升4.9%，2014年又上升2.4%。

图 7-12 突然变更车道

第三节 和谐汽车社会

汽车作为当今社会的一个标志性、象征性物品，汽车与行人的矛盾，汽车与道路的矛盾，汽车与环境、资源和能源的矛盾日益突出。中国在步入汽车社会的进程中被一大堆难题所包围。在人口数量世界第一、环境承受能力脆弱的中国建设一个和谐的汽车社会，需要全社会行动起来，从公民意识、政府决策、城市建设等各方面为迎接一个汽车强国做好准备，

从而让共同的地球家园更加美丽。

一、绿色汽车

1. 绿色汽车的概念

绿色汽车就是以生态学理论作为指导，对汽车本身及汽车生产过程作全面研究和评价，保留并且发扬其为人类社会生活服务的良好一面，修正和克服其造成人类环境恶化或生活质量下降的一面，使之成为符合人类社会可持续发展需要的方便而有益的工具。简言之，绿色汽车就是符合环境保护要求的汽车，即安全的、节约资源的和无污染的陆地交通工具。

2. 制造更加安全的汽车

尽管汽车历经100多年的改进，已经成为当今世上最精巧的机器之一，但从生态学的高要求衡量，汽车身上的毛病还不少，必须努力改革使之更为完善。

安全是人类生存的重要环境条件。汽车安全性研究从汽车诞生就开始了，不过它又是当前的热门课题，如图7-13所示。因为现在世界汽车泛滥，交通事故频发，交通事故已成为主要死亡原因之一，汽车成为对人类生活环境影响最大的因素之一。因此，绿色汽车首先应该是安全性极好的交通工具。

图7-13　汽车安全性备受关注

汽车安全性研究的方向有两方面。第一方面是汽车安全技术。它又分为两类。一类是主动性安全研究，例如以ABS系统为代表的各种防止汽车事故发生的安全措施；一类是以安全带、安全气囊为代表的被动安全措施，其作用是减少或者防止汽车事故中人员伤亡。现在体察入微、反应极其迅速的电子科学和电子工程技术大规模进入汽车，对汽车安全性提高起到巨大的促进作用。汽车在20世纪后期已经从机械汽车向电子汽车过渡，21世纪的安全汽车一定是高度电子化和智能化的汽车。第二方面是交通系统绿色化。为了最大限度地减少安全事故，提高交通系统运力和效率，智能交通系统包括智能化汽车是人类追求的目标。

（1）努力提高汽车的安全性能　目前，世界汽车安全法规主要致力于以下方面：加强被动安全和主动安全之间的融合，减少伤亡；注重对乘员的保护和对行人的保护等。欧、美、日等汽车工业发达国家在法规和惩罚约束下，巨大的人力、财力、物力投入到汽车安全研究领域，并制定了大量相关汽车安全标准，如国际标准（ISO）、欧共体标准（ECE）、联合国欧洲经济委员会标准（EEC），以及各个国家标准（其中美国联邦机动车安全标准FMVSS及日本的汽车安保基准颇具影响）。此外，欧洲、美国、日本不断开发研制汽车的各种先进智能系统，以减少事故发生率，提高乘员安全性。同时，欧洲、日本近两年相继出台了有关行人保护的技术法规，减少发生碰撞时行人的伤亡事故。尤其是儿童乘员的保护方面的研究，在欧洲、美国、日本得到了极大的关注，并出台了相应的标准、法规，使儿童乘员在车辆碰撞事故发生时得到有效保护。

我国在提高汽车的安全性能方面，不仅要顺应国际汽车安全技术的发展潮流，更应根据我国社会、经济和产业发展的实际情况，制定适合国情的技术法规，同时重视安全技术的研究和创新，强调主动安全与被动安全并重，参与国际汽车安全技术交流和开展国际合作，加快建立中国的 NCAP（New Car Assessment Programmer，即新车评价规范）体系，以促进我国汽车安全技术的不断进步。

（2）重视并强化汽车安全品牌建设　安全是汽车诸多属性中的第一属性，也是汽车品牌建设的基础。可以说，没有汽车安全性，就谈不上交通安全。理想的汽车安全品牌，不仅会提高汽车品牌的附加值和企业的安全信用，还有利于提高企业竞争力。因此，无论是汽车制造商、经销商，还是服务商，都要强化汽车品牌的安全理念。汽车的安全水平，集中体现了整个汽车的安全品牌形象。只有将汽车品牌的安全文化内涵灌输和传递给消费者，使消费者接受和认同，才能提高汽车品牌的美誉度和忠诚度。

3. 制造节约资源的汽车

绿色汽车的第二个条件是节约资源。提高汽车燃料经济性从来就是研究方向。20 世纪中叶出现石油危机后，节约能源更加成为世界瞩目的焦点。节能当然是绿色汽车的主要指标之一，它是正确的，但不全面。从世界全局和长远的观点看，绿色汽车不仅应该节约燃料消耗，更应该体现对地球资源的全面的节约利用。

首先，节约能源的概念，也要从节约汽车行驶时的能源消耗，扩展到汽车寿命的全部过程的能源节约。即应该在制造汽车、使用汽车、维护修理汽车，直到汽车寿命终结时处理其残骸的每一阶段，都减少为其付出的能源。显然，制造汽车的每一个零件，装配每一个总成，直到整车开出生产线都需要消耗能源，不妨称之为汽车的“出生能耗”。显然，不同国家、不同汽车公司、不同车型的“出生能耗”差别很大。目前生产率最高的日本，其“出生能耗”也最少。

其次是汽车使用能耗。通常说的汽车使用油耗（即常说的某车百公里油耗）是其中主体，但不是全部。把汽车使用全过程的其他能耗加进去才完整。这些其他能耗包括全部维护、修理的总消耗（包括直接能耗和间接消耗）。显然，质量差、修理次数多、更换零件多的汽车，其使用能耗就大。在石油危机冲击下，美国于 1975 年制定，并于 1978 年生效的强制性汽车燃油经济性政策，要求各汽车公司出售汽车平均燃油消耗达到国家规定的标准。这项法规的执行，美国新的轿车平均燃油经济性从 1975 年 6.8km/L，提高到 1986 年的 11.8km/L；10 年燃油经济性提高了 73.5%。和标准实施前相比，仅 2000 年，美国各种汽车节油 1.9 亿吨，节约资金 920 亿美元。中国汽车燃油经济性现状以每升燃料行使里程计算，与欧盟第二阶段将达到的目标相差 48.4%，节能大有潜力。2015 年 1 月国家工信部发布了《乘用车燃料消耗量第四阶段标准解读》（简称《解读》）。《解读》中提到，2020 年当年乘用车新车平均燃料消耗量要达到 5.0 L/100km，为世界平均水平。据测算，到第四阶段标准将节省燃油约 3500 万吨，减少 CO_2 排放约 1.13 亿吨。

最后是汽车报废后处理其残骸的能源消耗。目前这个概念还很模糊，或者还是本书首次提出，暂名为“汽车报废能耗”。它的含义很明白，如同垃圾处理需要花费人力、物力一样。如果设计之初就考虑汽车残骸处理方便、快捷，增加被用于“再制造”的零部件；最大限度地回收原材料，使余下的垃圾为最少，这就是汽车报废处理能耗少的道路。

把能源节约扩展到全部相关资源的节约，是绿色汽车的真正含义。与石油能源一样，地球上其他资源也是十分有限的，用来制造汽车的所有金属、非金属资源，都应该节约使用。节约资源的主要途径，一是减少产品所用资源，二是将用过的资源最大程度地循环利用。对汽车制造业而言，这方面的潜力是十分巨大的，如图 7-14 所示。

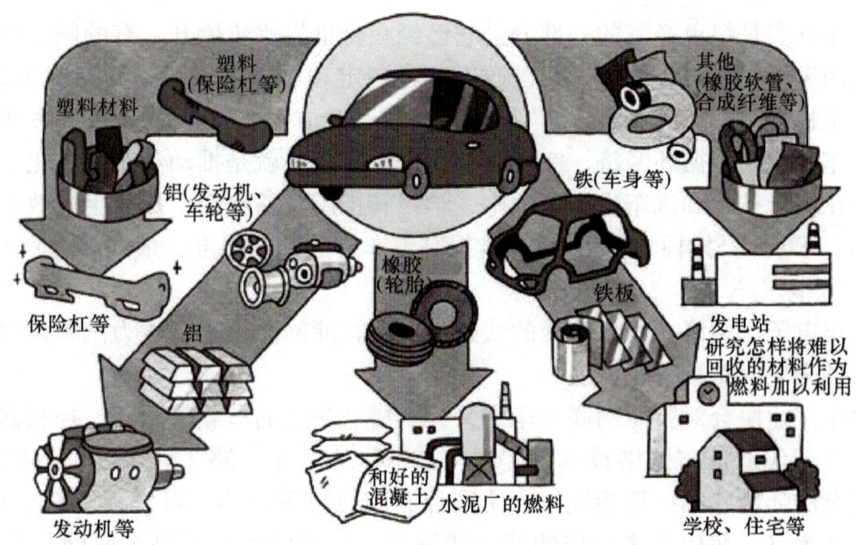

图 7-14　汽车的循环利用

“再制造”已在欧美兴起。将可以再用的机器零件、部件从报废产品上拆下，经过严格检测和必要的修整后重新使用，这无疑是极大的节约。把这个思想贯彻到汽车的设计阶段，让某些重要零件、部件事先就为此做好使用两次甚至三次的准备，这应该是可以考虑的。凡是不能作为再用零件的，至少可以回收其材料。回收材料要花费很多能源，所以提高再制造比例是最佳途径。当然回收材料仍旧是必要的，即使要费点能源。

4. 制造无污染的汽车

绿色汽车的第三方面是不污染环境。这个要求的主要方面是当前人人皆知的有害排放和噪声，不过，它同样不够全面。全面的概念同样要向两头扩展。即从汽车出生到报废的全部过程应该尽可能少甚至完全不污染环境。

人们认为电动汽车是绿色汽车就有失察之虞。蓄电池电动汽车在运行过程中不排出有害气体，没有大的噪声，这是公认的优点。但是它的“出生”和报废过程就远非“圣洁”了。人们担心它使用很多重金属（例如铅），可能有比内燃机更大污染的危险。

因此，真正的绿色汽车要求从制造、使用和报废三个阶段全面考察，全面减少以至杜绝对环境的污染，即最少的固体、液体和气体废弃物排出；完善的排出物无害化处理；最小的噪声及其他环境干扰因子（例如电磁波）。绿色汽车不可能一下子就出现，但这个方向是正确的，应该坚定地朝它努力。图 7-15、图 7-16 所示分别为燃料电池汽车和太阳能汽车。

图 7-15　燃料电池汽车

图 7-16　太阳能汽车

绿色汽车其实是绿色经济的一部分。它已经在全世界逐步展开，有的国家快些，声势强大些；有的国家慢些，声势小些。我国政府已经制定和颁布了以科学发展观为基础的政策、法令，推动全社会的绿色革命进程。“循环经济”“清洁生产”等决策和立法就是其中重要环节。在汽车企业实施循环经济，实行清洁生产，实际上就是推动汽车绿色化。具体的措施很多。例如在汽车技术和汽车生产过程中，学习和推广精益生产，提高生产效率；组织和推广“再制造”和提高材料回收率；进一步提高汽车排放控制标准，最大限度减少污染等。

5. 智能网联汽车

随着汽车电子、网络、信息技术的快速发展，智能网联汽车已成为汽车技术发展的新趋势，必将引领未来汽车新一轮发展。

中国汽车工业协会对智能网联汽车定义为：搭载先进的车载传感器、控制器、执行器等装置，并融合现代通信与网络技术，实现车与X（人、车、路、后台等）智能信息交换共享，具备复杂的环境感知、智能决策、协同控制和执行等功能，可实现安全、舒适、节能、高效行驶，并最终可替代人来操作的新一代汽车。智能网联汽车是车联网与智能汽车的交集。此外，车联网还能够为驾乘人员提供丰富的车载信息服务，并服务于汽车智能制造、电商、后市场和保险等各个环节。

2014年以来，国内外众多互联网巨头和高科技企业开始瞄准汽车市场，如Google公司的无人驾驶汽车、苹果公司的iOS7汽车版、沃尔沃汽车公司的“公路列车”等技术和产品。而我国的互联网巨头与各大车企也在探索汽车产业与互联网产业的融合之路，已出现东风与华为、上汽与阿里巴巴、北汽与乐视、奇瑞与易到和博泰、上海通用与腾讯等的合作。

在我国，智能网联汽车的发展被提升至国家战略高度。2015年5月19日，国务院正式发布《中国制造2025》，将智能网联汽车作为与节能和新能源汽车一起重点发展的方向，并设定时间表和路线图。2016年3月17日，中国汽车工业协会发布《“十三五”汽车工业发展规划意见》，规划意见对“十三五”的中国汽车工业提出八个方面的发展目标，其中之一就是“积极发展智能网联汽车”。2016年7月7日，中国首个“国家智能网联汽车（上海）试点示范区”封闭测试区在上海嘉定正式开园，可为无人驾驶、自动驾驶和V2X网联汽车提供近30种场景的测试验证。上海由此成为中国首个智能网联和无人驾驶试点城市。

二、绿色汽车交通系统

单纯实施汽车绿色化还远远不够，在更大程度上影响人类环境的是汽车交通系统。以全球或一个国家，一个大的地域生态平衡，以及其整体的和长期的利益为根据，对汽车交通系统做出合理规划和建设，是今后世界范围或一个国家、一个大区域可持续发展蓝图的重要部分。

1. 绿色汽车交通系统的特征

科学、合理的交通系统必然具有这样的特点：最大限度地满足最广大人们的需要；最大限度地利用资源；最大限度地减少环境污染。从理论上说，它是可以规划的，也是可以实现的。绿色汽车交通系统的外在表现也清楚：汽车安全地快速地行驶。

具体地说，绿色汽车交通系统应该有以下主要特征：

1）民众性。即整个交通系统应该以满足广大民众的基本需求为主要服务对象。道理很

简单，广大民众的社会活动是任何一个国家和社会的基本活动，也是社会进步的最基本动力。“送炭不碍添花”。满足民众交通需求是雪中送炭；个人轿车是锦上添花。通畅的民众交通可以减少道路占用，提高道路通流能力，所以可为锦上添花提供条件。

2）大运力、高效率。随着世界人口可能从目前70多亿增加到90亿高峰，以及社会发展导致交通需求不断上升，总的交通流量（不论货运或客运）都将持续增加一个长的时期（例如30~50年）。我国也将处于同一状态。因此未来交通系统必须有足够大的运力，同时要有更高的效率。

3）最大可能地节约资源——土地资源，节约制造汽车的各种物质，使汽车消耗的物质的占用和消费最小化，资源回收利用率最大化。

4）最小的环境污染和对生态平衡的影响。

5）最有利于人们的健康——身体的和心态的健康，减少有害健康的“安乐享受”，提倡有利于身心健康、有利于与大自然亲近的运动方式：自行车、慢跑、步行。

2. 绿色汽车城市交通系统

城市交通系统实行公共交通优先是解决现代城市交通问题、建设生态城市的关键。在人口多而且密集的国家和城市，在以私人轿车交通为主的基础上是难以建立生态城市的，即使经济发达的国家，如美国，其城市也是如此，这是客观事实。发展中国家要看清这一点，不可重蹈西方覆辙。

城市交通系统要用生态学作为目标，让它成为绿色的一环。从技术方面讲，它要求系统运力大、安全性高、效率高、节能、低噪声、杜绝有害排放等；从人文方面讲，还要求服务周到、方便各阶层乘客和人性化，使公共交通工具成为人们社会交往的良好场所，而不是拥挤不堪、秩序混乱、空气污浊得令人却步的地方。

即使是出租车，也要用人性化的眼光审视。许多出租车只是被简单使用，而没有考虑出租车与私人轿车不同的性质和要求。除了不带行李的年轻人之外，还有其他人群需要出租车。一类是老人、幼儿或者残疾人员，一类是携带较多物品的乘客。年轻人上下车灵活，一般没有问题。老人、幼儿，特别是残疾人，座位低矮的轿车就不方便；行李多的人希望行李取放方便。因此，城市出租车应该与私人轿车有不同的设计。考虑周到，连轮椅都能直接推入车内的英国的出租车就是一个范例。

3. 绿色全国交通网络

交通网络有两大类：一类是大范围的（例如国家或大区域的）网络（姑且称之为大网络），它包括飞机、轮船、火车和汽车各种方式；一类是城市与近郊网络。

在交通网络中，将交通距离与适当工具搭配让各种交通工具在合理的方式中获得充分利用，既可行也经济。水运的大运量，空运的远距离和高速性，铁路的中、长途，都各有特色和特定市场。唯独汽车交通，如果不给予适当指导，就会导致大的浪费，以小客车跑长途的方式为突出的典型。

在城市和市郊网络中，除了强调公共交通网外，应该承认自行车交通和步行方式的合法存在和合理性。在生态住宅区域范围保证减少或没有汽车，是提供绿色静谧环境的要求。自行车的使用对近距离交通既方便又有利环境保护。老人小孩的步行地带更值得提倡和保障。当我国许多人视自行车为落后，恨不得早日摘掉“自行车王国”帽子的时候，以荷兰为代表的欧洲国家纷纷“倒退”，掀起全国性的自行车交通运动。荷兰快速、畅通、方便的公共交通加自行车交通方式被人们誉为“未来的交通方式”，应该引起人们的思考。

4. 智能化交通系统

为了最大限度地减少安全事故，提高交通系统的运力和效率，智能化交通系统包括智能化汽车是人类追求的目标。

智能化交通系统将交通管理提高到最佳运行状态，疏导车流或物流，驾驶者自动选择最佳路线，减少堵塞，避免事故。铁路系统的调度和管理其实就是榜样，不过公路系统更为复杂而已。

5. 汽车总量适度控制

理想的交通系统必然实施总量适度控制，切实做到车为人用，避免喧宾夺主。汽车总量适度控制必定带来大量资源的节约。实施汽车总量适度控制不会降低交通系统的运力和效率。相反，科学、合理的交通系统只会提高其运力和效率。新加坡政府没有沿着西方国家旧路，而是坚决实行公共交通优先，严格限制私人轿车的决策。这个正确决策应该是缔造今天新加坡宜人环境的重要基石。

三、绿色汽车消费文化

汽车消费是一面镜子，它既能反映出一个国家和一个地区的经济发展水平，也映照出一个社会的和谐文明程度。

兴起于美国的汽车消费文化是一种刺激多消费、鼓励超前消费的时髦文化，是一种让消费者自己浪费的文化，从而使美国进入了高消费、超前消费的时代。20 世纪 20 年代，美国通用汽车公司在市场开拓方面采取了与福特公司不同的策略：他们不断提高产品等级，通过不断翻新和变换花样，有计划地使产品过时，诱使顾客淘汰老产品，去购买更新式、更高价的汽车。在这种消费文化的引导下，驾驶老式、低等、廉价的轿车不仅得不到人们的尊敬，相反，可能被视为贫穷阶级。和美国相似，欧洲一些发达国家的轿车生产与消费模式也是如此。

即便是西方业已形成的汽车文化并不是一成不变的。这种浪费经济的消费观念在西方已经受到批判。在一向钟爱大排量汽车的美国，《消费者报道》公布的一项调查显示，由于油价过高，37% 的受访者表示正考虑更换家庭用车，55% 的人声称打算购买更小排量的汽车，50% 的人说会考虑购买混合动力车，38% 的人表示打算购买可变燃料或柴油车。美国的“节约型汽车社会”在呼之欲出，大排量的汽车已开始滞销，而小排量的汽车则销售看好，这不能不说是一个重要信号。在北欧，人们更喜欢小型车，因为那些车看起来简单、紧凑。

在中国也出现了由国内外汽车厂商通过各种媒体、车展等形式宣扬欧美的汽车中心主义的苗头，一些非理性的消费观念越来越成为破坏车市和谐的重要因素。豪华汽车在中国市场的消费量令世界瞩目。价格高达 300 万元人民币的法拉利跑车，一年只生产 4000 多辆，在中国一年就能卖出 100 多辆；300 多万元的宾利汽车自 2002 年进入中国，已经连续两年获得亚太地区销量第一。在国外节约空间的两厢车到中国后一定要变成三厢车才更加好卖。相互攀比、不看油耗只看排量。由炫耀身份出发的车本位侵蚀着中国的汽车消费文化。明明是哈飞的赛马、天汽的夏利，有的人偏偏要摘掉它原来的车标而换上三菱或丰田的车标；虽然只是一辆几万元的经济型车，有的人仍然热衷于为其加装真皮座椅等华而不实的高级配置。

随着可持续发展观念的深入人心，浪费经济在世界范围内已开始向节约经济复归。勤俭节约、量入为出的消费观念不仅不是落后的观念，反而是适应世界潮流的消费理念。

中华民族几千年形成的勤俭节约、量入为出的消费传统观念，随着汽车大众消费时代的来临，正主导和促动着主流消费观念。中国人曾经不喜欢缺尾巴的小车（尽管它灵活、轻便还很省油），其情况发生了很大变化，国内两厢车品种越来越多，受到青睐。例如：东风日产的两厢小车骐达价格甚至高于它的三厢版；购车者已经从“大即是好，外观优先，性价比突出”的盲从心态中解脱出来，转而更加关注安全与经济的指标。理性消费带来重要内容：消费者开始有意选择本土品牌轿车，而且当国家鼓励节能清洁轿车和小排量轿车的政策日益明朗后，选择经济实惠轿车的趋势呈现强势，如图7-17所示。

图7-17　城市交通欢迎小排量汽车

倡导理性、文明的汽车消费，当务之急是普及科学、理性的用车观念，建设健康、文明的汽车消费文化，营造人、车、道路相和谐的环境。要使大众汽车消费与中国小康社会的经济水平相适应、与资源环境可持续发展相协调。稳定、明确的法律和政策环境能够抑制过度消费和奢侈性消费，引导消费者走向与资源环境水平相一致的汽车消费。从可持续发展的公众利益出发，以汽车消费政策引导大众汽车消费，以买主的“货币选票”影响厂商的研发、生产和投资。政府以市场化手段将不断扩大的大众汽车消费和厂商研发、生产、投资引导到当期国家能源、环境、配套条件可承受的范围。在合理的政策框架下，形成基础设施不断完善与汽车消费不断扩大的良性循环。

四、绿色汽车交通文明

1. 珍爱生命的交通安全观

“人-车-路”构成道路交通的基本要素。在汽车社会中，交通参与者不仅仅是驾驶人，可以说人人都是交通参与者，人人都平等地享有参与交通的权利。交通参与者的交通行为，既是一种个体行为，也是一种文化现象。交通行为是在人的思想支配下进行的，体现个人对道路交通安全法律法规的认知程度、守法意识和道德水准。任何一个交通行为都关系到人的人身和财产安全，只有牢固树立“生命至上、安全第一、预防为主”等交通安全观，才能在交通参与者间形成关爱生命、尊重他人，互谅互让、扶弱助残的良好风尚，营造“车让人、人让车、车让车、文明礼让”的和谐交通环境，大力培育道路交通安全文化。

汽车社会的到来，首先呼吁社会各界对交通安全问题给予高度的重视。而现代交通安全意识是汽车文化的重要组成部分。“软件”——现代交通意识方面的差距，会对“硬件”——道路交通状况产生巨大的反作用。也就是说，世界上的道路即使一样，但因人们的“走法”不同，得到的结果也会相差甚远。因此，健康成熟的汽车文化是解决交通安全问题的重要手段。

引起交通事故的一个重要原因就是交通违法行为。要治理交通安全，一个重要环节就是加强全民交通安全意识教育，大力开展交通安全宣传活动，使广大交通参与者自觉遵守《道路交通安全法》，坚决杜绝交通违法行为，增强交通安全意识和自我保护意识，珍视生

命、安全出行，如图7-18所示。

图7-18 遵守《道路交通安全法》

2. 交通安全法制体系

健全统一的交通安全法制体系是加强交通安全管理的一个重要方面。首先，要加强交通安全的立法，使交通安全管理有法可依。立法要立足于全方位，既包括交通工具的使用者，也包括交通工具的提供者、交通的管理者和所有可能会影响交通安全的因素，让交通安全的法律法规涉及社会的各个方面。其次，要强化交通安全的法制教育。普及交通安全法律法规，使交通安全知识家喻户晓。从法制意识和交通道德两方面入手，在强化法制意识的基础上，进行深入的交通道德教育，消除不道德行为带来的事故隐患。加强交通执法的效果和力度，规范交通参与者的行为，引领整个社会实践交通安全的积极性。

3. 文明交通，社会和谐

“谦让出平安，尊重生命”的文明，是中华交通文明的优良传统。在古代周时驾车有“五驭”，相当于今日的文明驾车规范。《礼记·曲礼》也有“入国不驰，入里必式”“国中以策彗恤勿驱，尘不出轨”的要求。这与现代的交通文明中要求驾车要避让行人，土路不开快车，车过胡同、街巷、村庄减慢速度等都是一脉相通的。古人尚且讲究行车礼仪，现代人更应当传承这种“人行车行文明可行；大道小道礼让有道”的行车素养。“安全有道，行车有德，做人有品”的汽车文明不仅仅是技术性要求，驾车技术再好，如果没有行车素养，同样会损人损己。

几乎每个人都有一个汽车梦，但现实情况下关注汽车文明的人要比想实现汽车梦的人少。如果多数人都不关心汽车文明，汽车梦的实现就将是一场灾难。中国虽然迈过了汽车社会的门坎，但是汽车文明的建立依然遥远，在考虑实现汽车梦的同时还要考虑如何履行社会责任。一个成熟的汽车社会，不仅要在道路建设、城市规划、油料供应、停车场与服务区建设等诸多方面与之匹配，更要植根于道德规范和法律规则所构成的汽车文明土壤中。不遵守交通法规是对汽车文明的最大威胁。

道路交通是社会生活的重要内容，也是一种社会文化现象。人的交通活动是个人心理、行为习惯、价值取向的综合体。一个社会的道路交通文明程度，反映出这个社会公民道德、文化程度、社会文明的整体水平。交通安全文化是人们在长期的生活实践中积累形成的，是交通安全在意识形态领域和人们思想观念上的综合反映。交通安全水平的提升，有赖于交通参与者的自律和文明素质，自觉地约束交通行为，改变过去行车走路的不当行为方式，按照交通法规的要求，正确地进行驾驶车辆、步行、乘坐等交通活动。用道德的约束、法规的规范促进文明交通行为习惯的养成，使文明交通理念内化于心、外化于行，努力形成人人自觉参与交通文明活动的良好社会氛围。加大对全社会特别是青少年的交通文明教育，教育和引导汽车驾驶人自觉摒弃酒后驾车、疲劳驾驶、“路怒症”、不系安全带、超速行驶、冲闯红灯、不避让行人、乱鸣笛等不文明的驾驶行为；行人自觉摒弃翻越护栏、横穿马路、随意拦车、车内乱扔杂物等不文明的交通行为；非机动车驾驶人自觉摒弃逆行、违法载人、超速等不文明驾驶行为。

文明交通是一个系统工程，是和谐社会的基础。要不断提高交通管理科学化、规范化、

制度化水平。要从根本上改善交通秩序，预防和减少交通事故，提高交通参与者的安全意识、法治意识、文明意识，实现“文明交通”。

汽车文明的全面确立，将成为现代中国社会最基础的道德建设之一，它具有非常强大的扩散能量和生命力，将带动社会道德面貌的整体升级。

健康文明的汽车文化建设将是一个长期艰苦努力的过程。这个过程的重点应放在儿童身上，正确引导孩子们对汽车安全、汽车文化、汽车社会的正确认识，树立正确的汽车安全观、消费观、环保理念，使他们成为未来和谐汽车社会的践行者。

从“人·车·自然的完美和谐”到“梦想·和谐·新境界”，意味着建立和谐汽车社会不仅是汽车社会的主旋律，也是汽车社会的终极追求。

思考题

1. 如何理解“汽车社会”？
2. 汽车社会面临哪些问题？
3. 简述你所期待的汽车文明。
4. 简述环境污染对人类生存和社会发展的影响。
5. 简述汽车安全问题对人类的危害。
6. 简述构建和谐汽车社会的努力途径。
7. 结合自身实际，谈谈如何践行汽车文明。

参考文献

[1] 吴克礼. 文化学教程 [M]. 上海：上海外语教育出版社，2004.
[2] 王玮. 汽车神话 [M]. 北京：北京大学出版社，1998.
[3] 上海汽车文化节组委会. 汽车文化 2007 [M]. 上海：上海交通大学出版社，2007.
[4] 张国方，秦维娟. 论车文化的特征及其表现形式 [J]. 汽车工业研究，2008 (6).
[5] 严杨，刘志国，高华云. 汽车造型设计概论 [M]. 北京：清华大学出版社，2005.
[6] 李卓森. 现代汽车造型 [M]. 北京：人民交通出版社，2005.
[7] 林平. 汽车史话——汽车发展史 [M]. 北京：电子工业出版社，2005.
[8] 彭妮·斯帕克. 设计百年——20 世纪汽车设计的先驱 [M]. 郭志锋，译. 北京：中国建筑工业出版社，2005.
[9] 拉里·埃兹尔. 概念车 [M]. 吴迅捷，唐清华，冯欢欣，译. 北京：中国人民大学出版社，2004.
[10] 韩忠浩. 汽车造型设计 [M]. 沈阳：东北大学出版社，2005.
[11] 程国华，程盛. 铸就名牌：百年汽车徽标 [M]. 北京：机械工业出版社，2007.
[12] 肖生发. 汽车工程概论 [M]. 北京：北京理工大学出版社，2007.
[13] 宋景芬，曾娟. 汽车文化 [M]. 北京：电子工业出版社，2005.
[14] 帅石金. 汽车文化 [M]. 北京：清华大学出版社，2006.
[15] 未来之舟. 司机礼仪培训手册 [M]. 北京：海洋出版社，2007.
[16] 詹姆斯·沃麦克. 改变世界的机器 [M]. 沈希瑾，等译. 北京：万国学术出版社，1991.
[17] 曾壮. 车迷百科知识 [M]. 北京：新时代出版社，2005.
[18] 郎全栋，曹晓光. 汽车文化 [M]. 北京：高等教育出版社，2005.
[19] 龚箭，陈恒华. 汽车文化 [M]. 上海：复旦大学出版社，2007.
[20] 林平. 汽车神话——汽车赛场风云 [M]. 北京：电子工业出版社，2006.
[21] 刘卫平. 我为车狂之运动玩家 [M]. 北京：中国电力出版社，2008.
[22] 李敬锋. 世界汽车广告发展简史 [J]. 大市场（广告导报），2003 (5).
[23] 张弢. 汽车广告与电影联姻 [J]. 广告大观，2003 (6).
[24] 程昊. 公交电视：最有价值的寄生 [J]. 招商周刊，2007 (6).
[25] 邓华. 最早的汽车刊物 [J]. 天津汽车，2006 (1).
[26] 王薇薇. 汽车产业：加快人才培养　推动自主创新 [N]. 山西经济日报，2008-4.
[27] 马国宾. 共同打造文明和谐交通的“汽车社会” [J]. 学习月刊，2012 (3).
[28] 2014 中国机动车污染防治年报 [R]. 中华人民共和国环境保护部，2015.

信息反馈表

尊敬的老师：

您好！感谢您多年来对机械工业出版社的支持和厚爱！为了进一步提高我社教材的出版质量，更好地为我国高等教育发展服务，欢迎您对我社的教材多提宝贵意见和建议。另外，如果您在教学中选用了《汽车文化》（第 2 版）肖生发　沈国助　主编，欢迎您提出修改建议和意见。

一、基本信息

姓名：__________　性别：______　职称：________　职务：____________________

邮编：__________　地址：____

任教课程：_________________　电话_____—____________（H）____________（O）

电子邮件：____　手机：________________

二、您对本书的意见和建议

（欢迎您指出本书的疏误之处）

三、您对我们的其他意见和建议

请与我们联系：

100037 · 北京百万庄大街 22 号

机械工业出版社 · 高教分社 · 宋学敏　收

Tel：010—8837 9126（O），6899 7455（Fax）

E-mail：tian. lee9913@ 163. com

http://www. cmpedu. com